Die Qual der Wahl: Dualistisches oder monistisches System?

Europäische Hochschulschriften
Publications Universitaires Européennes
European University Studies

Reihe II
Rechtswissenschaft

Série II Series II
Droit
Law

Bd./Vol. 4388

PETER LANG
Frankfurt am Main · Berlin · Bern · Bruxelles · New York · Oxford · Wien

Christoph Scherer

Die Qual der Wahl: Dualistisches oder monistisches System?

Alternativen der Unternehmensverfassung einer Europäischen Gesellschaft (SE) in Deutschland

PETER LANG
Europäischer Verlag der Wissenschaften

Bibliografische Information Der Deutschen Bibliothek
Die Deutsche Bibliothek verzeichnet diese Publikation in der Deutschen Nationalbibliografie; detaillierte bibliografische Daten sind im Internet über <http://dnb.ddb.de> abrufbar.

Zugl.: Köln, Univ., Diss., 2005

D 38
ISSN 0531-7312
ISBN 3-631-55257-2

www.peterlang.de

Meiner lieben Nono

Vorwort

Dieses Buch wurde im Dezember des Jahres 2005 von der juristischen Fakultät der Universität zu Köln als Dissertationsschrift angenommen.

An dieser Stelle möchte ich mich insbesondere bei meiner Doktormutter Frau Prof. Dr. Barbara Dauner-Lieb bedanken. Sie stand mir bereits während meines Studiums zu „Düsseldorfer Zeiten" stets mit Rat und Tat zur Seite und hat mich während der Erstellung dieser Arbeit nicht nur fachlich, sondern auch moralisch ganz großartig unterstützt. Dafür ein ganz herzliches Danke!

Ein weiterer Dank gilt meiner Familie. Jeder von Euch hat mich seit Beginn meiner Ausbildung nach Kräften unterstützt und damit einen wichtigen Teil zu meinem beruflichen Fortkommen beigetragen. Besonders hervorheben möchte ich Marion Evers und Werner Stelzer, Rosemarie Stelzer-Althoff und Lothar Althoff, Beate und Jochen Stelzer, Dr. Wulf Scherer und schließlich meine Eltern Elke Forstreuter und Rainer Scherer.

Besonderen Dank schulde ich auch Herrn Dr. Kyrill Farbmann, der mir nicht nur bei der Lösung zahlreicher fachlicher Probleme beistand. Er verstand es auch, mich in besonders kritischen Phasen meiner Arbeit mit viel diplomatischem Geschick aufzumuntern. Möge die kreative Allianz noch lange fortbestehen.

Meiner Großmutter *„Nono"* Annelies Scherer danke ich für ihre Wünsche und ihren Segen, ihren Mut und ihre unermüdliche und liebevolle Unterstützung Zeit meines Lebens. Ihre Disziplin diente mir stets als Vorbild, ihr Stolz war stets mein größter Ansporn. Ihr möchte ich dieses Buch widmen.

Inhaltsverzeichnis

Kapitel Drei

Die SE-Modelle im Vergleich

Abkürzungsverzeichnis

a.a.O.	am angegebenen Ort
ABl.	Amtsblatt
Abs.	Absatz
AcP	„Archiv für die civilistische Praxis“
a.E.	am Ende
a.F.	alte Fassung
AG	Aktiengesellschaft; „Die Aktiengesellschaft“
AGM	Annual General Meeting
AktG	Aktiengesetz
ALI (-Principles)	American Law Institute, Principles of Corporate Governance
Alt.	Alternative
Am.J.Comp.L.	„American Journal of Comparitive Law”
Art.	Artikel
Aufl.	Auflage
AuR	„Arbeit und Recht“
BB	„Betriebs-Berater“
Bd.	Band
BDA	Bundesvereinigung der Deutschen Arbeitgeberverbände
BDI	Bundesverband der Deutschen Industrie
BetrVG	Betriebsverfassungsgesetz
BGBl.	Bundesgesetzblatt
BGH	Bundesgerichtshof
BGHZ	Entscheidungen des Bundesgerichtshofs in Zivilsachen
BKR	Zeitschrift für Bank- und Kapitalmarktrecht

BMJ	Bundesministerium der Justiz
BMWA	Bundesministerium für Wirtschaft und Arbeit
BRT	The Business Roundtable
Bus.Law	„Business Law"
bzw.	beziehungsweise
CalPERS	California Public Employees' Retirement System
Cardozo L.Rev.	„Cardozo Law Review"
CEO	Chief Executive Officer
Colum.L.Rev.	„Columbia Law Review"
Comm.Mkt.L.Rev.	„Common Market Law Review“
Corp.	Corporation
DAV	Deutscher Anwaltverein
DB	„Der Betrieb“
DBW	„Die Betriebswirtschaft“
D.C.	District of Columbia
Delaware Gen.Corp.Law	Delaware General Corporation Law
Del.Code Ann.Law.	Delaware Code Annotated Law
ders.	derselbe
d.h.	das heißt
dies.	dieselben
DIHK	Deutscher Industrie- und Handelskammertag
DStR	„Deutsches Steuerrecht“
ED	Executive Director
Ed.	Edition
EG	Europäische Gemeinschaft; Vertrag zur Gründung der Europäischen Gemeinschaft
EO	Executive Officer
EU	Europäische Union
EuZW	„Europäische Zeitschrift für Wirtschaftsrecht“

EWS	„Europäisches Wirtschafts- und Steuerrecht“
FAZ	„Frankfurter Allgemeine Zeitung“
ff	fortfolgende
Fn.	Fußnote
FS	Festschrift
GB	Großbritannien
GDV	Gesamtverband der deutschen Versicherungswirtschaft
gem.	gemäß
Geo.L.J.	„Georgetown Law Journal"
GG	Grundgesetz
ggf.	gegebenenfalls
GmbH	Gesellschaft mit beschränkter Haftung
GmbHR	„GmbH-Rundschau“
grds.	grundsätzlich
GroßKommAktG	Großkommentar zum Aktiengesetz
Harv.Bus.Rev.	„Harvard Business Review"
Harv.L.Rev.	„Harvard Law Review"
Hrsg.	Herausgeber
ID	Independent Director
i.H.v.	in Höhe von
Inc.	Incorporated
i.S.d.	im Sinne des
i.V.m.	in Verbindung mit
J.Comp.Corp.L.&Sec.Reg.	„Journal of Company and Corporation Law & Security Registrations"
J.Corp.L.	„Journal of Corporation Law"
J.Fin.Econ.	„Journal of Financial Economics“
JURA	„Juristische Ausbildung“

JZ	„Juristenzeitung“
KölnKommAktG	Kölner Kommentar zum Aktiengesetz
KonTraG	Gesetz zur Kontrolle und Transparenz im Unternehmensbereich
m. Anm.	mit Anmerkung
Mich.Comp.Laws Ann.	Michigan Company Laws Annotated
Mich.L.Rev.	„Michigan Law Review“
Minn.L.Rev.	„Minessota Law Review“
MitbestG	Mitbestimmungsgesetz
MontanMitbestG	Montanmitbestimmungsgesetz
MünchKommAktG	Münchener Kommentar zum Aktiengesetz
m.w.N.	mit weiteren Nachweisen
NED	Non-Executive Director
n.F.	neue Fassung
NJW	„Neue Juristische Wochenschrift“
Nr.	Nummer
NWB	„Neue Wirtschafts-Briefe“
NZA	„Neue Zeitschrift für Arbeitsrecht“
NZG	„Neue Zeitschrift für Gesellschaftsrecht“
o.g.	oben genannt(e[s/r])
RabelsZ	„Rabels Zeitschrift für ausländisches und internationales Privatrecht“
RiLi	Richtlinie
RIW	„Recht der internationalen Wirtschaft“
Rn.	Randnummer
SE	Societas Europaea
SEAG	Gesetz zur Ausführung der SE-VO (SE-Ausführungsgesetz)

SEBG	Gesetz über die Beteiligung der Arbeitnehmer in einer Europäischen Gesellschaft (SE-Beteiligungsgesetz)
Sec.	Section
SEEG	Gesetz zur Einführung der Europäischen Gesellschaft
SE-RiLi	Richtlinie 2001/86/EG des Rates vom 8. Oktober 2001 zur Ergänzung des Statuts der Europäischen Gesellschaft hinsichtlich der Beteiligung der Arbeitnehmer
SE-VO	Verordnung (EG) 2157/2001 des Rates vom 8. Oktober 2001 über das Statut der Europäischen Gesellschaft (SE)
SOA	Sarbanes-Oxley-Act
sog.	so genannt(e[r/s])
TransPuG	Gesetz zur weiteren Reform des Aktien- und Bilanzrechts, zu Transparenz und Publizität
UK	United Kingdom
Unterabs.	Unterabsatz
U.Pitt.L.Rev.	„University of Pittsburgh Law Review"
U.S.	United States
USA	United States of America
u.U.	unter Umständen
Vand.L.Rev.	„Vanderbilt Law Review"
vgl.	vergleiche
VO	Verordnung
wbl	„Wirtschaftsrechtliche Blätter"
WM	„Wertpapiermitteilungen"
Yale L.J.	„Yale Law Journal"
z.B.	zum Beispiel
ZEuP	„Zeitschrift für Europäisches Privatrecht"

ZfbF	„Schmalenbachs Zeitschrift für betriebswirtschaftliche Forschung“
ZGR	„Zeitschrift für Unternehmens- und Gesellschaftsrecht“
ZHR	„Zeitschrift für das gesamte Handels- und Wirtschaftsrecht“
ZIP	„Zeitschrift für Wirtschaftsrecht“
zit.	zitiert

Literaturverzeichnis

Albin, Wolf
Unternehmen können sich EU-weit einheitlich aufstellen – Europäische Aktiengesellschaft geht an den Start,
Handelsblatt vom 29. September 2004, S. 11.

American Law Institute (ALI) (Hrsg.)
Principles of Corporate Governance, Analysis and Recommendations,
St. Paul 1994 (zit.: § ALI-Principles).

Artmann, Eveline
Die Organisationsverfassung der Europäischen Aktiengesellschaft,
wbl 2002, 189.

Bainbridge, Stephen
Why a Board? Group Decisionmaking in Corporate Governance,
55th Vand.L.Rev. 2002, 1.

Baums, Theodor (Hrsg.)
Bericht der Regierungskommission Corporate Governance: Unternehmensführung – Unternehmenskontrolle – Modernisierung des Aktienrechts, Köln 2001
(zit.: *Baums [Hrsg.]*, Bericht der Regierungskommission Corporate Governance, S. / Rn.).

Der Aufsichtsrat – Aufgaben und Reformfragen,
ZIP 1995, 11 (zit.: *Baums*, ZIP 1995).

Baysinger, Barry / Hoskisson, Robert
The Composition of Boards of Directors and strategic Control: Effects on Corporate Strategy,
15th Academy of Management Review 1990, 72.

BDA / BDI / DIHK / GDV / Bundesverband deutscher Banken / Deutsches Aktieninstitut — Stellungnahme zum Referentenentwurf des BMJ und des BMWA eines Gesetzes zur Einführung der Europäischen Gesellschaft, im Internet abrufbar unter www.ausportal.de/aktuell/gesetze/media/BDA030504.pdf.

Bender, Christian / Vater, Hendrik — Lückenhaft und unverbindlich – Der deutsche Corporate Governance Kodex lässt auch nach der Überarbeitung wichtige Probleme der Unternehmensüberwachung ungelöst, DStR 2003, 1807.

Berrar, Carsten — Die zustimmungspflichtigen Geschäfte nach § 111 Abs. 4 AktG im Lichte der Corporate Governance-Diskussion, DB 2001, 2181.

Bezzenberger, Tilmann — Die Europäische Aktiengesellschaft, JURA 2003, 229.

Bhagat, Sanjai / Black, Bernhard — The uncertain Relationship between Board Composition and Firm Performance, 54th Bus.Law. 1999, 921.

Binder, Hamlin — Non-Executive Directors – Watchdogs or Advisers? 2nd Edition, New Lexington 2002.

Black, Bernhard — The Core Institutions that support strong Securities Markets, 55th Business Lawyer 2000, 1565.

Blanquet, Francoise — Das Statut der Europäischen Aktiengesellschaft (Societas Europaea „SE"), ZGR 2002, 20.

Blaurock, Uwe — Europäisches und deutsches Gesellschaftsrecht – Bilanz und Perspektiven eines Anpassungsprozesses, ZEuP 1998, 460.

Bleicher, Knut / Paul, Herbert — Das amerikanische Board-Modell im Vergleich zur deutschen Vorstands- / Aufsichtsratsverfassung – Stand und Entwicklungstendenzen, DBW 46 (1986), 263.

Block, Ulrich — Neue Regelungen zur Corporate Governance gemäß Sarbanes-Oxley Act, BKR 2003, 774.

Borowski, Irwin — Corporate Accountability: The Role of the Independent Director, 9th J.Corp.L. 1995, 455.

Boujong, Karlheinz — Rechtliche Mindestanforderungen an eine ordnungsgemäße Vorstandskontrolle und -beratung – Konsequenzen aus den Entscheidungen des Bundesgerichtshofs BGHZ 114, 127 und BGHZ 124, 111, AG 1995, 203.

Brandes, Helmut — Die Rechtsprechung des Bundesgerichtshofs zur Aktiengesellschaft, WM 1994, 2177 (zit.: *H.Brandes*, WM 1994).

Brandes, Stephan — Cross Border Merger mittels der SE, AG 2005, 177 (zit.: *S.Brandes*, AG 2005).

Brandt, Ulrich — SE-Ausführungsgesetz – SEAG: Eine synoptische Darstellung, BB-Spezial 2005, 8 (zit.: *Brandt*, BB-Spezial 2005).

Überlegungen zu einem SE-Ausführungsgesetz, NZG 2002, 991 (zit.: *Brandt*, NZG 2002).

Brandt, Ulrich / Scheifele, Matthias — Die Europäische Aktiengesellschaft und das anwendbare Recht, DStR 2002, 547 (zit.: *Brandt/Scheifele*, DStR 2002).

Brannen, Peter / Batstone, Eric / Fatchett, Derek / White, Philip — The Workers Directors: A Sociology of Participation (Industry in action), Plymouth 1976.

Branson, Douglas — Corporate Governance „Reform" and the new Corporate Social Responsibility, 62nd U.Pitt.L.Rev. 2001, 605.

Bullock, Alan (Hrsg.) — Report of the Committee of Inquiry on industrial Democracy, London 1977.

Bundesministerium der Justiz — Europäische Aktiengesellschaft bietet deutschen Unternehmen neue Möglichkeiten – Pressemitteilung vom 28. Dezember 2004, EuZW 2005, 66 (zit.: *BMJ*, EuZW 2005).

Regierungsentwurf eines Gesetzes zur weiteren Reform des Aktien- und Bilanzrechts, zu Transparenz und Publizität, NZG 2002, 273 (zit.: *BMJ*, NZG 2002).

Bungert, Hartwin / Beier, Constantin — Die Europäische Aktiengesellschaft – Das Statut und seine Umsetzung in die Praxis, EWS 2002, 1 (zit.: *Bungert/Beier*, EWS 2002).

Byrd, John / Hickman, Kent — Do Outside Directors Monitor Managers? 32nd J.Fin.Econ. 1992, 195.

Cadbury, Adrian (Hrsg.) A Review of the Issues and Evidence, London 1996 (zit.: *Cadbury [Hrsg.]*, A Review of the Issues and Evidence, S.).

Report of the Committee on Financial Aspects of Corporate Governance: Final Report, London 1992 (zit.: *Cadbury*-Report, Recommendation).

Cadman, Jonathan Non-Executive Directors: Are they truly Independent? Liverpool 1995.

Calle Lambach, Inés Das Gesetz über die Beteiligung der Arbeitnehmer in einer Europäischen Gesellschaft (SE-Beteiligungsgesetz – SEBG), RiW 2005, 161.

California Public Employees' Retirement System (CalPERS) Corporate Governance, Core Principles & Guidelines, im Internet abrufbar unter www.calpers-governance.org/principles/domestic/us/downloads/us-corpgov-principles.pdf.

Cary, William / Eisenberg, Melvin Aron Cases and Materials on Corporations, 7th Edition, Westbury 1997.

Charkham, Jonathan Keeping Good Company – A study of Corporate Governance in five Countries, Oxford 1995.

Chmielewicz, Klaus Harmonisierung der europäischen Unternehmensverfassung aus betriebswirtschaftlicher Sicht, in: Chmielewicz / Forster (Hrsg.), Unternehmensverfassung und Rechnungslegung in der EG, ZfbF 1991, Sonderheft 29, S. 15.

Clark, Robert Charles Corporate Law, New York 1986.

Claussen, Carsten Wie ändert das KonTraG das Aktiengesetz? DB 1998, 177.

Coffee, John Jr. Understanding Enron: „It's about the Gatekeepers, stupid"(Failure of Corporate Governance), Business Lawyer 2002, 1403 (zit.: *Coffee*, Business Lawyer 2002).

The Rise of dispersed Ownership: The Roles of Law and the State in the Separation of Ownership and Control, Yale L.J. 2001, 1 (zit.: *Coffee*, Yale L.J. 2001).

Committee on Corporate Laws (American Bar Association) Corporate Director's Guidebook, 3rd Edition, 56th Bus.Law 2001, 1579.

Connard, Christopher Directors' Powers in the giant Corporation, 82th Mich.L.Rev. 1984, 1459.

Cox, James / Hazen, Thomas Lee / O'Neal, Kevin Corporations, 2nd Edition, 2002.

Dallas, Lynne The Relational Board: Three Theories of Corporate Board of Directors, 22nd J.Corp.L. 1996, 1.

Dauner-Lieb, Barbara Unternehmerische Tätigkeit zwischen Kontrolle und Kreativität, in: Festschrift für Volker Röhricht zum 65. Geburtstag, Köln 2005, S. 83 (zit.: *Dauner-Lieb*, in: FS Röhricht 2005, S.).

Davies, Paul Struktur der Unternehmensführung in Großbritannien und Deutschland: Konvergenz oder fortbestehende Divergenz?, ZGR 2001, 268.

Deckert, Martina Europäisches Gesellschaftsrecht – Eine Zwischenbilanz, DStR 1997, 874.

Deutscher Anwaltverein Stellungnahme zum Diskussionsentwurf eines Gesetzes zur Ausführung der Verordnung (EG) Nr. 2157/2001 des Rates vom 8.10.2001 über das Statut der Europäischen Gesellschaft (SE) (SE-Ausführungsgesetz-SEAG) NZG 2004, 75 (zit.: *DAV*, NZG 2004).

Ders. (Handelsrechtsausschuss) Stellungnahme des Deutschen Anwaltvereins zum Referentenentwurf eines Transparenz- und Publizitätsgesetzes, NZG 2002, 115 (zit.: *DAV-Handelsrechtsausschuss*, NZG 2002).

Dent, Ralph The Revolution in Corporate Governance, the Monitoring Board and the Director's Duty of Care, Bristol 1981.

Dietrich, Christian Der neue § 111 Abs. 4 Satz 2 AktG – Zustimmungsvorbehaltspflicht auch für unternehmerisches Unterlassen?, DStR 2003, 1577.

Donald, David Die Entwicklung der US-amerikanischen Corporate Governance nach Enron, WM 2003, 705.

Donovan, Nicholas (Hrsg.) Royal Commission on Trade Unions and Employers Association, 1965 – 1968, Final Report, London 1968.

Dooley, Michael / Goldman, Michael Some Comparisons between the Model Business Corporation Act and the Delaware General Corporation Law, 56th Bus.Law. 2001, 737.

Dose, Stefan — Die Rechtsstellung der Vorstandsmitglieder einer Aktiengesellschaft,
3. Auflage, München 1975.

Dreher, Meinrad — Das Ermessen des Aufsichtsrats – Der Aufsichtrat in der Aktiengesellschaft zwischen Verbandsautonomie und Richterkontrolle,
ZHR 158 (1994), 614.

Ebenroth, Carsten T. / Wilken, Oliver — Entwicklungstendenzen im deutschen internationalen Gesellschaftsrecht – Teil 1,
JZ 1991, 1014.

Ebke, Werner — Unternehmensrechtsangleichung in der Europäischen Union: Brauchen wir ein European Law Institute?, in: Festschrift für Bernhard Großfeld zum 65. Geburtstag, Heidelberg 1999, S. 189
(zit.: *Ebke*, in: FS Großfeld 1999, S.).

Eder, Cajetan — Die monistisch verfasste Societas Europaea – Überlegungen zur Umsetzung eines CEO-Modells,
NZG 2004, 544.

Eisenberg, Melvin Aron — Cases and Materials – Corporations and other Business Organizations,
New York 2000 (zit.: *Eisenberg*, Corporations and other Business Organizations, S.).

The Structure of the Corporation – A Legal Analysis,
Toronto 1976
(zit.: *Eisenberg*, The Structure of the Corporation, S.).

Elsing, Siegfried / Alstine, Michael van — US-amerikanisches Handels- und Wirtschaftsrecht,
2. Auflage, Heidelberg 1999.

Endres, Dieter — Europa-AG und Steuern: Das Flaggschiff ist da, es fehlt nur das Segel, RIW 2004, 735.

Esen, Rita — Control by the General Meeting through the Powers to appoint and remove Directors, Northumbria 1999.

Europäisches Parlament — Pressebericht vom 4. September 2001, S. 13 (Änderungsantrag 13 zu Art. 39 V und Art. 43 IV SE-VO), im Internet abrufbar unter www.europarl.eu.int/ press/index_de.htm.

Ezzamel, Mahmoud / Watson, Robert — Wearing two Hats: The Conflicting Control and Management Role of Non-Executive Directors, in: Keasy/Thompson/Wright (Hrsg.), Corporate Governance: Economic Management and Financial Issues, London 1997, S. 54.

Farbmann, Kyrill — Die Reform der Fusionskontrollverordnung als ein Beispiel der europäischen Normsetzungspolitik, Frankfurt 2005.

Farrar, John / Hannigan, Brenda — Farrar's Company Law, 4th Edition, London 1998.

Ficker, Hans Claudius — Die Europäische Entwicklung zu einem Aufsichtsratssystem für Großgesellschaften, in: Recht und Wissenschaft in Geschichte und Gegenwart, Festschrift für Johannes Bärmann zum 70. Geburtstag, München 1975, S. 299 (zit.: *Ficker*, in: FS Bärmann 1975, S.).

Finch, Michael — Company Directors: Who cares about Skill and Care?, 55th Minn.L.Rev. 1992, 179.

Fisch, Jill — Taking Boards Seriously,
19th Cardozo L.Rev. 1997, 265.

Fleischer, Holger — Legal Transplants im Europäischen Gesellschaftsrecht – eine Fallstudie am Beispiel fiduziarischer Geschäftsleiterpflichten, in: Gedächtnisschrift für Meinhard Heinze, München 2005, S. 177 (zit.: *Fleischer*, in: Gedächtnisschrift Heinze 2005, S.).

Der Einfluss der Societas Europaea auf die Dogmatik des deutschen Gesellschaftsrechts, AcP 204 (2004), 502
(zit.: *Fleischer*, AcP 204 [2004]).

Legal Transplants im deutschen Aktienrecht, NZG 2004, 1129 (zit.: *Fleischer*, NZG 2004).

Zur Verantwortlichkeit einzelner Vorstandsmitglieder bei Kollegialentscheidungen im Aktienrecht,
BB 2004, 2645 (zit.: *Fleischer*, BB 2004).

Erweiterte Außenhaftung der Organmitglieder im Europäischen Gesellschafts- und Kapitalmarktrecht,
ZGR 2004, 437 (zit.: *Fleischer*, ZGR 2004).

Zur Leitungsaufgabe des Vorstands im Aktienrecht,
ZIP 2003, 1 (zit.: *Fleischer*, ZIP 2003).

Zum Grundsatz der Gesamtverantwortung im Aktienrecht,
NZG 2003, 459 (zit.: *Fleischer*, NZG 2003).

Frommel, Simon / Thompson, John — Company Law in Europe,
2nd Edition, London 2002.

Fucker, Erhard Die Holzmann-Krise – Ein Lehrstück, im Internet abrufbar unter www.geistesleben.com /diedrei/drei012000/holz/html.

Gaulke, Jürgen Der Klub der Kontrolleure. Das Versagen der deutschen Aufsichtsräte, Hamburg 1996.

Geßler, Ernst / Hefermehl, Wolfgang / Eckardt, Ulrich / Kropff, Bruno Aktiengesetz, Band II, §§ 76-147, München 1973 (zit.: Geßler/Hefermehl/Eckardt/ Kropff, AktG, § , Rn.).

Gevurtz, Franklin Corporation Law, St. Paul 2000.

Gordon, Robert Aaron Business Leadership in the large Corporation, 2nd Print, Berkeley 1966.

Götz, Heinrich Rechte und Pflichten des Aufsichtsrats nach dem Transparenz- und Publizitätsgesetz, NZG 2002, 599 (zit.: *Götz*, NZG 2002).

Die Überwachung der Aktiengesellschaft im Lichte jüngerer Unternehmenskrisen, AG 1995, 337 (zit.: *Götz*, AG 1995).

Zustimmungsvorbehalte des Aufsichtsrats der Aktiengesellschaft, ZGR 1990, 633 (zit.: *Götz*, ZGR 1990).

Gower, Lawrence / Davies, Paul Principles of Modern Company Law, 7th Edition, London 2003.

Grier, Nicholas / Griffin, Stephen / Capper, David UK Company Law, Chichester 1998.

Grobys, Marcel SE-Betriebsrat und Mitbestimmung in der Europäischen Gesellschaft,
NZA 2005, 84 (zit.: *Grobys*, NZA 2005).

Das geplante Umsetzungsgesetz zur Beteiligung von Arbeitnehmern in der Europäischen Aktiengesellschaft,
NZA 2004, 779 (zit.: *Grobys*, NZA 2004).

Gruber, Johannes / Weller, Marc-Phillippe Societas Europaea: Mitbestimmung ohne Aufsichtsrat? Ideen für die Leitungsverfassung der monistischen Europäischen Aktiengesellschaft in Deutschland,
NZG 2003, 297.

Grunewald, Barbara Gesellschaftsrecht,
5. Auflage, Tübingen 2002.

Gutenberg, Erich Unternehmensführung – Organisation und Entscheidungen,
Wiesbaden 1962.

Habersack, Matthias Europäisches Gesellschaftsrecht im Wandel – Bemerkungen zum Aktionsplan der EG-Kommission betreffend die Modernisierung des Gesellschaftsrechts und die Verbesserung der Corporate Governance in der Europäischen Union,
NZG 2004, 1 (zit.: *Habersack*, NZG 2004).

Europäisches Gesellschaftsrecht,
2. Auflage, München 2003 (zit.: *Habersack*, Europäisches Gesellschaftsrecht, S.).

Hahlo, Herman / Farrar, John Cases and Materials on Company Law,
4th Edition, London 2002.

Hampel, Ronald (Hrsg.) The Committee on Corporate Governance,
Final Report, London 1998
(zit.: *Hampel*-Report, Recommendation).

Hamilton, Robert — Corporate Governance in America 1950-2000: Major Changes but uncertain Benefits, 25th J.Corp.L. 2000, 349 (zit.: *Hamilton*, 25th J.Corp.L. 2000).

Hamilton, Robert / Macey, Jonathan — Cases and Materials on Corporations, including Partnerships and limited liabilitiy Companies, 8th Edition, St. Paul 2003 (zit.: *Hamilton/Macey*, Cases and Materials on Corporations, S.).

Hasselbach, Kai — Aktuelle Entwicklungen im Europäischen Gesellschaftsrecht, NZG 1999, 291.

Heinze, Meinhard — Die Europäische Aktiengesellschaft, ZGR 2002, 67 (zit.: *Heinze*, ZGR 2002).

Ein neuer Lösungsweg für die Europäische Aktiengesellschaft, AG 1997, 289 (zit.: *Heinze*, AG 1997).

Henssler, Martin — Unternehmerische Mitbestimmung in der Societas Europaea – Neue Denkanstöße für die „Corporate Governance"-Diskussion, in: Festschrift für Peter Ulmer zum 70. Geburtstag, Berlin 2003, S. 193 (zit.: *Henssler*, in: FS Ulmer 2003, S.).

Henze, Hartwig — Leitungsverantwortung des Vorstands – Überwachungspflicht des Aufsichtsrats, BB 2000, 209.

Herfs-Röttgen, Ebba — Probleme der Arbeitnehmerbeteiligung in der Europäischen Aktiengesellschaft, NZA 2002, 358 (zit.: *Herfs-Röttgen*, NZA 2002).

Arbeitnehmerbeteiligung in der Europäischen Aktiengesellschaft, NZA 2001, 424 (zit.: *Herfs-Röttgen*, NZA 2001).

Herman, Edward — Corporate Control, Corporate Power, 2nd Edition, Cambridge 1981.

Hilber, Marc / Hartung, Jürgen — Auswirkungen des Sarbanes-Oxley Act auf deutsche WP-Gesellschaften: Konflikte mit der Verschwiegenheitspflicht der Wirtschaftsprüfer und dem Datenschutzrecht, BB 2003, 1054.

Hirte, Heribert — Die Europäische Aktiengesellschaft – ein Überblick nach In-Kraft-Treten der deutschen Ausführungsgesetzgebung (Teil I), DStR 2005, 653 (zit.: *Hirte*, NZG 2005, 653).

Die Europäische Aktiengesellschaft – ein Überblick nach In-Kraft-Treten der deutschen Ausführungsgesetzgebung (Teil II), DStR 2005, 700 (zit.: *Hirte*, NZG 2005, 700).

Kapitalgesellschaftsrecht, 4. Auflage, Köln 2003 (zit.: *Hirte*, Kapitalgesellschaftsrecht, S.).

Die Europäische Aktiengesellschaft, NZG 2002, 1 (zit.: *Hirte*, NZG 2002).

Hoffmann, Dietrich / Preu, Peter — Der Aufsichtsrat. Ein Leitfaden für Aufsichtsräte, 5. Auflage, München 2003 (zit.: *Hoffmann/Preu*, Der Aufsichtsrat, Rn.).

Hoffmann, Jochen — Die Bildung der Aventis S.A. – ein Lehrstück des europäischen Gesellschaftsrechts, NZG 1999, 1077 (zit.: *Hoffmann*, NZG 1999).

Hoffmann-Becking, Michael (Hrsg.) — Münchener Handbuch des Gesellschaftsrechts, Band 4 Aktiengesellschaft, 2. Auflage, München 1999 (zit.: *Bearbeiter*, in: Münchener Handbuch des Gesellschaftsrechts, Bd. 4 Aktiengesellschaft, § , Rn.).

Hofmann, Rudolf — Corporate Governance – Überwachungseffizienz und Führungskompetenz in Kapitalgesellschaften, München 1998.

Hommelhoff, Peter — Einige Bemerkungen zur Organisationsverfassung der Europäischen Aktiengesellschaft, AG 2001, 279 (zit.: *Hommelhoff*, AG 2001).

Gesellschaftsrechtliche Fragen im Entwurf eines SE-Statuts, AG 1990, 422 (zit.: *Hommelhoff*, AG 1990).

Hommelhoff, Peter / Hopt, Klaus J. / Werder, Axel von (Hrsg.) — Handbuch Corporate Governance – Leitung und Überwachung börsennotierter Unternehmen in der Rechts- und Wirtschaftspraxis, Köln 2003 (zit.: *Bearbeiter*, in: Handbuch Corporate Governance, S.).

Hommelhoff, Peter / Mattheus, Daniela — Corporate Governance nach dem KonTraG, AG 1998, 249 (zit.: *Hommelhoff/Mattheus*, AG 1998).

Hopt, Klaus J. — Europäische Aktiengesellschaft – per aspera ad astra? EuZW 2002, 1 (zit.: *Hopt*, EuZW 2002).

Ein Debakel à la Enron ist auch in Deutschland denkbar. Die Europäer müssen Lehren aus dem Zusammenbruch des US-Konzerns ziehen, Handelsblatt vom 21. Februar 2002, S. 8 (zit.: *Hopt*, Handelsblatt v. 21.02.2002, S.).

Hopt, Klaus J. / Wiedemann, Herbert (Hrsg.) — Großkommentar zum Aktiengesetz, Erster Band, Halbband §§ 76-147, 4. Auflage, Berlin 1999 (zit.: *Bearbeiter*, in: GroßKommAktG, § , Anm.).

Horn, Norbert Die Europa-AG im Kontext des deutschen und europäischen Gesellschaftsrechts, DB 2005, 147.

Hüffer, Uwe Aktiengesetz (AktG), 6. Auflage, München 2004 (zit.: *Hüffer*, AktG, 6. Aufl. 2004, § , Rn.).

Aktiengesetz (AktG), 5. Auflage, München 2002 (zit.: *Hüffer*, AktG, 5. Aufl. 2002, § , Rn.).

Ihrig, Hans-Christoph / Wagner, Jens Das Gesetz zur Einführung der Europäischen Gesellschaft (SEEG) auf der Zielgeraden – Die gesellschafts- und mitbestimmungsrechtlichen Regelungen des Regierungsentwurfs, BB 2004, 1749.

Jahn, Andreas / Herfs-Röttgen, Ebba Die Europäische Aktiengesellschaft – Societas Europaea, DB 2001, 631.

Johnson, Elmer An Insiders Call for Outside Direction, Harv.Bus.Rev. 1990, 46.

Jürgens, Peter Die Europäische Aktiengesellschaft nimmt Strukturen an, BB 1990, 1145.

Kallmeyer, Harald Das monistische System der SE mit Sitz in Deutschland, ZIP 2003, 1531 (zit.: *Kallmeyer*, ZIP 2003).

Pflichten des Vorstands der Aktiengesellschaft zur Unternehmensplanung, ZGR 1993, 104 (zit.: *Kallmeyer*, ZGR 1993).

Die Europäische Aktiengesellschaft – Praktischer Nutzen und Mängel des Statuts,
AG 1990, 103 (zit.: *Kallmeyer*, AG 1990).

Kamesam, Vepa — Corporate Governance – Cadbury Committee and After,
im Internet abrufbar unter www.indiainfoline.com/nevi/cogo.html.

Kämmerer, Axel / Veil, Rüdiger — Paritätische Mitbestimmung in der monistischen Societas Europaea – ein verfassungsrechtlicher Irrweg?
ZIP 2005, 369.

Knigge, Dietmar — Änderungen des Aktiengesetzes durch das Transparenz- und Publizitätsgesetz,
WM 2002, 1729.

Kolvenbach, Walter — Scheitert die Europa AG an der Mitbestimmung?,
NZA 1998, 1323 (zit.: *Kolvenbach*, NZA 1998).

Statut für die Europäische Aktiengesellschaft,
DB 1988, 1837 (zit.: *Kolvenbach*, DB 1988).

Köstler, Roland — Die Beteiligung der Arbeitnehmer in der Europäischen Aktiengesellschaft nach den deutschen Umsetzungsgesetzen,
DStR 2005, 745 (zit.: *Köstler*, DStR 2005).

Die Mitbestimmung in der SE,
ZGR 2003, 800 (zit.: *Köstler*, ZGR 2003).

Krause, Rüdiger — Die Mitbestimmung der Arbeitnehmer in der Europäischen Gesellschaft (SE),
BB 2005, 1221.

Kraushaar, Martin — Die Zukunft der Mitbestimmung im Spannungsfeld privater und öffentlicher Standortpolitik,
BB 2005, 14 (zit.: *Kraushaar*, BB 2005).

Die Europäische Aktiengesellschaft (SE) und Unternehmensmitbestimmung, BB 2003, 1614 (zit.: *Kraushaar*, BB 2003).

Kraushaar, Martin / Berg, Kay Uwe — Mitbestimmung als Umsetzung von Corporate-Governance-Prinzipien, BB 2005, 16 (zit.: *Kraushaar/Berg*, BB 2005).

Kristie, Allan — Board Trends 1970s to the 1990s, Vortrag Washington D.C. vom 26. Februar 1999, im Internet abrufbar unter www.directorsandboards.com/brdtrnds.html.

Kropff, Bruno — Die Unternehmensplanung im Aufsichtsrat, NZG 1998, 613.

Lanfermann, Georg / Maul, Silja — Registrierung von deutschen Abschlussprüfern bei der neuen US-Berufsaufsicht PCAOB, DB 2003, 1237 (zit.: *Lanfermann/Maul*, DB 2003).

Auswirkungen des Sarbanes-Oxley-Acts in Deutschland, DB 2002, 1725 (zit.: *Lanfermann/Maul*, DB 2002).

Lang, John Temple — The Fifth EEC Directive on the Harmonization of Company Law, 12th Comm.Mkt.L.Rev. 1975, 155.

Lange, Oliver — Überlegungen zur Umwandlung einer deutschen in eine Europäische Aktiengesellschaft, EuZW 2003, 301 (zit.: *Lange*, EuZW 2003).

Zustimmungsvorbehaltspflicht und Kataloghaftung des Aufsichtsrats nach neuem Recht, DStR 2003, 376 (zit.: *Lange*, DStR 2003).

Langevoort, Donald — The Human Nature of Corporate Boards: Law, Norms and the unintended Consequences of Independence and Accountability, 89th Geo.L.J. 2001, 797.

Lattin, Norman Dunham The Law of Corporations, 2nd Edition, New York 1971.

Leuering, Dieter / Simon, Stefan Die Europäische Aktiengesellschaft – eine neue Rechtsform tritt an, NJW-Spezial 2005, 75.

Leyens, Patrick Deutscher Aufsichtsrat und U.S.-Board: Ein- oder zweistufiges Verwaltungssystem? Zum Stand der rechtsvergleichenden Corporate Governance-Debatte, RabelsZ 67 (2003), 57.

Lieb, Manfred Arbeitrecht, 8. Auflage, Heidelberg 2003.

Loss, Louis / Seligmann, Joel Fundamentals of Securities Regulation, 4th Edition, New York 2001.

Ludwig, Susanne Leitungsgremien und Aufsichtsräte im Konzern – eine organisatorische Analyse, Wiesbaden 1997.

Luke, Joachim / Funke, Susann Das Gesetz zur Einführung der Societas Europaea, NWB 2005, 1237.

Lutter, Marcus Europäische Aktiengesellschaft – Rechtsfigur mit Zukunft?, BB 2002, 1 (zit.: *Lutter*, BB 2002).

Das dualistische System der Unternehmensverwaltung, in: Scheffler (Hrsg.), Corporate Governance, Schriften zur Unternehmensführung Band 56, Wiesbaden 1995, S. 5 (zit.: *Lutter*, Das Dualistische System der Unternehmensverwaltung, S.).

Der Aufsichtsrat: Konstruktionsfehler, Inkompetenz seiner Mitglieder oder normales Risiko?, AG 1994, 176 (zit.: *Lutter*, AG 1994).

Unternehmensplanung und Aufsichtsrat, AG 1991, 249 (zit.: *Lutter*, AG 1991).

Genügen die vorgeschlagenen Regelungen für eine Europäische Aktiengesellschaft?, AG 1990, 413 (zit.: *Lutter*, AG 1990).

Information und Vertraulichkeit im Aufsichtsrat, 3. Auflage, Bochum 1988 (zit.: *Lutter*, Information und Vertraulichkeit im Aufsichtsrat, S.).

Lutter, Marcus / Krieger, Gerd — Rechte und Pflichten des Aufsichtsrats, 4. Auflage, Köln 2002 (zit.: *Lutter/Krieger*, Rechte und Pflichten des Aufsichtsrats, 4. Aufl. 2002, Rn.).

Rechte und Pflichten des Aufsichtsrats, 3. Auflage, Köln 1993 (zit.: *Lutter/Krieger*, Rechte und Pflichten des Aufsichtsrats, 3. Aufl. 1993, Rn.).

Lück, Wolfgang — Audit Committees – Prüfungsausschüsse zur Sicherung und Verbesserung der Unternehmensüberwachung in deutschen Unternehmen, DB 1999, 441.

Mace, Myles — Directors: Myth and Reality, Boston 1971.

Martens, Klaus-Peter — Das Bundesverfassungsgericht und das Gesellschaftsrecht, ZGR 1979, 493.

Martin, Christopher — Das U.S. Corporate Governance System – Verlust der Vorbildfunktion?, NZG 2003, 948.

Maw, Nigel Graham / Cooper, Michael Crag — Corporate Governance, 3rd Edition, Dartmouth 1994.

Mayson, Stephen / French, Derek / Ryan, Christopher — Company Law, 21th Edition, Oxford 2004.

McCarthey, William / Ellis, Nathan — Management by Agreement: An Alternative to the Industrial Relations Act (Industry in action), Newark 1973.

Merkt, Hanno — Die monistische Unternehmensverfassung für die Europäische Aktiengesellschaft aus deutscher Sicht – Mit vergleichendem Blick auf die Schweiz, das Vereinigte Königreich und Frankreich, ZGR 2003, 650 (zit.: *Merkt*, ZGR 2003).

Merkt, Hanno / Goethel, Stephan — US-amerikanisches Gesellschaftsrecht, 2. Auflage, Heidelberg 2004 (zit.: *Merkt/Goethel*, US-Amerikanisches Gesellschaftsrecht, Rn.).

Millstein, Ira — The Evolution of the Certifying Board, 48th Bus.Law. 1993, 1485 (zit.: *Millstein*, 48th Bus.Law. 1993).

Millstein, Ira / MacAvoy, Paul — The Active Board of Directors and Performance of the large publicly traded Corporation, 98th Colum.L.Rev. 1998, 1283 (zit.: *Millstein/MacAvoy*, 98th Colum.L.Rev. 1998).

Mitchell, Austin / Sikka, Prem — Corporate Governance Matters, London 1996.

Monks, Robert / Minow, Nell — Corporate Governance, 3rd Edition, Malden 2003 (zit.: *Monks/Minow*, Corporate Governance, S.).

Watching the Watchers: Corporate Governance for the 21st Century, 2nd Edition, Cambridge 1996 (zit.: *Monks/Minow*, Watching the Watchers, S.).

Monti, Mario — Statut der Europäischen Aktiengesellschaft, WM 1997, 607.

Müller-Bonanni, Thomas / Beauregard, Paul Melot de — Mitbestimmung in der Societas Europaea, GmbHR 2005, 195.

Münchener Kommentar — Kommentar zum Aktiengesetz, Band 3, § 76-117, MitbestG, § 76 BetrVG 1952, 2. Auflage des Geßler/Hefermehl/Eckardt/Kropff Aktiengesetz-Kommentars, München 2004 (zit.: MünchKommAktG-*Bearbeiter*, § , Rn.).

Nader, Ralph / Green, Mark / Seligman, Joel — Taming the giant Corporation, New York 1976.

Nagel, Bernhard — Die Europäische Aktiengesellschaft (SE) in Deutschland – der Regierungsentwurf zum SE-Einführungsgesetz, NZG 2004, 833 (zit.: *Nagel*, NZG 2004).

Deutsches und Europäisches Gesellschaftsrecht – Eine Einführung, München 2000 (zit.: *Nagel*, Deutsches und Europäisches Gesellschaftsrecht, S.).

Neye, Hans-Werner — Kein neuer Stolperstein für die Europäische Aktiengesellschaft, ZGR 2002, 377 (zit.: *Neye*, ZGR 2002).

Neye, Hans-Werner / Teichmann, Christoph — Der Entwurf für das Ausführungsgesetz zur Europäischen Aktiengesellschaft, AG 2003, 169 (zit.: *Neye/Teichmann*, AG 2003).

Oechsler, Jürgen — Die Sitzverlegung der Europäischen Aktiengesellschaft nach Art. 8 SE-VO, AG 2005, 373 (zit.: *Oechsler*, AG 2005).

Der praktische Weg zur Societas Europaea (SE) – Gestaltungsspielraum und Typenzwang, NZG 2005, 697 (zit.: *Oechsler*, NZG 2005).

Oetker, Hartmut — Die Beteiligung der Arbeitnehmer in der Europäischen Aktiengesellschaft (SE) unter besonderer Berücksichtigung der leitenden Angestellten, BB 2005, 2.

Osterloh, Margit — Zum Problem der rechtzeitigen Information von Arbeitnehmervertretern in Betriebs- und Aufsichtsräten, AuR 1986, 332.

Pennington, Robert — Company Law, 8th Edition, London 2002.

Peus, Egon — Der Aufsichtsratsvorsitzende – seine Rechtsstellung nach dem Aktiengesetz und dem Mitbestimmungsgesetz, Köln 1983.

Pieroth, Bodo / Schlink, Bernhard — Grundrechte Staatsrecht II, 21. Auflage, Heidelberg 2005.

Pluskat, Sonka — Die Arbeitnehmerbeteiligung in der geplanten Europäischen AG, DStR 2001, 1483 (zit.: *Pluskat*, DStR 2001).

Die neuen Vorschläge für die Europäische Aktiengesellschaft, EuZW 2001, 524 (zit.: *Pluskat*, EuZW 2001).

Prodhan, Bimal Corporate Governance and long term Performance, Oxford 1993.

Rademaker, Maike Mitbestimmung schreckt US-Firmen nicht ab, Financial Times Deutschland vom 22. Oktober 2002, S. 23.

Raiser, Thomas Recht der Kapitalgesellschaften – Ein Handbuch für Praxis und Wissenschaft, 3. Auflage, München 2001(zit.: *Raiser*, Recht der Kapitalgesellschaften, § , Rn.).

Die Europäische Aktiengesellschaft und die nationalen Aktiengesetze, in: Festschrift für Johannes Semler, Berlin 1993, S. 277 (zit.: *Raiser*, in: FS Semler 1993, S.).

Führungsstruktur und Mitbestimmung in der Europäischen Aktiengesellschaft nach dem Verordnungsvorschlag der Kommission vom 25. August 1989, in: Festschrift für Ernst Steindorff zum 70. Geburtstag, Berlin 1990, S. 201 (zit.: *Raiser*, in: FS Steindorff 1990, S.).

Reichert, Jochem / Brandes, Stephan Mitbestimmung der Arbeitnehmer in der SE: Gestaltungsfreiheit und Bestandsschutz, ZGR 2003, 767.

Roe, Mark German „populism" and the large public corporation, 14th International Review of Law and Economics (1994), 187 (zit.: *Roe*, 14th International Review of Law and Economics [1994]).

Some Differences in Corporate Structure in Germany, Japan and the United States, 102nd Yale L. J. 1993, 1927 (zit.: *Roe*, 102nd Yale L.J. 1993).

Röller, Wolfgang Quo vadis Aufsichtsrat?, AG 1994, 333.

Rose, Francis Company Law, 5th Edition, London 2001.

Rosenstein, Stuart / Wyatt, Jeffrey Outside Directors, Board Independence and Shareholder Wealth, 26th J.Fin.Econ. 1990, 175.

Schäfer, Albrecht Erwartungen eines deutschen Großkonzerns an das europäische Gesellschaftsrecht, in: Scheuing/Schwarz/ Wollenschläger (Hrsg.), Europäisches Unternehmensrecht, 1. Auflage, Baden-Baden 2001, S. 61.

Schindler, Clemens Philipp Das Ausführungsgesetz zur Europäischen Aktiengesellschaft, wbl 2004, 253.

Schmidt, Karsten Gesellschaftsrecht, 4. Auflage, Köln 2002.

Schneider-Lenné, Ellen-Ruth Das anglo-amerikanische Board-System, in: Scheffler, Eberhard (Hrsg.), Corporate Governance, Schriften zur Unternehmensführung Band 56, Wiesbaden 1995, S. 27 (zit.: *Schneider-Lenné*, Das angloamerikanische Board-System, S.).

Corporate Control in Germany, Oxford Review of Economic Policy 1992, 11 (zit.: *Schneider-Lenné*, Oxford Review of Economic Policy 1992).

Schön, Wolfgang Anmerkung zu BGH JZ 1994, 680 = BGHZ 124, 111, JZ 1994, 684.

Schulz, Andreas / Geismar, Bernhard — Die Europäische Aktiengesellschaft – Eine kritische Bestandsaufnahme, DStR 2001, 1078.

Schwarz, Günter Christian — Zum Statut der Europäischen Aktiengesellschaft – Die wichtigsten Neuerungen und Änderungen der Verordnung, ZIP 2001, 1847 (zit.: *Schwarz*, ZIP 2001).

Europäisches Gesellschaftsrecht – Ein Handbuch für Wissenschaft und Praxis, Baden-Baden 2001 (zit.: *Schwarz*, Europäisches Gesellschaftsrecht, S.).

Schwarz, Günter Christian / Holland, Björn — Enron, WorldCom... und die Corporate-Governance-Diskussion – Zu den strukturellen Defiziten eines kapitalmarktorientierten Corporate-Governance-Systems und zum US-amerikanischen Sarbanes-Oxley-Act, ZIP 2002, 1661 (zit.: *Schwarz/Holland*, ZIP 2002).

Seibert, Ulrich — Das „TransPuG", NZG 2002, 608 (zit.: *Seibert*, NZG 2002).

Im Blickpunkt: Der Deutsche Corporate Governance Kodex ist da, BB 2002, 581 (zit.: *Seibert*, BB 2002).

Seibt, Christoph — Drittelbeteiligungsgesetz und Fortsetzung der Reform des Unternehmensmitbestimmungsrechts – Analyse des Zweiten Gesetzes zur Vereinfachung der Wahl der Arbeitnehmervertreter in den Aufsichtsrat, NZA 2004, 767 (zit.: *Seibt*, NZA 2004).

Seibt, Christoph / Reinhard, Thorsten — Umwandlung der Aktiengesellschaft in die Europäische Gesellschaft (Societas Europaea), Der Konzern 2005, 427 (zit.: *Seibt/Reinhard*, Der Konzern 2005).

Semler, Johannes — Die Unternehmensplanung in der Aktiengesellschaft. Eine Betrachtung unter rechtlichen Aspekten, ZGR 1983, 1 (zit.: *Semler*, ZGR 1983, 1).

Aufgaben und Funktionen des aktienrechtlichen Aufsichtsrats in der Unternehmenskrise, ZGR 1983, 141 (zit.: *Semler*, ZGR 1983, 141).

Semler, Johannes / Hueck, Götz / Lutter, Marcus / Zöllner, Marcus (Hrsg.) — Leitung und Überwachung der Aktiengesellschaft – Die Leitungsaufgabe des Vorstands und die Überwachungsaufgabe des Aufsichtsrats, 3. Auflage, Köln 2001 (zit.: *Semler [Hrsg.]*, Leitung und Überwachung der Aktiengesellschaft, S.).

Sheikh, Saleem / Chatterjee, Sayan — Perspectives on Corporate Governance, in: Sheikh/Rees (Hrsg.), Corporate Governance & Corporate Control, London 1995.

Short, Barry — Non-Executive Directors, Corporate Governance and the Cadbury Report: A Review of the Issues and Evidence, London 1996.

Smerdon, Richard — A Practical Guide to Corporate Governance, 2nd Edition, London 2004.

Solomon, Lewis / Palmiter, Alan — Corporations: Examples and Explanations, 4th Edition, New York 2003.

Stapledon, Geofrey Institutional Shareholders and Corporate Governance, Oxford 1996.

Steding, Rolf Das Gesellschaftsrecht der EU zwischen Erwartung und Enttäuschung, NZG 2000, 913.

Stone, Christopher Corporate Responsibility: Law and Ethics, 5th Edition, San Francisco 2004.

Streinz, Rudolf Europarecht, 6. Auflage, Heidelberg 2003.

Summers, Clyde Co-Determination in the United States: A Projection of Problems and Potentials, 4th J.Comp.Corp.L.&Sec.Reg. 1982, 155 (zit.: *Summers*, 4th J.Comp.Corp.L. & Sec.Reg. 1982).

Worker Participation in the U.S. and West-Germany: A Comparitive Study from an American Perspective, 28th Am.J.Comp.Law 1980, 367 (zit.: *Summers*, 28th Am.J.Comp.Law 1980).

Tanski, Joachim WorldCom: Eine Erläuterung zu Rechnungslegung und Corporate Governance, DStR 2002, 2003.

Teichmann, Christoph Gestaltungsfreiheit im monistischen Leitungssystem der Europäischen Aktiengesellschaft, BB 2004, 53 (zit.: *Teichmann*, BB 2004).

Vorschläge für das deutsche Ausführungsgesetz zur Europäischen Aktiengesellschaft, ZIP 2002, 1109 (zit.: *Teichmann*, ZIP 2002).

Die Einführung der Europäischen Aktiengesellschaft – Grundlagen der Ergänzung des europäischen Statuts durch den deutschen Gesetzgeber, ZGR 2002, 383 (zit.: *Teichmann*, ZGR 2002).

The Business Roundtable (BRT) — Statement on Corporate Governance, im Internet abrufbar unter www.brtable.org.

Theisen, Manuel René — Das Board-Modell: Lösungsansatz zur Überwindung der „Überwachungslücke" in deutschen Aktiengesellschaften?, AG 1989, 161 (zit.: *Theisen*, AG 1989).

Theisen, Manuel René / Wenz, Martin (Hrsg.) — Die Europäische Aktiengesellschaft – Recht, Steuern und Betriebswirtschaft der Societas Europaea (SE), Stuttgart 2002 (zit.: *Theisen/Wenz [Hrsg.]*, Die Europäische Aktiengesellschaft, S.).

Thoma, Georg / Leuering, Dieter — Die Europäische Aktiengesellschaft – Societas Europaea, NJW 2002, 1449.

Thümmel, Roderich — Persönliche Haftung von Managern und Aufsichtsräten, 3. Auflage, Stuttgart 2003.

Torggler, Hellwig — Zur Europäischen Gesellschaft (SE), ecolex 2001, 533.

Triebel, Volker / Hodgson, Stephen / Kellenter, Wolfgang / Müller, Georg — Englisches Handels- und Wirtschaftsrecht, 3. Auflage, Heidelberg 1998.

Trojan-Limmer, Ursula — Die geänderten Vorschläge für ein Statut der Europäischen Aktiengesellschaft (SE) – Gesellschaftsrechtliche Probleme, RIW 1991, 1010.

Turcon, Rémi / Zimmer, Daniel Grundlagen des US-amerikanischen Gesellschafts-, Wirtschafts-, Steuer- und Fremdenrechts – Rechtliche Rahmenbedingungen für ausländische Direktinvestitionen in den USA, München 1994.

Ulmer, Peter Mitbestimmung kann zum Hindernis werden – Regeln für die Europa AG könnten deutschen Unternehmen Nachteile bringen, FAZ vom 28. April 2001, S. 23 (zit.: *Ulmer*, FAZ v. 28.04.2001, S.).

Gestaltungsfreiheit in der Europa-AG bietet Vorteile – Aktionäre befinden über die interne Organisation/ Einfachere Sitzverlegung, FAZ vom 21. März 2001, S. 30 (zit.: *Ulmer*, FAZ v. 21.03.2001, S.).

Die Bedeutung des Mitbestimmungsurteils des Bundesverfassungsgerichts für die Auslegung von Mitbestimmungs- und Gesellschaftsrecht, BB 1979, 398 (zit.: *Ulmer*, BB 1979).

Vagts, Detlev Reforming the Modern Corporation: Perspective from the German, 80th Harv.L.Rev. 23, 1966, 23.

Vossius, Oliver Gründung und Umwandlung der deutschen Europäischen Gesellschaft (SE), ZIP 2005, 741.

Wagner, Jens Die Bestimmung des auf die SE anwendbaren Rechts, NZG 2002, 985.

Walden, Daniel / Meyer-Landrut, Andreas Die grenzüberschreitende Verschmelzung zu einer Europäischen Gesellschaft: Planung und Vorbereitung, DB 2005, 2119.

Weisbach, Michael Outside Directors and CEO Turnover, 20th J.Fin.Econ. 1988, 431.

Werder, Axel von Formen der Führungsorganisation einer Europäischen Aktiengesellschaft, RIW 1997, 304.

Wendeling-Schröder, Ulrike / Spieker, Wolfgang Das Mitbestimmungsurteil des BVerfG und seine Auswirkungen auf die Praxis des Mitbestimmungsgesetzes, NJW 1981, 145.

Westermann, Harm-Peter Anmerkung zu LG Bielefeld, Urt. v. 16.11.1999 – 15 O 91/98, ZIP 2000, 25.

Wiesner, Peter Der Nizza-Kompromiss zur Europa AG – Triumph oder Fehlschlag? ZIP 2001, 397 (zit.: *Wiesner*, ZIP 2001).

Europäisches Unternehmensrecht im Umbruch, AG 1996, 390(zit.: *Wiesner*, AG 1996).

Wissmann, Helmut „Deutsche" Europäische Aktiengesellschaft und Mitbestimmung, in: Festschrift für Herbert Wiedemann zum 70. Geburtstag, München 2002, S. 685 (zit.: *Wissmann*, in: FS Wiedemann 2002, S.).

Zöllner, Wolfgang (Hrsg.) Kölner Kommentar zum Aktiengesetz, Band 2, §§ 76-117 AktG und Mitbestimmung im Aufsichtsrat, 3. Auflage, Köln 2004 (zit.: KölnKommAktG-*Bearbeiter*, § , Rn.).

Aktienrechtsreform in Permanenz – Was wird aus den Rechten des Aktionärs?, AG 1994, 336 (zit.: *Zöllner*, AG 1994).

Kapitel Eins

Einleitung

A. „Societas Europaea“ – Eine neue Rechtsform für europäische Unternehmen

Am 10.11.2001 beschlossen der Sozialministerrat und der Rat der Minister für den Binnenmarkt der Europäischen Union die Verordnung über das Statut der Europäischen Gesellschaft[1] (SE)[2]. Diese Verordnung (kurz: SE-VO) legt die Rahmenbedingungen für eine mitgliedstaatenübergreifende Gesellschaftsform fest, die sich nach ihren Grundzügen wie folgt definieren lässt[3]:

> *Die Europäische Gesellschaft ist eine Handelsgesellschaft[4] mit eigener Rechtspersönlichkeit[5], für deren Verbindlichkeiten nur das Gesellschaftsvermögen haftet[6] und die über ein in Aktien zerlegtes Grundkapital i.H.v. mindestens 120.000 Euro verfügt[7].*

Neben der sog. „EWIV“[8], die der europäische Gesetzgeber als kleine, der deutschen Handelsgesellschaft ähnelnde Gesellschaftsform eingeführt hatte[9], wurde mit der SE die zweite gemeinschaftsrechtliche Gesellschaftsform ge-

---

[1] Verordnung (EG) 2157/2001, die SE-Verordnung kann im Internet unter http://europa.eu.Int/smpi/cgi/sga_doc?smartapi!celexapi!prod!CELEXnumdoc&lg=DE&numdoc=32001R2157&model=guichett abgerufen werden.

[2] Gem. Art. 1 I SE-VO steht die Abkürzung *SE* für den lateinischen Begriff *„Societas Europaea“*. Bei der SE-VO, die am 8.10.2004 in Kraft getreten ist (Art. 70 SE-VO), handelt es sich um eine Verordnung i.S.d. Art. 249 II EG. Eine Umsetzung durch mitgliedstaatliche Vorschriften ist grds. nicht erforderlich (*Streinz*, Europarecht, Rn. 382). Aufgrund ihrer mangelnden Regelungsdichte sind dennoch in vielen Bereichen Ergänzungen seitens der mitgliedstaatlichen Ausführungsgesetzgeber erforderlich, was in Kapitel Zwei dieser Arbeit ausführlich erläutert wird.

[3] Diese Definition stammt von *Thoma/Leuering*, NJW 2002, 1449, 1450; die Grundzüge der SE zusammenfassend *BMJ*, EuZW 2005, 66 sowie *Leuering/Simon*, NJW-Spezial 2005, 75.

[4] Art. 1 II S. 1 SE-VO.

[5] Art. 1 III SE-VO.

[6] Art. 1 II S. 2 SE-VO; zur SE als Kapitalgesellschaft *Jahn/Herfs-Röttgen*, DB 2001, 631.

[7] Art. 1 II S. 2 SE-VO; damit weist die Societas Europaea die typischen Merkmale einer Aktiengesellschaft auf. Zu den Begriffsmerkmalen einer deutschen AG *Raiser*, Recht der Kapitalgesellschaften, § 8, Rn. 1.

[8] „Europäische wirtschaftliche Interessenvereinigung“.

[9] *Hirte*, NZG 2001, 1; zur EWIV eingehend *Habersack*, Europäisches Gesellschaftsrecht, Rn. 353 ff; zur Entwicklung der EWIV *Steding*, NZG 2000, 913, 916.

schaffen, die neben den übrigen nationalen Gesellschaften gegründet werden kann[10].

Die SE-VO beinhaltet jedoch nur einen Teil der Regelungen zur Europäischen Gesellschaft. Sie wird ergänzt durch die Richtlinie zur Ergänzung des Statuts der Europäischen Gesellschaft hinsichtlich der Beteiligung der Arbeitnehmer (kurz: SE-RiLi)[11]. Für eine SE mit Sitz in Deutschland sind zudem die Vorschriften des Gesetzes zur Einführung der Europäischen Gesellschaft (kurz: SEEG) anzuwenden[12]. Das SEEG beinhaltet in Art. 1 SEEG das Gesetz zur Ausführung der SE-VO (SE-Ausführungsgesetz – SEAG) und in Art. 2 SEEG die Bestimmungen des Gesetzes über die Beteiligung der Arbeitnehmer in einer Europäischen Gesellschaft (SE-Beteiligungsgesetz – SEBG)[13].

B. Notwendigkeit und Vorteile der Europäischen Gesellschaft

Die Notwendigkeit zur Schaffung eines SE-Statuts[14] ergab sich aus den bisher bestehenden rechtlichen und wirtschaftlichen Rahmenbedingungen auf europäischer Ebene[15]. Diese Bedingungen schienen nicht mehr geeignet, die Verwirklichung des Binnenmarktes und die damit angestrebte Verbesserung der wirtschaftlichen und sozialen Verhältnisse in der Europäischen Union sicherzustellen[16].

Zur Erreichung dieses Ziels wird es als unerlässlich angesehen, dass solche Unternehmen, deren Tätigkeit sich nicht auf die Befriedigung rein örtlicher Bedürfnisse beschränkt, die Neuordnung ihrer Tätigkeiten auf Gemeinschafts-

---

[10] *Hirte*, DStR 2005, 653; siehe dazu die aktuellen Beiträge aus der Presse *Albin*, Handelsblatt v. 29.09.2004, S. 11: „Europäische Aktiengesellschaft geht an den Start"; *Rademaker*, Financial Times Deutschland v. 22.10.2004, S. 23: „Mitbestimmung schreckt US-Firmen nicht ab". Zum europarechtlichen Rahmen des deutschen Kapitalgesellschaftsrechts *Hirte*, KapitalgesellschaftsR, S.12 ff.

[11] Richtlinie 2001/86/EG; bei der SE-RiLi handelt es sich um einen Rechtsakt i.S.d. Art. 249 III EG. Die Umsetzungsfrist lief am 8.10.2004 ab, Art. 14 I SE-RiLi.

[12] Das SEEG – bestehend aus dem SEAG und dem SEBG – ist am 22.12.2004 in Kraft getreten und kann im Internet unter www.bmj.bund.de/media/archive/837.pdf abgerufen werden.

[13] Dazu *Grobys*, NZA 2005, 84; einen zusammenfassenden Überblick über die Regelungen des SEAG bietet *Brandt*, BB-Spezial 2005, 8; zum SEBG *Luke/Funke*, NWB 2005, 1237; zum vorherigen Referentenentwurf des SEEG *Ihrig/Wagner*, BB 2004, 1749.

[14] Als einheitliche Bezeichnung für die SE-VO und die SE-RiLi wird der Begriff „SE-Statut" verwendet.

[15] Erwägungsgrund Nr. 4 zur SE-VO.

[16] Vgl. Erwägungsgrund Nr. 4 Zur SE-VO; *Hirte*, DStR 2005, 653; *Horn*, DB 2005, 147; *Schwarz*, ZIP 2001, 1847, 1859.

ebene planen und betreiben können[17]. Daran waren Gesellschaften, die in mehr als einem Mitgliedstaat der EU agieren, aber bislang gehindert: Da die einzelnen Rechtsordnungen im Hinblick auf das nationale Gesellschaftsrecht sehr unterschiedlich ausgeprägt sind, mussten in jedem Mitgliedstaat Tochtergesellschaften nach dem dort geltenden Recht gegründet und geführt werden[18].

Mit der Option zur Gründung einer SE erhalten diese Unternehmen nun die Chance, ihr wirtschaftliches Potenzial, das auf mehrere Mitgliedstaaten der EU verteilt ist, in einer einzigen Gesellschaftsform zusammenzufassen[19]. Durch die einheitliche europaweite Führung eines Unternehmens soll ein erheblicher Teil des kosten-[20] und beratungsintensiven[21] Verwaltungsaufwandes entfallen. Das durch die SE erreichbare Einsparpotenzial beziffert die EU-Kommission auf europaweit insgesamt 30 Milliarden Euro pro Jahr[22].

Neben der Möglichkeit zur Kostensenkung bietet die Gründung einer SE einen weiteren erheblichen Vorteil: Aufgrund der Tatsache, dass die jeweiligen Gesellschaftsformen in Europa unterschiedlichen Rechtsordnungen entstammen, bestehen bei Kooperations- und Umstrukturierungsmaßnahmen von Unternehmen unterschiedlicher Mitgliedstaaten rechtliche und psychologische

---

[17] *Seibt/Reinhard*, Der Konzern 2005, 407, 408; *Walden/Meyer-Landrut*, DB 2005, 2119; *Monti*, WM 1997, 607; *Schwarz*, ZIP 2001, 1847, 1859; *Schulz/Geismar*, DStR 2001, 1078; vgl. auch Erwägungsgrund Nr. 1 zur SE-VO.

[18] *Steding*, NZG 2000, 913, 914; *Thoma/Leuering*, NJW 2002, 1449, 1450; *Bungert/Beier*, EWS 2002, 1, 9; vgl. auch den Erwägungsgrund Nr. 4 zur SE-VO. Bislang nicht geregelt ist die Besteuerung der SE, was allgemein als besonders großes Defizit angesehen wird, siehe *Albin*, Handelsblatt v. 29.09.2004, S. 11; *Endres*, RIW 2004, 735; Hirte, NZG 2001, 1, 2; *Hommelhoff*, AG 2001, 279, 285: „Maßgeblich für die Akzeptanz der SE in der Unternehmenspraxis werden ihre steuerrechtlichen Folgen sein."

[19] Erwägungsgrund Nr. 2 zur SE-VO; *BMJ*, EuZW 2005, 66; *Seibt/Reinhard*, Der Konzern 2005, 407, 408. Ein warenproduzierendes Unternehmen könnte dann z.B. die Herstellung eines Produktes, dessen Teile in verschiedenen Mitgliedstaaten gefertigt werden, auf einen einzigen Standort in der EU konzentrieren und dadurch Zeit und Kosten sparen, *Monti*, WM 1997, 607.

[20] Der Chef-Justiziar der Siemens AG *Schäfer* gab im Jahre 2000 für die Verwaltung *einer* ausländischen Holding-Gesellschaft Kosten i.H.v. 1 Mio. DM an, *Schäfer*, Erwartungen eines deutschen Großkonzerns an das europäische Gesellschaftsrecht, in: Scheuing/Schwarz/Wollenschläger (Hrsg.), Europäisches Unternehmensrecht, S. 61, 64.

[21] Zu dem intensiven Aufwand an Rechtsberatung *Schwarz*, ZIP 2001, 1847, 1859.

[22] *Thoma/Leuering*, NJW 2002, 1449, 1450; *Jahn/Herfs-Röttgen*, DB 2001, 631. Bereits im Jahre 1997 prognostizierte *Monti*, WM 1997, 607 eine Einsparungsmöglichkeit i.H.v. 30 Milliarden Dollar; diese immensen Einsparmöglichkeiten werden auch EU-ausländische Muttergesellschaften dazu bewegen, ihre europäischen Töchter zu einer SE zusammenzufassen, *Hirte*, NZG 2001, 1, 3.

Vorbehalte[23]. Diese Unternehmen werden häufig mit der Frage belastet, welchem einzelstaatlichen Recht die neue Gesellschaft unterliegen soll[24]. Mit der Annahme der einheitlichen Rechtsform „Europäische Gesellschaft" können diese Vorbehalte entkräftet werden[25].

Überdies besteht ein weiterer Vorteil der SE darin, dass sie ihren Sitz innerhalb der Gemeinschaft verlegen kann, ohne dass dies ihre Auflösung zur Folge hat[26].

Schließlich deutet das Markenzeichen der SE auf eine gewisse Größe und Internationalität hin und verleiht der Gesellschaft Prestige und Ansehen[27].

Vor dem Hintergrund dieser Vorteile stellt sich nunmehr für jede Gesellschaft, deren unternehmerische Tätigkeit die Grenzen eines EU-Mitgliedstaates überschreitet, die Frage nach der Gründung einer Societas Europaea. Eine Europäische Gesellschaft kann durch die Umwandlung einer nationalen Gesellschaft[28], durch eine Fusion von Unternehmen mehrerer Mitgliedstaaten[29] oder durch die Errichtung von Holding-[30] oder Tochtergesellschaften[31] gegründet werden[32].

---

[23] Erwägungsgrund Nr. 3 zur SE-VO; *BMJ*, EuZW 2005, 66; *Hirte*, NZG 2001, 1, 3; *Thoma/Leuering*, NJW 2002, 1449, 1450; so bereits *Monti*, WM 1997, 607, 608; eingehend zur „Abschreckungswirkung" fremder Rechtssysteme *Schwarz*, ZIP 2001, 1847, 1860.

[24] *Habersack*, Europäisches Gesellschaftsrecht, Rn. 395.

[25] *S.Brandes*, AG 2005, 177; *Hirte*, NZG 2002, 1, 3; *Schulz/Geismar*, DStR 2001, 1078.

[26] *BMJ*, EuZW 2005, 66; *Horn*, DB 2005, 147; *Bungert/Beier*, EWS 2002, 1, 5; *Thoma/Leuering*, NJW 2002, 1449, 1452; ausführlich zu Sitz und Sitzverlegung der SE *Habersack*, Europäisches Gesellschaftsrecht, Rn. 398; *Fleischer*, AcP 204 (2004), 502, 518 sowie *Oechsler*, AG 2005, 373.

[27] Ähnlich *Seibt/Reinhard*, Der Konzern 2005, 407, 408; *Lutter*, BB 2002, 1, 7; *Raiser*, in: FS Semler 1993, S. 277, 279; *Kallmeyer*, AG 1990, 103, 104; zustimmend *Thoma/Leuering*, NJW 2002, 1449, 1454.

[28] Art. 2, 37 SE-VO; eingehend *Seibt/Reinhard*, Der Konzern 2005, 407; *Vossius*, ZIP 2005, 741, sowie *Brandt*, NZG 2002, 991, 995.

[29] Art 2 I, 17 ff SE-VO; dazu *S.Brandes*, AG 2005, 177 sowie *Walden/Meyer-Landrut*, DB 2005, 2119; allgemein zu den Fusionen auf europäischer Ebene ausführlich und bislang unübertroffen *Farbmann*, Die Reform der Fusionskontrollverordnung als ein Beispiel der europäischen Normsetzungspolitik, Frankfurt 2005.

[30] Art. 2 II, 32 ff SE-VO; eingehend *S.Brandes*, AG 2005, 177, 178 sowie *Brandt*, NZG 2002, 991, 995.

[31] Art. 2 III, 35 f SE-VO.

[32] Zu den einzelnen Gründungsmöglichkeiten der SE ausführlich *Oechsler*, NZG 2005, 697; *S.Brandes*, AG 2005, 177; *Walden/Meyer-Landrut*, DB 2005, 2119; *Schwarz*, ZIP 2001, 1847, 1850; *Hirte*, NZG 2001, 1, 3; *Hommelhoff*, AG 2001, 279, 280; *Thoma/Leuering*, NJW 2002, 1449, 1452; *Bungert/Beier*, EWS 2002, 1, 6.

C. Offene Fragen: Unternehmensverfassung und Mitbestimmung

Bemerkenswert ist, dass das SE-Statut in zwei grundlegenden Bereichen des Gesellschaftsrechts keine einheitlichen Vorgaben trifft:

Zum einen liegt es im Ermessen der an der SE-Gründung beteiligten Gesellschaften, ob die SE nach dem sog. „dualistischen Modell“ oder dem – aus deutscher Sicht bislang unbekannten – sog. „monistischen Modell“ verfasst sein soll[33]. Nach dem dualistischen SE-Modell existieren neben der Hauptversammlung zwei weitere Organe, das sog. „Leitungsorgan“ einerseits und das sog. „Aufsichtsorgan“ andererseits[34]. Hingegen hat eine monistisch verfasste SE neben der Hauptversammlung lediglich ein Organ, das sog. „Verwaltungsorgan“[35]. Gem. Art. 38 lit. b SE-VO obliegt es den an der SE-Gründung beteiligten Gesellschaften, durch eine entsprechende Satzungsbestimmung eines dieser beiden Modelle zu wählen.

Zum anderen sieht das SE-Statut keinen einheitlichen Rechtsrahmen für die unternehmerische Mitbestimmung in der Europäischen Gesellschaft vor. Nach der SE-RiLi[36] obliegt es zunächst den Unternehmen und ihren Arbeitnehmern, Inhalt und Umfang der unternehmerischen Mitbestimmung selbst auszuhandeln[37]. Erst wenn diese Verhandlungen scheitern, greift ein von der SE-RiLi vorgesehenes Mindestmaß an unternehmerischer Mitbestimmung, das sich nach der bisherigen Mitbestimmung in den an der SE-Gründung beteiligten Unternehmen richtet[38].

---

33 Zusammenfassend *BMJ*, EuZW 2005, 66; *Kämmerer/Veil*, ZIP 2005, 369; *Ulmer*, FAZ v. 21.03.2001, S. 30: Aus deutscher Sicht ist die Möglichkeit zur Gründung einer monistischen Gesellschaft „...revolutionär...“; ebenso *Hommelhoff*, AG 2001, 279, 282, denn für die Gründung einer deutschen AG setzt § 30 AktG die Bestellung zweier Organe, nämlich eines Vorstands und eines Aufsichtsrats, zwingend voraus; zu dem angelsächsischen monistischen Gesellschaftsmodell ausführlich Kapitel Drei, C. Die Geschäftsführung und ihre Überwachung in der britischen Public Company Limited by Shares, sowie D. Die Geschäftsführung und ihre Überwachung in der US-amerikanischen Corporation.

34 Art. 38 lit. b Alt. 1, 39 ff SE-VO.

35 Art. 38 lit. b Alt. 2, 43 ff SE-VO.

36 Bei der SE-RiLi handelt es sich um einen umsetzungsbedürftigen Rechtsakt i.S.d. Art. 249 III EG; für eine SE mit Sitz in Deutschland gilt, wie erwähnt, das SEBG.

37 Zusammenfassend *BMJ*, EuZW 2005, 66; zu dieser „Verhandlungslösung“ ausführlich Kapitel Zwei, E.I. Die sog. „Verhandlungslösung“.

38 Zu dieser „Auffanglösung“ ausführlich Kapitel Zwei, E.II. Die sog. „Auffanglösung“.

Der Grund für diese Offenheit des SE-Statuts lässt sich vor dem Hintergrund seiner geschichtlichen Entwicklung erläutern[39]. Nach dem ersten Entwurf der EG-Kommission von 1970[40] sollte die SE dem dualistischen System einer deutschen Aktiengesellschaft folgen[41]. Dieser Vorschlag traf auf den Widerstand derjenigen Mitgliedstaaten, deren Aktiengesellschaften monistisch verfasst sind[42]. Insbesondere Großbritannien – der Beitritt zur Europäischen Wirtschaftsvereinigung erfolgte am 1. Januar 1973 – sprach sich gegen die Einführung des dualistischen Systems für die Europäische AG aus[43]. Eine Einigung über diese Kontroverse konnte erst durch die Einführung des oben erwähnten Wahlrechts zwischen dem dualistischen und dem monistischen System herbeigeführt werden[44].

Ein weiterer Grund für das Scheitern der bisherigen Einigungsversuche über ein SE-Statut war die Kontroverse über die Mitbestimmung[45]. Der erste Vorschlag der Kommission zum Statut der Europäischen Gesellschaft von 1970[46] sah auch im Hinblick auf die unternehmerische Mitbestimmung eine Anlehnung an das deutsche Recht vor: Das Aufsichtsorgan einer Europäischen

---

[39] Zur Geschichte der Europäischen Gesellschaft zusammenfassend *Köstler*, DStR 2005, 745; *Oechsler*, NZG 2005, 697; ausführlich *Ficker*, in: FS Bärmann 1975, S. 299, 300 ff; *Raiser*, in: FS Steindorff 1990, S. 201, 204; *Schwarz*, ZIP 2001, 1847 („Beendigung des dreißigjährigen Kriegs um die Europäische Aktiengesellschaft"); *Habersack*, Europäisches Gesellschaftsrecht, Rn. 392 ff; zur Entwicklung des europäischen Gesellschaftsrechts im allgemeinen *Schwarz*, Europäisches Gesellschaftsrecht, Rn. 17 und Rn. 1087.

[40] Ursprünglicher Vorschlag der Kommission ABl. Nr. C 124/1 v. 10.10.1970.

[41] *Hirte*, DStR 2005, 653; ausführlich *Ficker*, in: FS Bärmann 1975, S. 299, 300 ff; *Raiser*, in: FS Steindorff 1990, S. 201, 204; *Hommelhoff*, AG 2001, 279, 283.

[42] *Deckert*, DStR 1997, 874, 879.

[43] *Bullock, Alan (Hrsg.)*, Report of the Committee of Inquiry on industrial Democracy, S. 177; *Lang*, 12th Comm.Mkt.L.Rev. 1975, 155; *Lutter*, BB 2002, 1, 2; *Deckert*, DStR 1997, 874, 879 sowie *Thoma/Leuering*, NJW 2002, 1449 m.w.N.; zu der monistischen Struktur einer britischen Aktiengesellschaft Kapitel Drei, C. Die Geschäftsführung und ihre Überwachung in der britischen Public Company Limited by Shares.

[44] Vgl. Art. 38 lit. b SE-VO in seiner jetzigen Form; ein Wahlrecht zwischen diesen beiden Formen wurde erstmals in Art. 61 des zweiten geänderten Vorschlags der Kommission v. 25.08.1989, ABl. Nr. C 263/41 vorgesehen; dazu ausführlich *Raiser*, in: FS Steindorff 1990, S. 201, 202 ff; *Hommelhoff*, AG 1990, 422; *Lutter*, AG 1990, 413; *Jürgens*, BB 1990, 1145.

[45] *Bungert/Beier*, EWS 2002, 1, 3; zur Entwicklung der Kontroverse über die Mitbestimmung und ihren Ausgang ausführlich *Blanquet*, ZGR 2002, 20, 21 ff; *Pluskat*, DStR 2001, 1483; *Hoffmann*, NZG 1999, 1077, 1084; *Kolvenbach*, DB 1988, 1837, 1840.

[46] Ursprünglicher Vorschlag der Kommission ABl. Nr. C 124/1 v. 10.10.1970.

Gesellschaft sollte nach dem Vorbild des § 76 BetrVG 1952[47] zu einem Drittel mit Vertretern der Arbeitnehmer besetzt werden[48].

Jedoch konnte auch dieses Bestreben, das von deutscher Seite initiiert wurde, nicht durchgesetzt werden[49]. Grund dafür war wiederum der politische Widerstand Großbritanniens[50]. Ein Konsens über die Mitbestimmungsfrage wurde erst durch eine Aufweichung der bisherigen Kommissionsvorschläge während des „Gipfels von Nizza" am 20.12.2000 erreicht[51].

D. Ziele der Untersuchung

Bevor Unternehmen von den Vorteilen einer SE-Gründung profitieren können, müssen diese also eine Weichenstellung von elementarer Bedeutung vornehmen: Soll die SE dualistisch oder monistisch verfasst sein? Dabei stellt sich jedoch unweigerlich die zentrale Frage: Welches der beiden Modelle – dualistisches oder monistisches Modell – ist vorzugswürdig? Das Ziel dieser Arbeit besteht darin, deutschen SE-interessierten Unternehmen eine Entscheidungshilfe dabei zu bieten, die Vor- und Nachteile der beiden SE-Modelle zu eruieren und schließlich eines der Systeme auszuwählen.

---

[47] § 76 BetrVG 1952 wurde nunmehr durch das „Drittelbeteiligungsgesetz" (DrittelbG) mit Wirkung zum 1. Juli 2004 abgelöst, dazu ausführlich *Seibt*, NZA 2004, 767. Später war eine Beteiligung nach dem Vorbild des MitbestG 1976 vorgesehen, *Lutter*, BB 2002, 1; zu den unterschiedlichen Mitbestimmungsregeln in Europa ausführlich *Schwarz*, Europäisches Gesellschaftsrecht, S. 348 ff.

[48] Art. 137 des Verordnungsentwurfs von 1970 (ABl. Nr. C 124/1 v. 10.10.1970); dazu *Fleischer*, AcP 204 (2004), 502, 533.

[49] Von deutscher Seite werden seit Beginn der Diskussion um die SE in den 70er Jahren Bedenken wegen einer möglichen „Flucht aus der Mitbestimmung" durch die Gründung einer SE geäußert, rückblickend *Pluskat*, DStR 2001, 1483; *Monti*, WM 1997, 607, 608; *Hoffmann*, NZG 1999, 1077, 1084; *Kolvenbach*, DB 1988, 1837, 1840.

[50] *Bullock, Alan (Hrsg.)*, Report of the Committee of Inquiry on industrial Democracy, S. 175 f; *Lang*, 12th Comm.Mkt.L.Rev. 1975, 155; aus deutscher Sicht *Blanquet*, ZGR 2002, 20, 28; *Pluskat*, DStR 2001, 1483.

[51] Geänderter Vorschlag des Rates der Europäischen Union für eine Verordnung des Rates über das Statut der Europäischen Aktiengesellschaft – Ausrichtung für eine politische Einigung, Ratsdokument 14886/00 v. 01.02.2001 („Gipfel von Nizza"); zu dem „Nizza-Kompromiss" *Köstler*, DStR 2005, 745; *Wiesner*, ZIP 2001, 397; zu dem „Wunder von Nizza" ebenfalls ausführlich *Hirte*, NZG 2002, 1 sowie *Neye*, ZGR 2002, 377.

Auf der Suche nach dem vorzugswürdigen Modell werden Unternehmen und ihre Rechtsberater einigen grundlegenden Fragestellungen begegnen, die im Verlauf der Arbeit näher beleuchtet werden:

1. Worin besteht eigentlich der Unterschied zwischen dem dualistischen und dem monistischen SE-Modell?

Es existiert eine Vielzahl von Literaturbeiträgen, die sich in der Darstellung des formalen Unterschieds zwischen einer dualistisch und einer monistisch verfassten SE erschöpfen (Leitungs- und Aufsichtsorgan vs. einheitliches Verwaltungsorgan)[52]. Es kann jedoch bereits an dieser Stelle angedeutet werden, dass nicht diese rein formalen Merkmale den Ausschlag geben können. Entscheidend sind vielmehr die Unterschiede, die aus der jeweiligen Abgrenzung der Kompetenzen von Geschäftsführung und Überwachung resultieren[53].

2. Können die Ergebnisse vergleichender Gesellschaftsrechtsstudien eine Hilfestellung bei der Auswahl eines SE-Modells bieten?

Bereits in der Vergangenheit haben sich umfassende rechtsvergleichende Studien mit der Frage befasst, ob eine dualistisch oder eine monistisch verfasste Gesellschaft vorzugswürdig ist. Diese Studien haben jedoch den Vergleich der deutschen dualistisch verfassten AG mit den monistisch verfassten angelsächsischen Gesellschaften zum Gegenstand[54]. Eine Übertragung der dort gewonnenen Erkenntnisse kann nur insoweit erfolgen, als die gegenübergestellten Gesellschaftssysteme mit den beiden SE-Modellen vergleichbar sind[55].

---

[52] Vgl. dazu etwa die Beiträge von *Artmann*, wbl 2002, 189, 190 f; *Blanquet*, ZGR 2002, 20, 49; *Jahn/Herfs-Röttgen*, DB 2001, 631, 633; *Teichmann*, ZGR 2002, 383, 400; ebenso *Schulz/Geismar*, DStR 2001, 1078, 1082; *Bungert/Beier*, EWS 2002, 1, 3; *Thoma/Leuering*, NJW 2002, 1449, 1451; lediglich zu den Grundzügen der Societas Europaea *Habersack*, Europäisches Gesellschaftsrecht, 2. Aufl., München 2003; *Nagel*, Deutsches und Europäisches Gesellschaftsrecht – Eine Einführung, München 2000; *Schwarz*, Europäisches Gesellschaftsrecht – Ein Handbuch für Wissenschaft und Praxis, Baden-Baden 2001; aus betriebswirtschaftlicher Sicht *Theisen/Wenz*, Die Europäische Aktiengesellschaft – Recht, Steuern und Betriebswirtschaft der Societas Europaea (SE), Stuttgart 2002.

[53] Vgl. Kapitel Zwei, Strukturmodelle und unternehmerische Mitbestimmung der SE.

[54] *Leyens*, RabelsZ 67 (2003), 57, 92; *Davies*, ZGR 2001, 269, 284; *Schneider-Lenné*, Das angloamerikanische Board-System, S. 27; *Lutter*, Das dualistische System der Unternehmensverwaltung, S. 5; *Roe*, 102nd Yale L.J. 1993, 1927, 1943; *Bleicher/Paul*, DBW 46 (1986), 263.

[55] Dazu Kapitel Drei, Die SE-Modelle im Vergleich – Geschäftsführung und Überwachung in der deutschen Aktiengesellschaft (AG), der britischen Public Company Limited by Shares (PLC) und der US-amerikanischen Corporation (Corp.).

3. Lassen sich aus den aktuellen Reformbemühungen in den Rechtssystemen, die bereits vor In-Kraft-Treten des SE-Statuts eine dualistische bzw. monistische Gesellschaftsform vorsahen, Rückschlüsse über Wert und Unwert der beiden SE-Modelle ziehen?

Bei der Wahl eines geeigneten SE-Modells liegt es nahe, aktuelle Probleme und Reformbemühungen[56] derjenigen Gesellschaftsrechtssysteme als „Erfahrungssätze" zu berücksichtigen, welche bereits über monistische bzw. dualistische Gesellschaftsformen verfügen. Dies setzt jedoch ebenfalls die Vergleichbarkeit dieser Gesellschaftsformen mit den beiden SE-Modellen voraus[57].

4. Eignen sich das dualistische und das monistische SE-Modell gleichermaßen für die deutsche unternehmerische Mitbestimmung?

Mit der Wahl des jeweiligen SE-Modells ist schließlich die Frage verbunden, welchen Anforderungen die SE im Hinblick auf die unternehmerische Mitbestimmung[58] genügen muss. Denn die Binnenstruktur der SE bildet den Rahmen, in den sich die unternehmerische Mitbestimmung einfügt[59]. Eine Flut von Aufsätzen beschäftigt sich mit den Voraussetzungen und der Umsetzung der unternehmerischen Mitbestimmung nach der SE-RiLi und dem SEBG[60]. Welche Konsequenzen sich daraus für die Ausübung des Wahlrechts i.S.d. Art. 38 lit. b SE-VO ergeben, wird in der Literatur jedoch nur vereinzelt thematisiert[61].

---

[56] Damit sind insbesondere die Neufassung des § 111 IV S. 2 AktG (dazu Kapitel Drei, B.III.2. „Relativierung" dieses Grundsatzes gem. § 111 IV S. 2 AktG), die Empfehlungen des britischen „Combined Code" (dazu Kapitel Drei, C.I. Der sog. „Combined Code": Empfehlungen von Cadbury und Hampel) sowie die Verabschiedung des U.S.-amerikanischen „Sarbanes-Oxley-Act" (Dazu Kapitel Drei, D.II. Verabschiedung des „Sarbanes-Oxley-Act") gemeint.

[57] Dazu ebenfalls Kapitel Drei, Die SE-Modelle im Vergleich – Geschäftsführung und Überwachung in der deutschen Aktiengesellschaft (AG), der britischen Public Company Limited by Shares (PLC) und der US-amerikanischen Corporation (Corp.).

[58] Der Begriff „Mitbestimmung" bezeichnet gem. Art. 2 lit. k SE-RiLi „die Einflussnahme des Organs zur Vertretung der Arbeitnehmer und/oder der Arbeitnehmervertreter auf die Angelegenheiten einer Gesellschaft durch – die Wahrnehmung des Rechts, einen Teil der Mitglieder des Aufsichts- oder des Verwaltungsorgans der Gesellschaft zu wählen oder zu bestellen, oder – die Wahrnehmung des Rechts, die Bestellung eines Teils der oder aller Mitglieder des Aufsichts- oder des Verwaltungsorgans der Gesellschaft zu empfehlen und/oder abzulehnen."

[59] So die Formulierung von *Raiser*, in: FS Steindorff 1990, S. 201, 203; ebenso *Henssler*, in: FS Ulmer 2003, S. 193, 194.

[60] Vgl. *Grobys*, NZA 2005, 84; *Krause*, BB 2005, 1221; *Calle Lambach*, RiW 2005, 161; *Oetker*, BB 2005, 2; *Köstler*, DStR 2005, 745; *ders.*, ZGR 2003, 800; *Henze*, ZGR 2002, 67; *Pluskat*, DStR 2001, 1483; *Blanquet*, ZGR 2002, 20, 58; *Jahn/Herfs-Röttgen*, DB 2001, 631; *Herfs-Röttgen*, NZA 2001, 424; *dies.*, NZA 2002, 358.

[61] Etwa *Kämmerer/Veil*, ZIP 2005, 369; *Gruber/Weller*, NZG 2003, 297; *Kallmeyer*, ZIP 2003, 1531; *Reichert/Brandes*, ZGR 2003, 767; vgl. dazu Kapitel Vier, Unternehmerische Mitbestimmung einer „deutschen" SE.

E. Gang der Untersuchung

Die Untersuchung der oben aufgeworfenen Fragen gestaltet sich nach folgender Struktur:

Nach einer Ausarbeitung der Kompetenzen von Geschäftsführung und Überwachung in der dualistisch und der monistisch verfassten SE[62] konzentriert sich die Untersuchung auf die Anforderungen der SE-RiLi an die unternehmerische Mitbestimmung einer Europäischen Gesellschaft[63]. Daran schließt sich eine Analyse der Kompetenzen von Geschäftsführung und Überwachung in der deutschen dualistisch verfassten AG[64] und den beiden monistisch verfassten angelsächsischen Aktiengesellschaften an[65]. Schließlich erfolgt eine Untersuchung der beiden SE-Modelle im Hinblick auf ihre Eignung zur Implementierung der unternehmerischen Mitbestimmung nach deutschem Recht[66].

Wie schon eingangs erwähnt wurde, kann für die Ausübung des Wahlrechts i.S.d. Art. 38 lit. b SE-VO nicht der rein formale Unterschied zwischen dem dualistischen und dem monistischen Modell den Ausschlag geben. Entscheidend ist vielmehr die Abgrenzung der Kompetenzen von Geschäftsführung und Überwachung. In dem ***zweiten Kapitel*** dieser Arbeit werden deshalb die Vorschriften analysiert, aus denen sich die jeweiligen Kompetenzen des Leitungs- und Aufsichtsorgans bzw. des Verwaltungsorgans einer SE sowie die Abgrenzung dieser Kompetenzen ergeben[67].

Da die Ausübung des Wahlrechts nicht ungeachtet der Voraussetzungen der unternehmerischen Mitbestimmung erfolgen kann, werden in Kapitel Zwei auch die Anforderungen der SE-RiLi an die unternehmerische Mitbestimmung der SE ausführlich untersucht[68].

Den Untersuchungen des zweiten Kapitels wird eine Klärung des Verhältnisses der SE-VO und der SE-RiLi zu dem mitgliedstaatlichen Gesellschaftsrecht

---

62 Kapitel Zwei, D. Die Geschäftsführung und ihre Überwachung in der dualistisch und der monistisch verfassten SE.

63 Kapitel Zwei, E. Die unternehmerische Mitbestimmung in der SE.

64 Kapitel Drei, B. Die Geschäftsführung und ihre Überwachung in der deutschen Aktiengesellschaft.

65 Kapitel Drei, C. Die Geschäftsführung und ihre Überwachung in der britischen Public Company Limited by Shares und Kapitel Drei, D. Die Geschäftsführung und ihre Überwachung in der US-amerikanischen Corporation.

66 Kapitel Vier, Unternehmerische Mitbestimmung einer „deutschen" SE.

67 Kapitel Zwei, D. Die Geschäftsführung und ihre Überwachung in der dualistisch und der monistisch verfassten SE.

68 Kapitel Zwei, E. Die unternehmerische Mitbestimmung in der SE.

vorangestellt[69]. Dabei sind zum einen das SE-Ausführungsgesetz und das SE-Beteiligungsgesetz und zum anderen das deutsche Aktiengesetz zu berücksichtigen[70].

Logischerweise wurden mit den beiden SE-Modellen aber noch keine praktischen Erfahrungen gemacht[71]. Eine abstrakte Gegenüberstellung der beiden SE-Modelle im Hinblick auf die Kompetenzen von Geschäftsführung und Überwachung kann damit dem Ziel, Unternehmen und ihren Rechtsberatern eine echte Entscheidungshilfe bei der Ausübung des Wahlrechts i.S.d. Art. 38 lit. b SE-VO zu bieten, nicht gerecht werden. Deshalb werden in dem ***dritten Kapitel***[72] die Gesellschaftssysteme analysiert, die dem Verordnungsgeber bei der Ausgestaltung der beiden SE-Modelle als Vorbild dienten, namentlich die dualistisch verfasste deutsche AG[73] und die monistisch verfassten angelsächsischen Aktiengesellschaften[74].

Besondere Aufmerksamkeit wird dabei der Neufassung des § 111 IV S. 2 AktG gewidmet[75]. Im Rahmen der Untersuchungen des angelsächsischen Gesellschaftsrechts wird neben einer Analyse der Kompetenzen der „ge-

---

[69] Kapitel Zwei, B. Anzuwendendes Recht.

[70] Das SEEG – bestehend aus dem SEAG und dem SEBG – ist am 22.12.2004 in Kraft getreten und kann im Internet unter www.bmj.bund.de/media/archive/837.pdf abgerufen werden.

[71] Schließlich ist die SE-VO erst am 8.10.2004 in Kraft getreten (Art. 70 SE-VO); die Umsetzungsfrist für die SE-RiLi ist ebenfalls erst am 8.10.2004 abgelaufen (Art. 14 I SE-RiLi). Das SEEG, welches sich aus dem SE-Ausführungsgesetz (SEAG) und dem SE-Beteiligungsgesetz (SEBG) zusammensetzt, ist am 22.12.2004 in Kraft getreten und kann im Internet unter www.bmj.bund.de/media/archive/837.pdf abgerufen werden.

[72] Dazu Kapitel Drei, Die SE-Modelle im Vergleich – Geschäftsführung und Überwachung in der deutschen Aktiengesellschaft (AG), der britischen Public Company Limited by Shares (PLC) und der US-amerikanischen Corporation (Corp.).

[73] Zu der „Vorbildfunktion" der deutschen AG eingehend *Ficker*, in: FS Bärmann 1975, S. 299, 300 ff; *Raiser*, in: FS Steindorff 1990, S. 201, 204; *Hommelhoff*, AG 2001, 279, 283; *Fleischer*, AcP 204 (2004), 502, 525.

[74] Zu der „Vorbildfunktion" der beiden angelsächsischen Gesellschaftsmodelle *Theisen/Wenz*, Die Europäische Aktiengesellschaft, D.II., S. 275; *Horn*, DB 2005, 147, 150; *Raiser*, in: FS Steindorff 1990, S. 201, 207; *Thoma/Leuering*, NJW 2002, 1449, 1451; *Schulz/Geismar*, DStR 2001, 1078, 1082; *Lange*, EuZW 2003, 301, 306.

[75] Dazu Kapitel Drei, B.III. Abgrenzung der Kompetenzen von Vorstand und Aufsichtsrat; § 111 IV S. 2 n.F. AktG regelt den Vorbehalt der Zustimmung des Aufsichtsrats zu bestimmten Maßnahmen des Vorstands und wurde durch Art. 1 Nr. 9 des Gesetzes zur weiteren Reform des Aktien- und Bilanzrechts, zu Transparenz und Publizität (TransPuG) vom 19.07.2002 (BGBl I 2002, S. 2681) neugefasst. Ohne die Ergebnisse der folgenden Untersuchungen vorwegzunehmen, kann bereits an dieser Stelle angemerkt werden, dass die Novellierung des § 111 IV S. 2 AktG ganz erhebliche Auswirkungen auf die Abgrenzung der Kompetenzen von Vorstand und Aufsichtsrat hat, vgl. Kapitel Drei B.III.2.b) Folgen der Neufassung des § 111 IV S. 2 AktG.

schäftsführenden" und der „nichtgeschäftsführenden" Direktoren[76] insbesondere auf die Funktion der sog. „Audit Committees" eingegangen[77]. Diese „Ausschüsse zur Überwachung der Geschäftsführung" haben zudem für US-amerikanische Gesellschaften durch die Verabschiedung des sog. „Sarbanes-Oxley-Act"[78] ganz erheblich an Bedeutung gewonnen[79]. Vor dem Hintergrund dieser Aspekte werden das deutsche und die angelsächsischen Gesellschaftssysteme sodann den jeweils entsprechenden SE-Modellen gegenübergestellt[80].

Auf Grundlage dieses Vergleichs soll schließlich untersucht werden, ob sich die Stärken und Schwächen der Modelle, die von der deutschen und der angelsächsischen Literatur in Bezug auf die o.g. Themen herausgearbeitet wurden, auf die beiden SE-Modelle übertragen und als Argumente für oder gegen eines der beiden SE-Modelle verwerten lassen[81]. Dabei sollen auch die Argumente der Literatur, die sich rechtsvergleichend mit dem deutschen und dem angelsächsischen Recht befasst, berücksichtigt werden[82].

Die Ausübung des Wahlrechts i.S.d. Art. 38 lit. b SE-VO wird sich für deutsche SE-interessierte Unternehmen aber noch ganz erheblich komplizieren. Die Gründe dafür liegen in der unternehmerischen Mitbestimmung nach deutschem Recht sowie in den Anforderungen der SE-RiLi i.V.m. den Vorschriften des SEBG, diese Mitbestimmungsrechte auf die Europäische Gesellschaft zu übertragen[83].

---

[76] In der britischen Aktiengesellschaft sind die sog. „Executive Directors" von den sog. „Non-Executive Directors" zu unterscheiden, dazu Kapitel Drei, C.II. Das Board of Directors als „doppelfunktionales" Organ der Company; in der US-amerikanischen Aktiengesellschaft unterscheidet man die sog. „Executive Officers" von den sog. „Independent Directors", dazu Kapitel Drei, D.III. Das Board of Directors als „doppelfunktionales" Organ der Corporation.

[77] Zum britischen Recht Punkt Kapitel Drei, C.III. „Audit Committees" of the Board; zum US-amerikanischen Recht Kapitel Drei, D.IV. „Audit Committees" of the Board.

[78] Das „Sarbanes-Oxley-Act" vom 30.06.2002 ist im Internet abrufbar unter http://news.findlaw.com/docs/dos/gwbush/srabanesoxley072302.pdf.

[79] Vgl. Kapitel Drei, D.IV. „Audit Committees" of the Board.

[80] Vgl. Kapitel Drei, Punkt C. IV. Zusammenfassung und Vergleich mit der monistisch verfassten SE sowie Punkt D. V. Zusammenfassung und Vergleich mit der monistisch verfassten SE.

[81] Kapitel Drei, E. Konsequenzen für die Ausübung des Wahlrechts i.S.d. Art. 38 lit. b SE-VO.

[82] Dabei handelt es sich etwa um die Beiträge von *Leyens*, RabelsZ 67 (2003), 57, 92; *Davies*, ZGR 2001, 269, 284; *Schneider-Lenné*, Das anglo-amerikanische Board-System, S. 27; *Lutter*, Das dualistische System der Unternehmensverwaltung, S. 5; *Roe*, 102nd Yale L.J. 1993, 1927, 1943; *Bleicher/Paul*, DBW 46 (1986), 263.

[83] Zu den Anforderungen der SE-RiLi i.V.m. den ausführenden Vorschriften des SEBG ausführlich Kapitel Zwei, E. Die unternehmerische Mitbestimmung in der SE.

Aus diesem Grunde soll in dem ***vierten Kapitel*** dieser Arbeit die Frage behandelt werden, ob sich beide Modelle der SE-VO für eine Implementierung der unternehmerischen Mitbestimmung nach deutschem Recht eignen[84].

Als Fazit werden im ***fünften Kapitel*** die Ergebnisse der Untersuchung zusammengefasst und es wird darauf eingegangen, welche Aspekte bei der Ausübung des Wahlrechts i.S.d. Art. 38 lit. b SE-VO unbedingt beachtet werden müssen. Resümierend soll aufgezeigt werden, ob eines der beiden SE-Modelle – dualistisches oder monistisches Modell – für ein deutsches SE-interessiertes Unternehmen vorzugswürdig ist[85].

---

[84] Kapitel Vier, Unternehmerische Mitbestimmung einer „deutschen" SE.

[85] Dazu Kapitel Fünf, Zusammenfassung und Schlussfolgerung.

Kapitel Zwei
Strukturmodelle und unternehmerische Mitbestimmung der SE

A. Einleitung

Das Ziel dieses Kapitels besteht darin, die Kompetenzen von Geschäftsführung und Überwachung einer dualistisch und einer monistisch verfassten SE zu untersuchen und anhand der einschlägigen Vorschriften voneinander abzugrenzen[1]. Erst dann kann in dem dritten Kapitel dieser Arbeit anhand eines Vergleichs mit anderen dualistisch bzw. monistisch verfassten Gesellschaften untersucht werden, ob und ggf. worin etwaige Vor- und Nachteile der beiden Gesellschaftsmodelle bestehen[2].

Des Weiteren sollen in diesem Kapitel die Voraussetzungen der unternehmerischen Mitbestimmung gemäß der SE-RiLi analysiert werden[3]. Die Darstellungen dieser Voraussetzungen bilden die Grundlage für die Untersuchungen des vierten Kapitels, deren Gegenstand die Beantwortung der Frage ist, ob sich das dualistische und das monistische Modell gleichermaßen für die unternehmerische Mitbestimmung nach deutschem Recht eignen[4].

Bevor auf die beiden Strukturmodelle der SE und die unternehmerische Mitbestimmung eingegangen wird, ist jedoch das Verhältnis der SE-VO und der SE-RiLi zu dem mitgliedstaatlichen Gesellschaftsrecht zu klären[5].

B. Anzuwendendes Recht

Bevor die in der Einleitung skizzierten Unterschiede zwischen dem dualistischen und dem monistischen Modell und die Voraussetzungen der Mitbestimmung in der SE dargestellt werden können, ist vorab eine Klärung des

---

[1] Vgl. Abschnitt D. Die Geschäftsführung und ihre Überwachung in der dualistisch und der monistisch verfassten SE.

[2] Kapitel Drei, Die SE-Modelle im Vergleich – Geschäftsführung und Überwachung in der deutschen Aktiengesellschaft (AG), der britischen Public Company Limited by Shares (PLC) und der US-amerikanischen Corporation (Corp.).

[3] E. Die unternehmerische Mitbestimmung in der SE.

[4] Kapitel Vier, Unternehmerische Mitbestimmung einer „deutschen" SE.

[5] Abschnitt B. Anzuwendendes Recht.

Verhältnisses der SE-VO bzw. der SE-RiLi zum mitgliedstaatlichen Gesellschaftsrecht unentbehrlich. Zu beachten ist, dass die SE-VO ausgestaltungsfähig und die SE-RiLi ausgestaltungsbedürftig ist[6]. Daher stellt sich bei der Anwendung dieser Normen den Unternehmen und ihren Rechtsberatern regelmäßig die Frage, wann die SE-VO unmittelbar anwendbare Regelungen enthält und wann auf die mitgliedstaatlichen Regelungen zurückgegriffen werden kann, d.h. welche Vorschriften vorrangig und welche subsidiär anzuwenden sind[7].

Hierzu soll zunächst Art. 9 SE-VO erläutert werden. In dieser Vorschrift ist die rechtliche Beziehung der SE-VO zu den mitgliedstaatlichen Ausführungsgesetzen, den Satzungsbestimmungen der Europäischen Gesellschaften sowie den nationalen Aktiengesetzen verankert[8]. Anhand der Normenhierarchie, die sich aus Art. 9 SE-VO ermitteln lässt, soll anschließend das Verhältnis der SE-VO zu dem deutschen SE-Ausführungsgesetz (kurz: SEAG), welches in Art. 1 des SE-Einführungsgesetzes (kurz: SEEG) verankert ist, und dem deutschen Aktiengesetz geklärt werden. Des Weiteren wird auf die obligatorische Umsetzung der SE-RiLi durch das deutsche SE-Beteiligungsgesetz (kurz: SEBG) eingegangen. Das SEBG ist in Art. 2 SEEG enthalten[9].

I. Verhältnis der SE-VO zum mitgliedstaatlichen Recht

Das Verhältnis zwischen der SE-VO und dem mitgliedstaatlichen Recht richtet sich nach der in Art. 9 SE-VO „kunstvoll aufgeschichteten Rechtsquellenpyra-

---

[6] Zu der Ausgestaltungsfähigkeit einer Verordnung i.S.d. Art. 249 II EG und der Ausgestaltungsbedürftigkeit einer Richtlinie i.S.d. Art. 249 III EG *Streinz*, Europarecht, Rn. 377 ff (Verordnung); Rn. 384 ff (Richtlinie).

[7] „Die Bestimmung des anwendbaren Rechts muss der Beantwortung konkreter Rechtsfragen zwingend vorausgehen", *Brandt/Scheifele*, DStR 2002, 547; ebenso *Leuering/Simon*, NJW-Spezial 2005, 75.

[8] Zur Systematik des Art. 9 SE-VO und zu dem auf die SE anwendbaren Recht ausführlich *Wagner*, NZG 2002, 985; *Brandt*, NZG 2002, 991 sowie *Brandt/Scheifele*, DStR 2002, 547; zusammenfassend *Jahn/Herfs-Röttgen*, DB 2001, 631; *Thoma/Leuering*, NJW 2002, 1449; zur Normenhierarchie des vorherigen SE-VO-Entwurfs (ABl. Nr.C 176/1 v. 08.07.1991) *Ebenroth/Wilken*, JZ 1991, 1014, 1019; *Kolvenbach*, NZA 1998, 1323, 1324;*Trojan-Limmer*, RIW 1991, 1010, 1012.

[9] Das Gesetz zur Einführung der Europäischen Gesellschaft (SEEG) setzt sich aus zwei Artikeln zusammen. Art. 1 SEEG beinhaltet das Gesetz zur Ausführung der Verordnung (EG) Nr. 2157/2001 des Rates vom 8. Oktober 2001 über das Statut der Europäischen Gesellschaft (SE) – (SE-Ausführungsgesetz – SEAG). Art. 2 SEEG enthält das Gesetz über die Beteiligung der Arbeitnehmer in einer Europäischen Gesellschaft – (SE-Beteiligungsgesetz – SEBG). Das SEEG ist am 22.12.2004 in Kraft getreten und kann im Internet unter www.bmj.bund.de/media/archive/837.pdf abgerufen werden; eine synoptische Darstellung des SEAG liefert *Brandt*, BB-Spezial 2005, 8; zum SEBG *Luke/Funke*, NWB 2005, 1237.

mide aus Gemeinschaftsrecht, mitgliedstaatlichem Recht und gesellschaftsindividuellem Satzungsrecht."[10]

Gem. Art. 9 I lit. a SE-VO unterliegt die SE unmittelbar den Vorschriften der SE-VO. Daneben sind auf die SE unmittelbar die Bestimmungen ihrer Satzung anzuwenden, sofern die SE-VO dies ausdrücklich zulässt[11].

Für alle weiteren, nicht ausdrücklich durch die Verordnung geregelten Bereiche gelten sodann die Vorschriften, die die Mitgliedstaaten speziell für die SE erlassen haben[12].

Subsidiär gilt das Aktienrecht des Mitgliedstaates, in dem die SE ihren Sitz hat[13] bzw. gelten die Satzungsregelungen der SE, soweit das Ausführungsgesetz dies ausdrücklich vorsieht oder ebenfalls nur unvollständige Regelungen vorsieht[14].

Für eine SE mit Sitz in Deutschland[15] gilt also vorrangig die SE-VO. Als Ausführungsgesetz i.S.d. Art. 9 I lit. c, i SE-VO ist das „Gesetz zur Ausführung der Verordnung (EG) Nr. 2157/2001 des Rates vom 8. Oktober 2001 über das Statut der Europäischen Gesellschaft (SE) – (SE-Ausführungsgesetz – SEAG)" anzuwenden[16]. Soweit das SEAG dies ausdrücklich vorsieht oder bestimmte Materien nicht abschließend regelt, ist subsidiär das deutsche Aktiengesetz anzuwenden, Art. 9 I lit. c, ii, iii SE-VO.

---

[10] *Hommelhoff*, AG 2001, 279, 285; zusammenfassend *Hirte*, DStR 2005, 653, 654; zu den Verordnungen i.S.d. Art. 249 II EG als Rechtssetzungsinstrument der Gemeinschaft EuGH, Rs. 34/73 (Variola), Slg. 1973, 981, 990 sowie *Streinz*, Europarecht, Rn. 377 ff.

[11] Art. 9 I lit. b SE-VO. An diesem Punkt knüpft der in Kapitel Eins erläuterte Kompromiss bezüglich der Strukturmodelle der Europäischen Gesellschaft an. Gem. Art. 38 lit. b SE-VO können die an der SE-Gründung beteiligten Gesellschaften eines der beiden Modelle in der Satzung der SE festlegen.

[12] Art. 9 I lit. c, i SE-VO.

[13] Art. 9 I lit. c, ii SE-VO; dazu enthält die SE-VO eine Vielzahl von Verweisen in das – teilweise harmonisierte – nationale Aktienrecht. Einen Überblick über die bereits harmonisierten Bereiche bieten *Raiser*, Recht der Kapitalgesellschaften, § 7, Rn. 16-25 sowie *Fleischer*, AcP 204 (2004), 502, 512 f.

[14] Art. 9 I lit. c, iii SE-VO; bereits aus der Systematik des Art. 9 SE-VO ergibt sich, dass es sich bei der Europäischen Gesellschaft nicht um eine einheitliche Rechtsform handelt, sondern insgesamt eher 25 nationale Europäische Gesellschaften entstehen werden. Dazu teils kritisch, teils begrüßend *Fleischer*, AcP 204 (2004), 502, 507 f; *Hommelhoff*, AG 2001, 279, 284; *Hirte*, NZG 2002, 1, 5; *Schulz/Geismar*, DStR 2001, 1078, 1082; *Wiesner*, ZIP 2001, 397.

[15] Der Geltungsbereich des SEAG ist in § 1 SEAG geregelt.

[16] Das SEAG ist in Art. 1 SEEG enthalten und im Internet abrufbar unter www.bmj.bund.de/media/ archive/ 837.pdf.

II. Verhältnis der SE-RiLi zum mitgliedstaatlichen Recht

Ganz anders gestaltet sich das Verhältnis der SE-RiLi zum mitgliedstaatlichen Recht. Bei der SE-RiLi handelt es sich um eine Richtlinie i.S.d. Art. 249 III EG, die lediglich allgemeine Zielvorgaben für die Arbeitnehmerbeteiligung in der SE enthält; diese Vorgaben entfalten erst durch die mitgliedstaatliche Ausgestaltung unmittelbare Wirkung[17]. Dabei haben die Mitgliedstaaten diejenigen Regelungen zu schaffen, die für die Gewährleistung der praktischen Wirksamkeit des Gemeinschaftsrechts (*effet utile*) am besten geeignet sind, Art. 10 EG[18]. Für eine SE mit Sitz in Deutschland[19] gilt im Hinblick auf die unternehmerische Mitbestimmung in der SE das „Gesetz über die Beteiligung der

---

[17] Zu den Richtlinien i.S.d. Art. 249 III EG als Rechtsetzungsinstrument der Gemeinschaft *Streinz*, Europarecht, Rn. 384 ff.

[18] EuGH Slg. 1976, 497, 517.

[19] Der Geltungsbereich des SEBG ist in § 3 SEBG geregelt, dazu *Grobys*, NZA 2005, 84, 86 sowie *Krause*, BB 2005, 1221, 1223.

Arbeitnehmer in einer Europäischen Gesellschaft – (SE-Beteiligungsgesetz – SEBG)."[20]

III. Zusammenfassung

Zusammenfassend lässt sich feststellen, dass die SE-VO lediglich einen rechtlichen Rahmen für die Gesetzgebung der Mitgliedstaaten und die Ausgestaltungen der jeweiligen Gesellschaftssatzungen bildet[21]. Stellt sich die Frage nach dem anwendbaren Recht, so müssen gem. Art. 9 SE-VO vorrangig die Voraussetzungen der SE-VO und die aufgrund einer Ermächtigung in der SE-VO erlassenen Satzungsbestimmungen herangezogen werden. Für eine SE mit Sitz in Deutschland gelten subsidiär die Vorschriften des SEAG und des AktG. Die SE-RiLi entfaltet in den Mitgliedstaaten keine unmittelbare Wirkung, sondern ist durch die Mitgliedstaaten in nationales Recht umzusetzen. Ihre Bestimmungen schlagen sich für deutsche Europäische Gesellschaften in den Vorschriften des SEBG nieder.

C. Das Wahlrecht gem. Art. 38 lit. b SE-VO zwischen dem dualistischen und dem monistischen System

Jede SE verfügt als Grundorgan[22] über eine Hauptversammlung der Aktionäre, Art. 38 lit. a SE-VO. Die Hauptversammlung beschließt gem. Art. 52 SE-VO über die Angelegenheiten, die ihr durch die SE-VO ausdrücklich zugewiesen sind[23] sowie über die Fragen, für die die Hauptversammlung einer Aktiengesellschaft nach dem Recht des Sitzstaates der SE zuständig wäre oder die ihr durch Satzung der SE im Einklang mit dem Recht des Sitzstaates zugewiesen wurden[24].

---

[20] Das SEBG ist in Art. 2 SEEG geregelt und im Internet abrufbar unter www.bmj.bund.de/media/archive/837.pdf.

[21] *Hommelhoff*, AG 2001, 279, 284; *Hirte*, NZG 2002, 1, 5; *Schulz/Geismar*, DStR 2001, 1078, 1082; *Wiesner*, ZIP 2001, 397.

[22] Den Begriff „Grundorgan" als Bezeichnung für die Hauptversammlung der SE verwendet *Lutter*, BB 2002, 1, 4.

[23] Art. 52 I lit. a SE-VO. Die wichtigste Kompetenz der Hauptversammlung ist die Bestellung der Mitglieder des Aufsichtsorgans (Art. 40 II SE-VO) bzw. der (nichtgeschäftsführenden) Mitglieder des Verwaltungsorgans (Art. 43 III S. 1 SE-VO). Zu den Kompetenzen der Hauptversammlung näher *Jahn/Herfs-Röttgen*, DB 2001, 631, 633; *Thoma/Leuering*, NJW 2002, 1449, 1451; *Hirte*, NZG 2001, 1, 8; *Bungert/Beier*, EWS 2002, 1, 4.

[24] Art. 52 II SE-VO; so die Zusammenfassung von *Thoma/Leuering*, NJW 2002, 1449, 1451.

Die Bestimmung in Art. 53 SE-VO stellt nochmals klar, dass in Ermangelung näherer Bestimmungen über die Hauptversammlung das nationale Aktienrecht gilt[25].

Die an einer SE-Gründung beteiligten Unternehmen müssen durch entsprechende Bestimmungen in der Satzung entscheiden[26], ob die Europäische Gesellschaft neben der Hauptversammlung zwei weitere Organe – das Leitungsorgan und das Aufsichtsorgan – haben soll (dualistisches Modell)[27]. Soll die SE monistisch verfasst sein, so existiert neben der Hauptversammlung lediglich ein weiteres Organ, das sog. Verwaltungsorgan[28].

D. Die Geschäftsführung und ihre Überwachung in der dualistisch und der monistisch verfassten SE

Unternehmen und ihre Rechtsberater werden ihre Entscheidung i.S.d. Art. 38 lit. b SE-VO maßgeblich davon abhängig machen, auf welche Weise die Geschäftsführung und die Überwachung der Geschäftsführung in den beiden Gesellschaftsmodellen der SE-VO funktionieren soll.

Ohne den Untersuchungsergebnissen des dritten Kapitels vorzugreifen, kann bereits an dieser Stelle angemerkt werden, dass mit der jeweiligen Kompetenzabgrenzung elementar wichtige Fragen verbunden sind wie etwa, welches der beiden Modelle eine möglichst flexible und handlungsfähige Geschäftsfüh-

---

[25] *Schulz/Geismar*, DStR 2001, 1078, 1082.

[26] Vgl. Art. 38 lit. b SE-VO i.V.m. Art. 9 I lit. b SE-VO. Aufgrund des uneindeutigen Wortlauts des Art. 39 V bzw. des Art. 43 IV SE-VO ist streitig, ob es im Ermessen der Mitgliedstaaten liegt, Vorschriften über das jeweils unbekannte System zu schaffen und das Wahlrecht i.S.d. Art. 38 lit. b SE-VO erst dann den Unternehmen zur Verfügung steht (*Artmann*, wbl 2002, 189, 190 f; *Blanquet*, ZGR 2002, 20, 49; *Hirte*, NZG 2002, 1, 5; *Jahn/Herfs-Röttgen*, DB 2001, 631, 633; *Teichmann*, ZGR 2002, 383, 400; *Schulz/Geismar*, DStR 2001, 1078, 1082) oder ob die Mitgliedstaaten zur Einführung der Vorschriften über das jeweils unbekannte System verpflichtet sind und somit das Wahlrecht in jedem Fall ausgeübt werden kann (*Bungert/Beier*, EWS 2002, 1, 3; *Lutter*, BB 2002, 1, 4; *Thoma/Leuering*, NJW 2002, 1449, 1451). Aufgrund der dadurch entstehenden Rechtsunsicherheit schlägt der Ausschuss für Recht und Binnenmarkt vor, die Ermächtigungsnormen der Art. 39 V und 43 IV SE-VO in Verpflichtungsnormen abzuändern, *Europäisches Parlament*, Pressebericht v. 04.09.2001, S. 13 (Änderungsantrag 13 zu Art. 39 V und Art. 43 IV SE-VO), im Internet abrufbar unter www.europarl.eu.int/press/indexde.htm. Für eine SE mit Sitz in Deutschland hat sich dieser Streit jedoch erledigt, weil das SEAG detaillierte Vorschriften über das monistische System enthält, vgl. §§ 20 ff SEAG.

[27] Art. 38 lit. b Alt. 1, 39 ff SE-VO.

[28] Art. 38 lit. b Alt. 2, 43 ff SE-VO. Ein solches Wahlrecht sieht das französische Aktienrecht bereits vor, Art. 225-57 Code de Commerce 2001. Es kann gewählt werden zwischen der dort „klassischen" Organisationsform mit einem einheitlichen Verwaltungsrat (*conseil d'administration*) und der modernen Organisationsform mit einer Trennung von Vorstand (*directoire*) und Aufsichtsrat (*conseil de surveillance*), L.225-17 bis L.225-93 Code de Commerce 2001; dazu *Lange*, EuZW 2003, 301, 302.

rung gewährleisten kann[29]. Die Abgrenzung der Kompetenzen hat auch einen erheblichen Einfluss auf den Informationsfluss zwischen Geschäftsführung und Überwachung[30] und wirkt sich außerdem auf die Haftung der Mitglieder der SE-Organe aus[31]. Schließlich sind die Kompetenzen von Geschäftsführung und Überwachung für die unternehmerische Mitbestimmung in der SE von ganz herausragender Bedeutung[32].

Deshalb wird in den folgenden Abschnitten zunächst das Verhältnis von Geschäftsführung und Überwachung in der dualistisch verfassten SE dargestellt. Hierzu sollen die Kompetenzen des Leitungsorgans erläutert werden, welches gem. Art. 39 I S. 1 SE-VO die Geschäfte der SE führt[33]. Daneben wird auf die Kompetenzen des Aufsichtsorgans eingegangen, das gem. Art. 40 I S. 1 SE-VO für die Überwachung der Geschäftsführung zuständig ist[34]. Schließlich werden die Vorschriften untersucht, anhand derer eine Abgrenzung dieser Kompetenzen vorgenommen werden kann[35].

Im weiteren Verlauf der Untersuchungen wird dann auf die Kompetenzen von Geschäftsführung und Überwachung in einer monistisch verfassten SE eingegangen. Im Unterscheid zu dem dualistischen SE-Modell werden diese beiden Aufgaben jedoch in einem einzigen Organ – dem sog. Verwaltungsorgan – vereint, dessen Mitglieder als geschäftsführende und nichtgeschäftsführende Direktoren bezeichnet werden[36]. Die Kompetenzen dieser Direktoren werden ebenfalls in den folgenden Abschnitten untersucht und voneinander abgegrenzt.

I. Die Geschäftsführung und ihre Überwachung in der dualistisch verfassten SE

Das Leitungsorgan einer dualistisch verfassten SE ist gem. Art. 39 I S. 1 SE-VO für die Geschäftsführung der Gesellschaft zuständig. Das sog. Aufsichtsorgan überwacht die Geschäftsführung des Leitungsorgans, Art. 40 I S. 1 SE-

[29] Dazu Kapitel Drei, E.I. Flexibilität der Geschäftsführung.

[30] Dazu Kapitel Drei, E.II. Informationsfluss zwischen Geschäftsführung und Überwachung.

[31] Dazu Kapitel Drei, E.III. Haftung der Mitglieder der SE-Organe.

[32] Dazu Kapitel Vier, Unternehmerische Mitbestimmung einer „deutschen" SE.

[33] D.I.1. Das Leitungsorgan als Geschäftsführungsorgan der dualistisch verfassten SE.

[34] D.I.2. Das Aufsichtsorgan als Überwachungsorgan der dualistisch verfassten SE.

[35] D.I.3. Abgrenzung der Kompetenzen von Leitungs- und Aufsichtsorgan.

[36] D.II. Das Verwaltungsorgan als „doppelfunktionales" Organ der monistisch verfassten SE.

VO. Die Abgrenzung der Kompetenzen des Leitungs- und des Aufsichtsorgans richtet sich nach den Vorgaben des Art. 40 I S. 2 SE-VO sowie des Art. 48 I SE-VO.

1. Das Leitungsorgan als Geschäftsführungsorgan der dualistisch verfassten SE

Das Leitungsorgan, dessen Mitglieder von dem Aufsichtsorgan bestellt und abberufen werden[37], führt die Geschäfte der SE in eigener Verantwortung[38]. Von den Geschäften i.S.d. Art. 39 I S. 1 SE-VO sind alle Maßnahmen erfasst, die das Leitungsorgan im Rahmen des Unternehmensgegenstandes für die SE vornimmt[39].

Obwohl die SE-VO den Begriff der „Leitung" des Unternehmens nicht kennt[40], sind zu der Geschäftsführung i.S.d. Art. 39 I S. 1 SE-VO nicht nur das operative Geschäft, sondern auch die Planungs- und Steuerungsverantwortung, die

---

[37] Vgl. Art. 39 II SE-VO. Streitig ist, ob die Mitglieder des Leitungsorgans nur bei Vorliegen eines wichtigen Grundes abberufen werden können. Nach zutreffender Auffassung (*Hommelhoff*, AG 2001, 279, 283; *Hirte*, NZG 2002, 1, 5; *Artmann*, wbl 2002, 189, 192) ist § 84 III S. 1 AktG analog anzuwenden, Art. 9 I lit. c, ii SE-VO. Für diese Auffassung spricht, dass die Bestellung der Mitglieder des Leitungsorgans für einen in der Satzung *festgelegten* Zeitraum erfolgt, Art. 46 I SE-VO. Zudem war noch in dem Entwurf der SE-VO von 1991 (ABl. Nr.C 176/1 v. 08.07.1991) ausdrücklich von der Möglichkeit der jederzeitigen Abberufung die Rede, Art. 62 XII SE-VO 1991; a.A.: *Lange*, EuZW 2003, 301, 306, wonach der Verordnungsgeber mit Art. 39 II SE-VO nicht so eindeutig von der Regelung des Art. 62 XII SE-VO 1991 abgerückt sei, dass nun eine gegenteilige Auslegung geboten erschiene.

[38] Zu dem Leitungsorgan einer dualistisch verfassten SE ausführlich *Theisen/Wenz (Hrsg.)*, Die Europäische Aktiengesellschaft, D.II., S. 267; *Hommelhoff*, AG 2001, 279, 283; *Lange*, EuZW 2003, 301, 305; *Hirte*, NZG 2001, 1, 5; *Jahn/Herfs-Röttgen*, DB 2001, 631, 633; *Schwarz*, ZIP 2001, 1847, 1854; *Bungert/Beier*, EWS 2002, 1, 3.

[39] *Theisen/Wenz (Hrsg.)*, Die Europäische Aktiengesellschaft, D.II., S. 267.

[40] Anders als die SE-VO differenziert das AktG zwischen Leitung (§ 76 I AktG) und Geschäftsführung (§ 77 I AktG). Nach überwiegender Meinung (*Wiesner*, in: Münchener Handbuch des Gesellschaftsrechts, Bd. 4 Aktiengesellschaft, § 19, Rn. 12; *Fleischer*, ZIP 2003, 1, 3; *Henze*, BB 2000, 209; KölnKommAktG-*Mertens*, § 76, Rn. 4; a.A.: *Semler (Hrsg.)*, Leitung und Überwachung der Aktiengesellschaft, Rn. 3 sowie Geßler/*Hefermehl*/Eckardt/Kropff, AktG, § 76, Rn. 10) handelt es sich bei der Leitung um einen herausgehobenen Teilbereich der Geschäftsführung, wozu wiederum die o.g. Planungs-, Steuerungs-, Organisations- und Finanzverantwortung gehören, *Dose*, Die Rechtstellung der Vorstandsmitglieder einer Aktiengesellschaft, S. 40; *Raiser*, Recht der Kapitalgesellschaften, § 14, Rn. 1; aus betriebswirtschaftlicher Sicht grundlegend *Gutenberg*, Unternehmensführung – Organisation und Entscheidungen, S. 61.

Organisations- und Finanzverantwortung, mithin die strategischen Entscheidungen der Unternehmensleitung zu zählen[41].

Aus dem Begriff „Eigenverantwortlichkeit" i.S.d. Art. 39 I S. 1 SE-VO ergibt sich, dass das Leitungsorgan sämtliche Entscheidungen der Geschäftsführung unter Ausschluss der übrigen SE-Organe trifft[42]; etwaigen Weisungen der Hauptversammlung oder des Aufsichtsorgans unterliegt es dabei nicht[43].

Für die ordnungsgemäße Geschäftsführung haften die Mitglieder des Leitungsorgans wie die Mitglieder des Vorstands einer AG, Art. 51 SE-VO i.V.m. § 93 II S. 1 AktG, Art. 9 I lit. c, ii SE-VO[44].

2. Das Aufsichtsorgan als Überwachungsorgan der dualistisch verfassten SE

Die wichtigste Aufgabe des Aufsichtsorgans besteht – neben der Bestellung und Abberufung der Mitglieder des Leitungsorgans[45] – in der Überwachung der Geschäftsführung, Art. 40 I S. 1 SE-VO[46]. Das Aufsichtsorgan überwacht

---

[41] Dies entspricht der bislang unbestrittenen Auffassung der Literatur, wonach die Kompetenzen des Leitungsorgans mit denen des Vorstands einer AG identisch sind, *Hirte*, DStR 2005, 653, 658; *Theisen/Wenz (Hrsg.)*, Die Europäische Aktiengesellschaft, D.II., S. 267; *Lutter*, BB 2002, 1, 5; *Hommelhoff*, AG 2001, 279, 283; *Hirte*, NZG 2001, 1, 6; *Schwarz*, ZIP 2001, 1847, 1854; *Bungert/Beier*, EWS 2002, 1, 3; *Jahn/Herfs-Röttgen*, DB 2001, 631, 633. Zu den Kompetenzen des Vorstands Kapitel Drei, B.I. Der Vorstand als Geschäftsführungsorgan der Aktiengesellschaft.

[42] *Lange*, EuZW 2003, 301, 305.

[43] *Hirte*, NZG 2001, 1, 6; *Lange*, EuZW 2003, 301, 305; *Schwarz*, ZIP 2001, 1847, 1854; *Jahn/Herfs-Röttgen*, DB 2001, 631, 633; für bestimmte Maßnahmen ist das Leitungsorgan jedoch auf die Zustimmung des Aufsichtsorgans angewiesen, siehe dazu Punkt D.I.3.b) „Relativierung" dieses Grundsatzes gem. Art. 48 I SE-VO.

[44] *Hirte*, NZG 2001, 1, 5; *Hommelhoff*, AG 2001, 279, 283 f. Die Haftung gegenüber Dritten ist in der SE-VO hingegen nicht geregelt, womit gem. Art. 9 I lit. c, ii SE-VO mitgliedstaatliches Recht Anwendung findet, *Hirte*, NZG 2001, 1, 5. Noch nach dem SE-Entwurf von 1991 (ABl. Nr.C 176/1 v. 08.07.1991) war eine gesamtschuldnerische Haftung aller Organmitglieder für eigenes und fremdes Fehlverhalten vorgesehen (Art. 77 SE-VO 1991), dazu kritisch *Hommelhoff*, AG 1990, 422, 428; *Fleischer*, ZGR 2004, 437, 439 f.

[45] Vgl. Art. 39 I S. 1 SE-VO; die Mitglieder des Aufsichtsorgans werden wiederum von der Hauptversammlung für einen Zeitraum von maximal sechs Jahren bestellt. Eine vorzeitige Abberufung der Aufsichtsorganmitglieder scheidet aus. Dies war ausdrücklich noch nach Art. 62 SE-VO 1991 (ABl. Nr.C 176/1 v. 08.07.1991) möglich. Zu dieser Änderung *Hommelhoff*, AG 2001, 279, 283.

[46] Zur Überwachungsaufgabe des Aufsichtsorgans ausführlich *Theisen/Wenz (Hrsg.)*, Die Europäische Aktiengesellschaft, D.II., S. 269; *Hommelhoff*, AG 2001, 279, 283; *Hirte*, NZG 2001, 1, 6; *Schwarz*, ZIP 2001, 1847, 1855; *Bungert/Beier*, EWS 2002, 1, 3; *Jahn/Herfs-Röttgen*, DB 2001, 631, 633; *Lange*, EuZW 2003, 301, 304.

das Leitungsorgan auf Grundlage der Informationen, die es gem. Art. 41 SE-VO von dem Leitungsorgan erhält[47].

Gem. Art. 41 I SE-VO ist das Leitungsorgan verpflichtet, das Aufsichtsorgan mindestens alle drei Monate über den Gang der Geschäfte und deren zukünftige Entwicklung zu unterrichten. Neben dieser vierteljährlichen Berichterstattungspflicht hat das Leitungsorgan zudem die Pflicht, das Aufsichtsorgan rechtzeitig über alle Ereignisse zu informieren, die sich auf die Lage der SE spürbar auswirken können, Art. 41 II SE-VO[48].

Mit dieser Berichterstattungspflicht des Leitungsorgans korrespondiert ein Informationsbezugsrecht des Aufsichtsorgans, das in Art. 41 III S. 1 SE-VO geregelt ist. Danach kann das Aufsichtsorgan selbst die Initiative ergreifen und von dem Leitungsorgan jegliche Informationen verlangen, die für die Überwachung der Geschäftsführung von Bedeutung sind[49].

Eine Möglichkeit zur Erweiterung dieser Befugnis sieht Art. 41 III S. 2 SE-VO vor: Die Mitgliedstaaten können in ihren Ausführungsgesetzen auch jedem einzelnen Aufsichtsorganmitglied die Möglichkeit einräumen, den Anspruch aus Art. 41 III S. 1 SE-VO geltend zu machen[50].

Zudem hat jedes Mitglied des Aufsichtsorgans einen Anspruch darauf, von den dem Aufsichtorgan übermittelten Informationen Kenntnis zu nehmen, Art. 41 V SE-VO.

Neben den Informationsrechten aus Art. 41 SE-VO enthält die SE-VO in Art. 48 I SE-VO ein weiteres wichtiges Instrument zur Überwachung der Geschäftsführung. Gem. Art. 48 I SE-VO hat das Aufsichtsorgan für bestimmte

---

[47] *Hirte*, NZG 2002, 1, 7, der die detailliert ausgestalteten Informationsrechte des Aufsichtsorgans gem. Art. 41 SE-VO begrüßt. Siehe im Übrigen zu den Informationsrechten des Aufsichtsorgans *Schwarz*, ZIP 2001, 1847, 1855; *Bungert/Beier*, EWS 2002, 1, 3.

[48] Diese Berichterstattungspflicht wurde aber dahingehend aufgeweicht, dass das Leitungsorgan nun nicht mehr zur „unverzüglichen", sondern nur noch zur „rechtzeitigen" Information verpflichtet ist, vgl. dazu die Bestimmung Art. 64 III SE-VO 1991 (ABl. Nr.C 176/1 v. 08.07.1991).

[49] Dieses Recht wurde dadurch eingeschränkt, dass das Aufsichtsorgan vom Leitungsorgan nur noch solche Informationen verlangen kann, die für die Ausübung der Überwachung gem. Art. 40 I SE-VO *erforderlich* sind, Art. 41 III S. 1 SE-VO. Vgl. dazu noch Art. 64 V SE-VO 1991 (ABl. Nr.C 176/1 v. 08.07.1991).

[50] Dies stellt gegenüber der Vorläuferbestimmung Art. 64 VI SE-VO 1991 (ABl. Nr.C 176/1 v. 08.07.1991) eine Neuerung dar. Das deutsche SEAG macht von dieser Option Gebrauch, vgl. § 18 SEAG. Danach kann ein Mitglied jedoch nicht die Informationen an sich selbst, sondern nur an das gesamte Aufsichtsorgan verlangen, § 18 SEAG; zu Art. 41 III SE-VO eingehend *Schwarz*, ZIP 2001, 1847, 1855.

Maßnahmen der Geschäftsführung die Möglichkeit, seine Zustimmung zu erteilen bzw. zu verweigern[51].

Die Haftung der Mitglieder des Aufsichtsorgans richtet sich nach mitgliedstaatlichem Recht, d.h. nach der Haftung der Mitglieder des Aufsichtsrats einer AG, Art. 51 SE-VO i.V.m. §§ 116 S. 1, 93 II S. 1 AktG, Art. 9 I lit. c, ii SE-VO[52].

3. Abgrenzung der Kompetenzen von Leitungs- und Aufsichtsorgan

Für die Abgrenzung der Kompetenzen von Geschäftsführung und Überwachung in der dualistisch verfassten SE sind zum einen Art. 40 I S. 2 SE-VO sowie Art. 39 III S. 1 SE-VO und zum anderen Art. 48 I SE-VO maßgeblich.

a) Grundsatz des Verbots der Geschäftsführung durch das Aufsichtsorgan gem. Art. 40 I S. 2 SE-VO

In Abgrenzung zu der Geschäftsführungskompetenz des Leitungsorgans ist das Aufsichtsorgan gem. Art. 40 I S. 2 SE-VO nicht berechtigt, die Geschäfte der SE selbst zu führen[53]. Unterstrichen wird diese Trennung der Aufgaben von Geschäftsführung und Überwachung durch die Vorschrift Art. 39 III S. 1 SE-VO, die bestimmt, dass sich die Mitgliedschaft in dem Aufsichts- und dem Leitungsorgan jeweils ausschließt[54].

b) „Relativierung" dieses Grundsatzes gem. Art. 48 I SE-VO

Das Verbot der Geschäftsführung durch das Aufsichtsorgan gem. Art. 40 I S. 2 SE-VO wird durch den Vorbehalt der Zustimmung i.S.d. Art. 48 I SE-VO je-

---

[51] *Theisen/Wenz (Hrsg.)*, Die Europäische Aktiengesellschaft, D.II., S. 272; ausführlich D.I.3.b) „Relativierung" dieses Grundsatzes gem. Art. 48 I SE-VO.

[52] *Hirte*, NZG 2001, 1, 5; *Hommelhoff*, AG 2001, 279, 283 f. Die Haftung gegenüber Dritten ist in der SE-VO hingegen nicht geregelt, womit gem. Art. 9 I lit. c, ii SE-VO mitgliedstaatliches Recht Anwendung findet, ebenso *Hirte*, NZG 2001, 1, 5. Noch nach dem SE-Entwurf von 1991 (ABl. Nr.C 176/1 v. 08.07.1991) war eine gesamtschuldnerische Haftung aller Organmitglieder für eigenes und fremdes Fehlverhalten vorgesehen (Art. 77 SE-VO 1991), dazu kritisch *Hommelhoff*, AG 1990, 422, 428; *Fleischer*, ZGR 2004, 437, 439 f.

[53] Dazu *Hommelhoff*, AG 2001, 279, 283; *Lange*, EuZW 2003, 301, 304.

[54] *Teichmann*, ZIP 2002, 1109, 1113 empfiehlt für die zeitliche Begrenzung dieses Ausschlusses eine analoge Anwendung des § 105 II S. 1 AktG.

doch „relativiert"[55]. Gem. Art. 48 I Unterabs. 1 SE-VO werden in der Satzung die Arten von Geschäften aufgeführt, die das Leitungsorgan nicht ohne die Zustimmung des Aufsichtsorgans vornehmen kann. Gem. Art. 48 I Unterabs. 2 SE-VO können die Mitgliedstaaten vorsehen, dass auch das Aufsichtsorgan selbst bestimmte Maßnahmen an seine Zustimmung bindet[56].

Um eine Relativierung und nicht etwa um eine Durchbrechung des Verbots der Geschäftsführung handelt es sich deshalb, weil die Geschäfte i.S.d. Art. 48 I SE-VO lediglich der Zustimmung des Aufsichtsorgans bedürfen; ein Initiativrecht erhält das Aufsichtsorgan dadurch aber nicht[57]. Das Recht, bestimmte Geschäfte zu initiieren, ist exklusiv dem Leitungsorgan vorbehalten, vgl. Art. 39 I S. 1 und Art. 40 I S. 2 SE-VO[58].

Welche Geschäfte von dem Zustimmungsvorbehalt i.S.d. Art. 48 I SE-VO erfasst werden, ist dem Wortlaut dieser Vorschrift nicht zu entnehmen; einen Katalog von bestimmten Maßnahmen enthält Art. 48 I SE-VO ebenfalls nicht[59]. Da Art. 48 I SE-VO aber in seinem Regelungsgehalt der Vorschrift § 111 IV S. 2 AktG ähnelt, muss es sich nach einhelliger Meinung[60] bei den Geschäften i.S.d. Art. 48 I SE-VO um solche Maßnahmen handeln, die für die SE von „grundlegender Bedeutung"[61] sind[62].

---

[55] Der Begriff der „Relativierung" wird von *Hüffer*, AktG, 5. Aufl. 2002, § 111, Rn. 16 im Zusammenhang mit § 111 IV S. 2 AktG verwendet. Zu den Zustimmungsvorbehalten in der deutschen AG gem. § 111 IV S. 2 n.F. AktG siehe Kapitel Drei, B.III.2. „Relativierung" dieses Grundsatzes gem. § 111 IV S. 2 AktG. *Lange*, EuZW 2003, 301, 305 spricht im Zusammenhang mit Art. 48 I SE-VO missverständlich von einer *Durchbrechung* des Verbots der Geschäftsführung.

[56] Von dieser Möglichkeit hat der deutsche Ausführungsgesetzgeber mit der Schaffung des § 19 SEAG Gebrauch gemacht; dazu ausführlich Kapitel Drei, E.I.1. „Zurückhaltung oder Übereifer des Aufsichtsorgans?" – Zustimmungsvorbehalte in der dualistisch verfassten SE.

[57] *Theisen/Wenz (Hrsg.)*, Die Europäische Aktiengesellschaft, D.II., S. 267.

[58] *Theisen/Wenz (Hrsg.)*, Die Europäische Aktiengesellschaft, D.II., S. 267: „Das Aufsichtsorgan kann *re*agieren, nicht aber agieren."

[59] *Hommelhoff*, AG 2001, 279, 283 begrüßt „...die bemerkenswerte Abkehr vom starren Zustimmungskatalog des Art. 72 SE-VO 1991 (ABl. Nr.C 176/1 v. 08.07.1991) mit beifallswürdig flexibel angelegten Staatenwahlrechten..."; ebenfalls kritisch zu diesem ursprünglich vorgesehenen Katalog von zustimmungsbedürftigen Geschäften *Kallmeyer*, AG 1990, 103, 105; *Trojan-Limmer*, RIW 1991, 1010, 1016 spricht von einer „Lähmung der Geschäftsführungsarbeit".

[60] Bislang unbestritten: *Hommelhoff*, AG 2001, 279, 283; *Hirte*, NZG 2001, 1, 6; *Neye/Teichmann*, AG 2003, 169, 176; *Schwarz*, ZIP 2001, 1847, 1856; *Lange*, EuZW 2003, 301, 305; *Artmann*, wbl 2002, 189, 192; *Bungert/Beier*, EWS 2002, 1, 3.

[61] Zu dieser Definition der Geschäfte i.S.d. § 111 IV S. 2 n.F. AktG Kapitel Drei, B.III.2.b)aa) Bestimmbarkeit der „bestimmten Arten von Geschäften" i.S.d. § 111 IV S. 2 n.F. AktG.

[62] Könnte das Aufsichtsorgan Maßnahmen jedweder Bedeutung an seine Zustimmung binden, würde die Kompetenz des Leitungsorgans, die Geschäfte der SE in *eigener* Verantwortung zu führen (Art. 39 I S. 1 SE-VO), unterlaufen.

Schließlich wird kontrovers diskutiert, inwieweit die Vorschrift Art. 48 I SE-VO tatsächlich mit dem Regelungsgehalt des § 111 IV S. 2 n.F. AktG identisch ist[63]. Dieser Streit wird jedoch erst in Kapitel Drei näher behandelt, nachdem die Auswirkungen der Neufassung des § 111 IV S. 2 AktG herausgearbeitet wurden[64].

4. Zusammenfassung

Für die Kompetenzen von Geschäftsführung und Überwachung in der dualistisch verfassten SE lässt sich somit Folgendes festhalten: Das Leitungsorgan ist gem. Art. 39 I S. 1 SE-VO berechtigt, die Geschäfte der SE in *eigener* Verantwortung, mithin weisungsfrei zu führen[65]. Zu der Geschäftsführung i.S.d. Art. 39 I S. 1 SE-VO sind das operative Geschäft der Gesellschaft sowie die strategischen Leitungsentscheidungen zu zählen[66]. Die Aufgabe des Aufsichtsorgans besteht darin, die Geschäftsführung des Leitungsorgans zu überwachen, Art. 40 I S. 1 SE-VO. Dazu sieht die SE-VO detaillierte Berichterstattungspflichten des Leitungsorgans sowie entsprechende Informationsbezugsrechte des Aufsichtsorgans vor[67]. Zudem bestimmt die SE-VO, dass es dem Aufsichtsorgan untersagt ist, selbst bestimmte Maßnahmen der Geschäftsführung vorzunehmen[68]. Will das Leitungsorgan aber ein Geschäft von grundlegender Bedeutung vornehmen, hat das Aufsichtsorgan die Möglichkeit,

---

[63] Vgl. dazu etwa die Beiträge von *Lange*, EuZW 2003, 301, 305; *DAV*, NZG 2004, 75, 81; *Habersack*, Europäisches Gesellschaftsrecht, Rn. 411; *Hommelhoff*, AG 2001, 279, 284; *Nagel*, NZG 2004, 833, 836.

[64] Ausführlich zu § 111 IV S. 2 n.F. AktG Kapitel Drei, B.III. Abgrenzung der Kompetenzen von Vorstand und Aufsichtsrat; zum Vergleich des § 111 IV S. 2 n.F. AktG mit Art. 48 I SE-VO Kapitel Drei, E.I.1. „Zurückhaltung oder Übereifer des Aufsichtsorgans?" – Zustimmungsvorbehalte in der dualistisch verfassten SE.

[65] *Hirte*, NZG 2001, 1, 6; *Lange*, EuZW 2003, 301, 305; *Schwarz*, ZIP 2001, 1847, 1854; *Jahn/Herfs-Röttgen*, DB 2001, 631, 633.

[66] Zu den Kompetenzen des Leitungsorgans, die nach einhelliger Auffassung mit denen des Vorstands einer AG identisch sind, *Hirte*, DStR 2005, 653, 658; *Theisen/Wenz (Hrsg.)*, Die Europäische Aktiengesellschaft, D.II., S. 267; *Lutter*, BB 2002, 1, 5; *Hommelhoff*, AG 2001, 279, 283; *Hirte*, NZG 2001, 1, 6; *Schwarz*, ZIP 2001, 1847, 1854; *Bungert/Beier*, EWS 2002, 1, 3; *Jahn/Herfs-Röttgen*, DB 2001, 631, 633.

[67] Vgl. Art. 41 SE-VO.

[68] Vgl. Art. 40 I S. 2 SE-VO.

einen entscheidenden Einfluss zu nehmen: Gem. Art. 48 I SE-VO kann es seine Zustimmung zu dieser Maßnahme erteilen oder aber verweigern[69].

II. Die Geschäftsführung und ihre Überwachung in der monistisch verfassten SE

Im Gegensatz zu einer dualistisch verfassten SE existiert nach dem monistischen SE-Modell neben der Hauptversammlung lediglich ein weiteres Organ, das sog. Verwaltungsorgan, Art. 38 lit. b Alt. 2, 43 ff SE-VO. Dieses Organ ist für die Geschäftsführung und die Überwachung der Geschäftsführung gleichermaßen zuständig[70]. Diese beiden Aufgaben werden in den Bestimmungen der SE-VO angedeutet[71] und durch die ausführenden Bestimmungen des SEAG näher ausgestaltet[72], worauf in der folgenden Darstellung ausführlich eingegangen wird.

1. Das Verwaltungsorgan als „doppelfunktionales" Organ der monistisch verfassten SE

Das Verwaltungsorgan einer monistisch verfassten SE führt die Geschäfte der Gesellschaft, Art. 43 I S. 1 SE-VO. Die Pflicht zur Überwachung der Geschäftsführung ist in Art. 44 I SE-VO angelegt[73]. Danach tritt das gesamte Verwaltungsorgan mindestens vierteljährlich zusammen, um über den Gang der Geschäfte und deren voraussichtliche Entwicklung zu beraten[74].

Eine Verteilung der Aufgaben von Geschäftsführung und Überwachung auf bestimmte Mitglieder des Verwaltungsorgans sehen die Vorschriften der SE-

---

[69] Die Geschäfte i.S.d. Art. 48 I SE-VO sind in ihrer Bedeutung mit denen i.S.d. § 111 IV S. 2 n.F. AktG vergleichbar, *Hommelhoff*, AG 2001, 279, 283; *Hirte*, NZG 2001, 1, 6; *Neye/Teichmann*, AG 2003, 169, 176; *Schwarz*, ZIP 2001, 1847, 1856; *Lange*, EuZW 2003, 301, 305; *Artmann*, wbl 2002, 189, 192; *Bungert/Beier*, EWS 2002, 1, 3.

[70] Zu dem monistischen SE-Modell nach den „Rahmenbedingungen" der SE-VO *Hommelhoff*, AG 2001, 279, 284; *Schwarz*, ZIP 2001, 1847, 1855; *Lange*, EuZW 2003, 301, 306; *Jahn/Herfs-Röttgen*, DB 2001, 631, 633.

[71] Vgl. Art. 43 I S. 1; Art. 44 I SE-VO.

[72] Vgl. §§ 20-49 SEAG.

[73] *Gruber/Weller*, NZG 2003, 297, 298.

[74] Zum Inhalt der Beratungen Punkt D.II.2.b) Gemeinsame Beratungen über den Gang der Geschäfte i.S.d. Art. 44 I SE-VO.

VO hingegen nicht vor[75]. Gem. Art. 9 I lit. c, i SE-VO obliegt es damit den Mitgliedstaaten[76], zunächst die einzelnen Aufgaben und Kompetenzen des Verwaltungsorgans näher auszugestalten und sodann den Mitgliedern des Verwaltungsorgans zuzuweisen[77].

Das deutsche SEAG konkretisiert die Aufgabe der Geschäftsführung i.S.d. Art. 43 I S. 1 SE-VO durch die Vorschrift § 22 I SEAG, wonach das Verwaltungsorgan die Gesellschaft leitet und die Grundlinien ihrer Tätigkeit bestimmt[78].

Die Pflicht zur Überwachung der Geschäftsführung (vgl. Art. 44 I SE-VO) wird zum einen durch die Vorschrift § 22 I a.E. SEAG konkretisiert. Danach hat das Verwaltungsorgan die Umsetzung der von ihm bestimmten Leitungsentscheidungen zu überwachen. Zum anderen normiert § 22 III S. 2 SEAG die Pflicht des Verwaltungsorgans, ein Überwachungssystem einzurichten, damit solche Entwicklungen früh erkannt werden, die den Fortbestand der Gesellschaft gefährden.

Schließlich ist in § 40 I SEAG geregelt, dass innerhalb des Verwaltungsorgans zwischen geschäftsführenden Direktoren und den übrigen Mitgliedern des Verwaltungsorgans zu unterscheiden ist[79].

a) Die geschäftsführenden Direktoren des Verwaltungsorgans

Das Verwaltungsorgan einer monistisch verfassten SE ist gem. § 40 I S. 1 SEAG verpflichtet[80], einen oder mehrere geschäftsführende Direktoren zu

---

[75] Vgl. Art. 43 ff SE-VO; dazu *Horn*, DB 2005, 147, 151 sowie äußerst kritisch *Hommelhoff*, AG 2001, 279, 284; allein aus dem Erwägungsgrund Nr. 14 zur SE-VO ergibt sich ein Hinweis darauf, dass der Verordnungsgeber eine personelle Trennung der Aufgaben von Geschäftsführung und Überwachung befürwortet: Eine klare Abgrenzung der Verantwortungsbereiche jener Personen, denen die Geschäftsführung obliegt, und der Personen, die mit der Aufsicht betraut sind, ist „wünschenswert".

[76] Zu dem Verhältnis der SE-VO zu den mitgliedstaatlichen Regelungen B.I. Verhältnis der SE-VO zum mitgliedstaatlichen Recht.

[77] *Artmann*, wbl 2002, 189, 191; *Hirte*, NZG 2001, 1, 7 f; *Hommelhoff*, AG 2001, 279, 282; *Pluskat*, EuZW 2001, 524.

[78] Einen Überblick über die Regelungen des SEAG bietet *Schindler*, wbl 2004, 253.

[79] Eine solche Unterscheidung der Mitglieder des Verwaltungsorgans ist in angelsächsischen Gesellschaften üblich. Dort wird differenziert zwischen Executive und Non-Executive Directors (GB) bzw. zwischen Executive Officers und Independent Directors (USA); dazu ausführlich Kapitel Drei, Die SE-Modelle im Vergleich [...].

[80] Zu der Notwendigkeit einer solchen Pflicht vgl. die Entwurfsbegründung zu § 40 SEAG; dazu kritisch *Merkt*, ZGR 2003, 650, 675. Der Referentenentwurf des SEEG (SEAG und SEBG) ist – nebst Begründung – im Internet abrufbar unter www.bmwa.bund.de/Navigation/Service/Gesetz/gesetze-von-a-z,did= 32804.html.

bestellen, die gem. § 40 II S. 1 SEAG die *laufenden* Geschäfte[81] der SE führen. Das Verwaltungsorgan, dessen Mitglieder von der Hauptversammlung bestellt[82] und abberufen[83] werden, hat dabei die Möglichkeit, Direktoren aus seinen eigenen Reihen mit der Geschäftsführung zu beauftragen[84]. Es besteht aber auch die Möglichkeit, externe Personen, die nicht unmittelbar von der Hauptversammlung bestellt wurden, mit den Kompetenzen des § 40 II S. 1 SEAG auszustatten[85].

Bei der Führung der laufenden Geschäfte der Gesellschaft handeln die geschäftsführenden Direktoren jedoch nicht in eigener Verantwortung, sondern unterliegen den Weisungen der übrigen Mitglieder des Verwaltungsorgans[86]. Gem. Art. 43 I S. 2 SE-VO besteht zwar die Möglichkeit der Mitgliedstaaten vorzusehen, dass die geschäftsführenden Direktoren die laufenden Geschäfte in eigener Verantwortung führen; von dieser Möglichkeit hat der deutsche Ausführungsgesetzgeber aber keinen Gebrauch gemacht. § 44 II S. 2 SEAG bestimmt ausdrücklich, dass die geschäftsführenden Direktoren verpflichtet sind, die Beschränkungen zu beachten, die sich aus der Geschäftsordnung bzw. aus konkreten Anweisungen des Verwaltungsorgans ergeben.

Für die ordnungsgemäße Geschäftsführung haften die geschäftsführenden Direktoren gem. Art. 51 SE-VO, § 40 VIII SEAG i.V.m. § 93 II S. 1 AktG[87].

---

[81] Der Begriff der *laufenden* Geschäfte stammt aus der Entwurfsbegründung zu § 40 SEAG.

[82] Die Bestellung der Mitglieder des Verwaltungsorgans ist in Art. 43 III S. 1 SE-VO geregelt. § 28 I SEAG stellt nochmals klar, dass sich ihre Bestellung nach Art. 43 III S. 1 SE-VO richtet.

[83] Die Abberufung der Mitglieder des Verwaltungsorgans ist in § 29 SEAG geregelt. Ein wichtiger Grund muss nicht vorliegen, vgl. § 29 I S. 1 SEAG. Die Satzung kann jedoch weitere Abberufungsvoraussetzungen vorsehen, § 29 I S. 2 SEAG.

[84] Vgl. § 40 I S. 2 SEAG; dazu *Neye/Teichmann*, AG 2003, 169, 179; *Kallmeyer*, ZIP 2003, 1531, 1532.

[85] Vgl. § 40 I S. 3 SEAG; zu den verschiedenen Möglichkeiten der Einbindung „externer" Direktoren *Theisen/Wenz (Hrsg.)*, Die Europäische Aktiengesellschaft, S. 277 f sowie *Hirte*, DStR 2005, 700, 701; *Kallmeyer*, ZIP 2003, 1531, 1532; *Torggler*, ecolex 2001, 533, 534; zu dieser Möglichkeit, die bereits nach der SE-VO 1991 (ABl. Nr.C 176/1 v. 08.07.1991) bestand, ausführlich *von Werder*, RIW 1997, 204, 308 f. Gem. § 40 V S. 1 SEAG kann das Verwaltungsorgan die geschäftsführenden Direktoren *jederzeit* und ohne wichtigen Grund abberufen. Die Satzung der SE kann jedoch bestimmen, dass eine Abberufung nur aus wichtigem Grund erfolgen kann, § 40 V S. 2 SEAG.

[86] § 44 II SEAG; dazu *Hirte*, DStR 2005, 700, 701 sowie *Nagel*, NZG 2004, 833, 836, die die geschäftsführenden Direktoren aufgrund ihrer Weisungsgebundenheit mit den Geschäftsführern einer GmbH vergleichen; ebenso *Neye/Teichmann*, AG 2003, 169, 179; zur Weisungsbefugnis der nichtgeschäftsführenden Direktoren ferner *Merkt*, ZGR 2003, 650, 663; *Eder*, NZG 2004, 544, 545; *Kallmeyer*, ZIP 2003, 1531, 1533; *Teichmann*, BB 2004, 53. Das Leitungsorgan führt die Geschäfte der Gesellschaft hingegen in *eigener* Verantwortung, Art. 39 I S. 1 SE-VO.

[87] Dazu *Merkt*, ZGR 2003, 650, 671; *Kallmeyer*, ZIP 2003, 1531, 1533.

b) Die „nichtgeschäftsführenden" Direktoren des Verwaltungsorgans

Die übrigen Direktoren des Verwaltungsorgans, die nicht mit der Führung der laufenden Geschäfte der SE betraut sind (nichtgeschäftsführende Direktoren[88]), haben zweierlei Aufgaben.

Sie leiten die SE und bestimmen die Grundlinien ihrer Tätigkeit, § 22 I SEAG[89]. Darüber hinaus haben die nichtgeschäftsführenden Direktoren die Pflicht, die geschäftsführenden Direktoren zu überwachen[90]. Die Geschäftsführung wird nach Maßgabe des Art. 44 I SE-VO dadurch überwacht, dass die geschäftsführenden und die nichtgeschäftsführenden Direktoren mindestens vierteljährlich über die Geschäfte der Gesellschaft sowie über deren voraussichtliche Entwicklung beraten[91]. Überdies haben die nichtgeschäftsführenden Direktoren selbst geeignete Vorkehrungen zu treffen, um eine effektive Überwachung der Geschäftsführung zu gewährleisten, § 22 III S. 2 SEAG. Dazu hat das Verwaltungsorgan z.B. die Möglichkeit, aus seiner Mitte bestimmte Ausschüsse zu bestellen, § 34 IV SEAG[92].

Für die pflichtgemäße Erfüllung ihrer Aufgaben haften die nichtgeschäftsführenden Direktoren, wie auch die geschäftsführenden Direktoren, gem. Art. 51 SE-VO, § 39 SEAG i.V.m. § 93 II S. 1 AktG[93].

---

[88] Der Ausdruck entspricht zwar nicht der Terminologie des SEAG, jedoch wird dieser Begriff im Folgenden als Synonym für die übrigen Mitglieder des Verwaltungsorgans verwendet, die *nicht* die laufenden Geschäfte der Gesellschaft führen.

[89] Nach zutreffender Ansicht von *Kallmeyer*, ZIP 2003, 1531, 1533 handelt es sich bei der Leitungs- und der Grundlinienkompetenz i.S.d. § 22 I SEAG nicht um zwei selbständige Kompetenzen. Vielmehr versucht der Gesetzgeber damit, die Leitungskompetenz begrifflich zu konkretisieren. Die Grundlinienkompetenz ist ein Teil der Leitungskompetenz und beschreibt die Bestimmung der Unternehmensstrategie durch das Verwaltungsorgan.

[90] Vgl. Art. 44 I SE-VO, § 22 III S. 2 SEAG; zur Überwachung der Geschäftsführung als Aufgabe der übrigen Mitglieder des Verwaltungsorgans *Reichert/Brandes*, ZGR 2003, 767, 795; *Gruber/Weller*, NZG 2003, 297, 298.

[91] *Gruber/Weller*, NZG 2003, 297, 298.

[92] Gem. § 34 IV SEAG können diese Ausschüsse sowohl Maßnahmen der Geschäftsführung, der Überwachung der Geschäftsführung sowie der Unternehmensplanung zum Gegenstand haben. Zu den Ausschüssen des Verwaltungsorgans einer „deutschen" monistischen SE eingehend *Gruber/Weller*, NZG 2003, 297. Siehe dazu im Übrigen Punkt D.II.2.c) „Geeignete Maßnahmen zur Überwachung", § 22 III S. 2 SEAG.

[93] Zur Haftung der nichtgeschäftsführenden Direktoren ausführlich *Merkt*, ZGR 2003, 650, 671; *Kallmeyer*, ZIP 2003, 1531, 1534.

2. Abgrenzung der Kompetenzen von geschäftsführenden und nichtgeschäftsführenden Direktoren

Die Darstellungen der vorangegangenen Abschnitte deuten es bereits an: Die Kompetenzen von Geschäftsführung und Überwachung sind nach dem monistischen SE-Modell ganz anders ausgestaltet und verteilt als nach dem dualistischen SE-Modell. In den folgenden Abschnitten soll untersucht werden, wie die Kompetenzen der jeweiligen Direktoren voneinander abgegrenzt werden können.

a) Abgrenzung der „laufenden Geschäfte" von der „Bestimmung der Grundlinien" der Gesellschaft

Die nichtgeschäftsführenden Direktoren leiten die SE und bestimmen die Grundlinien ihrer Tätigkeit (§ 22 I SEAG), ihnen obliegt also die zentrale Planungs- und Steuerungsverantwortung über die SE[94]. Sie bestimmen, wohin sich das Unternehmen entwickeln bzw. wie es organisiert sein soll und welche mittel- und langfristigen Ziele das Unternehmen verfolgen soll[95]. Dazu gehören etwa die Entscheidungen über die Grundlagen der Finanzierungsstruktur und die Gewinnziele der Gesellschaft[96]. Die nichtgeschäftsführenden Direktoren einer monistisch verfassten SE nehmen also einen Teil der Aufgaben wahr, die in der dualistisch verfassten SE dem Leitungsorgan zugewiesen sind[97]. Zum Vergleich: Das Leitungsorgan ist neben der Wahrnehmung des operativen Geschäfts für die strategische Unternehmensplanung zuständig[98].

Die Führung der laufenden Geschäfte der monistisch verfassten SE ist jedoch, wie bereits erwähnt, zwingend an die sog. geschäftsführenden Direktoren zu

---

[94] Zu den nichtgeschäftsführenden Direktoren als die Verantwortlichen für die „Oberleitung der monistisch verfassten SE" *Neye/Teichmann*, AG 2003, 169, 177; *Teichmann*, BB 2004, 53; *Gruber/Weller*, NZG 2003, 297, 298; *Eder*, NZG 2004, 544, 545; *Kallmeyer*, ZIP 2003, 1531, 1532.

[95] *Eder*, NZG 2004, 544; *Neye/Teichmann*, AG 2003, 169, 177.

[96] *Eder*, NZG 2004, 544 f; so auch *Kallmeyer*, ZIP 2003, 1531, 1532.

[97] Zu den Kompetenzen der nichtgeschäftsführenden Direktoren im Vergleich der Leitungskompetenz des Vorstands *Hirte*, DStR 2005, 700, 701; *Horn*, DB 2005, 147, 150; *Merkt*, ZGR 2003, 650, 658; *Kallmeyer*, ZIP 2003, 1531, 1532; *Neye/Teichmann*, AG 2003, 169, 177.

[98] Zu den Kompetenzen des Leitungsorgans, die nach bislang unbestrittener Auffassung mit den Kompetenzen des Vorstands identisch sind Abschnitt D.I.1. Das Leitungsorgan als Geschäftsführungsorgan der dualistisch verfassten SE, sowie die dortigen Literaturnachweise; zu den Kompetenzen des Vorstands Kapitel Drei, B.I. Der Vorstand als Geschäftsführungsorgan der Aktiengesellschaft.

delegieren, § 40 I S. 1 SEAG[99]. Zu den laufenden Geschäften in diesem Sinne gehören die Maßnahmen, die je nach Unternehmensgegenstand im Rahmen des alltäglichen Geschäftsbetriebes der Gesellschaft zu bewältigen sind[100]. Von § 40 I S. 1 SEAG sind aber auch solche Maßnahmen erfasst, die in ihrer Bedeutung und Tragweite über das Tagesgeschäft hinausgehen und für die Gesellschaft von „grundlegender Bedeutung" sind[101]. Dies ergibt sich aus einem Umkehrschluss zu Art. 48 I SE-VO, der auch für die monistisch verfasste SE gilt[102]: Wären die Geschäfte von grundlegender Bedeutung von vorneherein dem Verwaltungsorgan, also den nichtgeschäftsführenden Direktoren vorbehalten, würde die Bestimmung in Art. 48 I SE-VO, wonach bestimmte Geschäfte an den ausdrücklichen Beschluss des Verwaltungsorgans zu binden sind, keinen Sinn machen[103].

Wie bereits erwähnt, handeln die geschäftsführenden Direktoren jedoch nicht in eigener Verantwortung, sondern unterliegen den Weisungen der nichtgeschäftsführenden Direktoren, § 44 II SEAG[104]. Aufgrund ihrer Weisungsbefugnis haben die nichtgeschäftsführenden Direktoren eine Reihe von Möglichkeiten, um auf die laufenden Geschäfte der SE einzuwirken und die von ihnen festgelegten Leitungsentscheidungen durchzusetzen[105]: Zwar können die nichtgeschäftsführenden Direktoren selbst keine Maßnahmen der laufenden Geschäftsführung wahrnehmen; dies würde dem Sinn und Zweck des § 40 I S. 1 SEAG widersprechen, wonach das laufende Geschäft zwingend auf die

---

[99] Insofern stimmt die Terminologie des SEAG mit der des AktG nicht ganz überein: Bei der Leitung der AG handelt es sich um einen herausgehobenen Teilbereich der Geschäftsführung (dazu bereits Abschnitt D.I.1. Das Leitungsorgan als Geschäftsführungsorgan der dualistisch verfassten SE, dort Fn. 40); bei der Geschäftsführung i.S.d. § 40 II S. 1 SEAG handelt es sich aber um einen „Unterfall" der Leitung i.S.d. § 22 I SEAG; so auch *Eder*, NZG 2004, 544, 545.

[100] *Reichert/Brandes*, ZGR 2003, 767, 791; *Hirte*, DStR 2005, 700, 701 spricht von dem „Tagesgeschäft" der Gesellschaft.

[101] Wie bereits erläutert, sind die Geschäfte i.S.d. Art. 48 I SE-VO mit den sog. „grundlegenden Geschäften" i.S.d. § 111 IV S. 2 n.F. AktG gleichzusetzen, dazu oben D.I.3.b) „Relativierung" dieses Grundsatzes gem. Art. 48 I SE-VO. Zu der Definition der grundlegenden Geschäfte i.S.d. § 111 IV S. 2 n.F. AktG siehe Kapitel Drei, B.III.2.b)aa) Bestimmbarkeit der „bestimmten Arten von Geschäften" i.S.d. § 111 IV S. 2 n.F. AktG.

[102] Dazu näher Punkt D.II.2.d) Vorbehalt des Beschlusses des Verwaltungsorgans, Art. 48 I SE-VO.

[103] In diesem Sinne auch *Kallmeyer*, ZIP 2003, 1531, 1532.

[104] Eingehend zur Weisungsgebundenheit i.S.d. § 44 II SEAG *Nagel*, NZG 2004, 833, 836 sowie *Hirte*, DStR 2005, 700, 701 und *Neye/Teichmann*, AG 2003, 169, 179, die die geschäftsführenden Direktoren aufgrund ihrer Weisungsgebundenheit mit den Geschäftsführern einer GmbH vergleichen.

[105] Zur Weisungsbefugnis der nichtgeschäftsführenden Direktoren eingehend *Merkt*, ZGR 2003, 650, 663; *Eder*, NZG 2004, 544, 545; *Kallmeyer*, ZIP 2003, 1531, 1533; *Teichmann*, BB 2004, 53.

geschäftsführenden Direktoren zu übertragen ist[106]. Das Verwaltungsorgan kann aber *konkrete* Maßnahmen der Geschäftsführung initiieren und die geschäftsführenden Direktoren anweisen, diese Maßnahmen vorzunehmen[107]. Ebenso besteht die Möglichkeit, die von den geschäftsführenden Direktoren initiierten Maßnahmen zu modifizieren oder schlicht zu untersagen[108].

Schließlich können die nichtgeschäftsführenden Direktoren bestimmte *Arten* von Geschäften definieren, die die geschäftsführenden Direktoren nicht ohne einen ausdrücklichen Beschluss der nichtgeschäftsführenden Direktoren vornehmen können[109].

b) Gemeinsame Beratungen über den Gang der Geschäfte i.S.d. Art. 44 I SE-VO

Neben der Leitung und der Bestimmung der Grundlinien der SE besteht die zweite wichtige Aufgabe der nichtgeschäftsführenden Direktoren darin, die geschäftsführenden Direktoren zu überwachen[110]. In der SE-VO ist diese Überwachungsaufgabe in Art. 44 I SE-VO angelegt[111]. Gem. Art. 44 I SE-VO berät das gesamte Verwaltungsorgan mindestens vierteljährlich über den „Gang der Geschäfte" und deren „voraussichtliche Entwicklung".

In diesem Zusammenhang fällt jedoch eine terminologische Differenz zwischen der SE-VO und dem SEAG auf. Die SE-VO kennt allein den Begriff der

---

[106] Vgl. auch die Entwurfsbegründung zu § 40 SEAG; a.A.: *Kallmeyer*, ZIP 2003, 1531, 1532; der Referentenentwurf des SEEG (SEAG und SEBG) ist – nebst Begründung – im Internet abrufbar unter www.bmwa.bund.de/Navigation/Service/Gesetz/gesetze-von-a-z,did= 32804.html.

[107] *Merkt*, ZGR 2003, 650, 663; *Eder*, NZG 2004, 544, 545.

[108] So auch *Merkt*, ZGR 2003, 650, 663.

[109] *Merkt*, ZGR 2003, 650, 662; *Kallmeyer*, ZIP 2003, 1531, 1532; *Köstler*, ZGR 2003, 800, 805; Rechtsgrundlage dafür ist jedoch nicht Art. 48 I SE-VO, sondern § 44 II SEAG, denn die Ausgestaltung der Kompetenzen durch das Verwaltungsorgan nach Maßgabe des § 44 II SEAG ist „etwas Anderes" als die satzungsmäßige Vorgabe von beschlussbedürftigen Geschäften i.S.d. Art. 48 I SE-VO. Dieses Instrument steht lediglich der Hauptversammlung zur Verfügung, *Merkt*, ZGR 2003, 650, 662; zustimmend *Köstler*, ZGR 2003, 800, 805; zu Art. 48 I SE-VO in der monistisch verfassten SE näher D.II.2.d) Vorbehalt des Beschlusses des Verwaltungsorgans, Art. 48 I SE-VO.

[110] *Reichert/Brandes*, ZGR 2003, 767, 795; *Gruber/Weller*, NZG 2003, 297, 298.

[111] *Gruber/Weller*, NZG 2003, 297, 298; das SEAG konkretisiert die Überwachungsaufgabe in Art. 22 I a.E., III S. 2 SEAG.

Geschäftsführung[112]. Das SEAG konkretisiert hingegen den Begriff der Geschäftsführung i.S.d. Art. 43 I S. 1 SE-VO und unterscheidet zwischen der *Leitung* des Unternehmens, die in den Zuständigkeitsbereich der nichtgeschäftsführenden Direktoren fällt (§ 22 I SEAG) und der Führung der *laufenden Geschäfte* der SE, wofür die geschäftsführenden Direktoren zuständig sind (§ 40 II S. 1 SEAG).

Da das SEAG hinsichtlich der Sitzungen des Verwaltungsorgans i.S.d. Art. 44 I SE-VO keine klarstellende Regelung beinhaltet[113], stellt sich die Frage, ob im Rahmen der Sitzungen des Verwaltungsorgans lediglich die laufenden Geschäfte (vgl. Art. 44 I SE-VO: *„...Gang der Geschäfte..."*) der Gesellschaft erörtert werden, oder ob in diesem Rahmen auch eine gemeinsame Beratung über die strategische Planung i.S.d. § 22 I SEAG stattfinden soll.

Für die erste Auslegungsmöglichkeit spricht, dass sich die Terminologie des Art. 44 I SE-VO (*„...Gang der Geschäfte..."*) und des i.S.d. § 40 II S. 1 SEAG (*„...laufende*[114] *Geschäfte..."*) stark ähneln. Dieser Möglichkeit folgend würde es sich bei den Beratungen nach Maßgabe des Art. 44 I SE-VO lediglich um ein Forum handeln, in dem die nichtgeschäftsführenden Direktoren allein ihrer Überwachungsaufgabe nachkommen und die geschäftsführenden Direktoren über die laufenden Geschäfte i.S.d. § 40 II S. 1 SEAG „befragen" [115].

Für die zweite Auslegungsmöglichkeit spricht, dass die SE-VO den Begriff der Leitung nicht kennt und deshalb von dem Begriff der „Geschäftsführung" (vgl. Art. 39 I S. 1; Art. 43 I S. 1 SE-VO) bzw. der „Geschäfte" (vgl. Art. 41 I; 44 I SE-VO) das operative Geschäft wie auch die strategische Planung erfasst werden sollen[116]. In diesem Falle würden die nichtgeschäftsführenden und die geschäftsführenden Direktoren im Rahmen der Sitzungen des Verwaltungsorgans gem. Art. 44 I SE-VO auch über die Grundlinien der Tätigkeit der Gesell-

---

[112] Vgl. zu dieser terminologischen Unklarheit bereits Abschnitt D.I.1. Das Leitungsorgan als Geschäftsführungsorgan der dualistisch verfassten SE, dort Fn. 40; auch in zahlreichen weiteren Vorschriften der SE-VO ist lediglich von den *Geschäften* und der *Geschäftsführung* die Rede; vgl. etwa Art. 43 I S. 1 SE-VO (Geschäftsführung des Verwaltungsorgans); Art. 41 I SE-VO (Bericht des Leitungsorgans über den Gang der *Geschäfte*; siehe zu diesem „begrifflichen" Problem, zu den Informationsrechten von Aufsichtsrat und Aufsichtsorgan im Vergleich Kapitel Drei, E.II.2.a) „Ex-Ante-Überwachung" des Leitungsorgans?

[113] Vgl. §§ 20-49 SEAG.

[114] Der Begriff der *laufenden* Geschäfte stammt aus der Entwurfsbegründung zu § 40 SEAG.

[115] Dass im Hinblick auf die unterschiedliche Terminologie der SE-VO und des SEAG Missverständnisse auftreten können, belegt die Auffassung von *Merkt*, ZGR 2003, 650, 657, der jedoch von dem umgekehrten Fall ausgeht. Danach sei im Rahmen der Beratungen gem. Art. 44 I SE-VO lediglich über die strategische Planung und nicht über das operative Geschäft zu beraten.

[116] *Gruber/Weller*, NZG 2003, 297, 300.

schaft, mithin über die strategische Planung der SE i.S.d. § 22 I SEAG beraten[117].

Welche dieser beiden Auslegungsmöglichkeiten vor dem Hintergrund des Willens des Verordnungsgebers und des deutschen Ausführungsgesetzgebers zutrifft, kann letztlich nicht abschließend beantwortet werden. Ohne die Ergebnisse des dritten Kapitels vorwegzunehmen kann aber bereits jetzt angedeutet werden, dass die zweite Auslegungsmöglichkeit erhebliche Vorzüge bietet[118].

c) „Geeignete Maßnahmen zur Überwachung", § 22 III S. 2 SEAG

Über die gemeinsamen Beratungen i.S.d. Art. 44 I SE-VO hinaus haben die nichtgeschäftsführenden Direktoren selbst geeignete Vorkehrungen zu treffen, um eine effektive Überwachung der Geschäftsführung sicherzustellen, § 22 III S. 2 SEAG.

Gem. § 34 IV SEAG besteht die Möglichkeit, dass das Verwaltungsorgan bestimmte Ausschüsse zur Vorbereitung oder zur Ausführung seiner Beschlüsse bestellt. Diese Ausschüsse werden aus der Mitte des Verwaltungsorgans bestellt, d.h. sie können mit nichtgeschäftsführenden und geschäftsführenden Direktoren besetzt werden[119]. Gegenstand dieser Ausschüsse können die Überwachung der Geschäftsführung (vgl. § 34 IV S. 1 SEAG), aber auch die Geschäftsführung selbst sein (vgl. § 34 IV S. 2 SEAG)[120]. Schließlich können auch solche Ausschüsse gegründet werden, die sich mit den strategischen Leitungsentscheidungen, mithin der Unternehmensplanung der Gesellschaft befassen (vgl. § 34 IV S. 2 SEAG)[121].

Eine Pflicht zur Einrichtung des o.g. Überwachungsausschusses besteht bislang aber nicht[122]. Möglicherweise lässt sich daraus ein Argument gegen

---

[117] Davon gehen *Gruber/Weller*, NZG 2003, 297, 300 aus. Sie schlagen die Gründung von Ausschüssen vor, weil nicht alle Belange der laufenden Geschäfte und der strategischen Planung im Rahmen des gesamten Verwaltungsorgans gleichermaßen sorgfältig erörtert werden könnten.

[118] Dazu Kapitel Drei, E.II. 1. Informationsfluss zwischen geschäftsführenden und nichtgeschäftsführenden Direktoren.

[119] Vgl. § 34 IV S. 1 SEAG.

[120] *Eder*, NZG 2004, 544, 546.

[121] Zu einem solchen „unternehmerischen Planungsausschuss" einer deutschen monistischen SE ausführlich *Gruber/Weller*, NZG 2003, 297, 300.

[122] Ebenso *Teichmann*, BB 2004, 53; vgl. auch den Wortlaut des § 34 IV S. 1 SEAG: „...das Verwaltungsorgan *kann* Ausschüsse zur Überwachung bestellen...".

die Gründung einer monistisch verfassten SE herleiten, was jedoch erst in Kapitel Drei näher behandelt werden soll[123].

Die Möglichkeit zur Einrichtung eines Geschäftsführungs- und eines unternehmerischen Planungssausschusses hat insbesondere für Unternehmen, auf die die paritätische Mitbestimmung nach dem MitbestG 1976 Anwendung findet, eine ganz herausragende Bedeutung; dies wird in Kapitel Vier näher beleuchtet[124].

d) Vorbehalt des Beschlusses des Verwaltungsorgans, Art. 48 I SE-VO

Für die Abgrenzung der Kompetenzen von Geschäftsführung und Überwachung ist außerdem Art. 48 I Unterabs. 1 SE-VO von Bedeutung[125]. Danach werden in der Satzung bestimmte Arten von Geschäften definiert, die für die SE von grundlegender Bedeutung sind[126] und deshalb zu ihrer Vornahme eines ausdrücklichen Beschlusses des Verwaltungsorgans bedürfen.

Das Verwaltungsorgan kann jedoch – anders als das Aufsichtsorgan der dualistisch verfassten SE – selbst keinen Beschlussvorbehalt i.S.d. Art. 48 I SE-VO anordnen. Diese Möglichkeit bestand noch nach Art. 72 IV SE-VO 1991[127], sie ist in der jetzigen Fassung der SE-VO aber nicht mehr geregelt[128].

Die Bestimmung von Beschlussvorbehalten i.S.d. Art. 48 I SE-VO dient also lediglich der Hauptversammlung[129] der monistisch verfassten SE, einen Einfluss auf das Verhältnis zwischen Geschäftsführung und Überwachung zu

---

[123] Kapitel Drei, IV. „Combined Code“ und „Sarbanes-Oxley-Act“ als Argumente gegen die monistisch verfasste SE?

[124] Kapitel Vier, Unternehmerische Mitbestimmung einer „deutschen“ SE.

[125] Art. 48 I Unterabs. 1 SE-VO gilt für das dualistische sowie für das monistische SE-Modell. Während nach der ersten Alternative die Zustimmung des Aufsichtsorgans erforderlich ist, bestimmt die zweite Alternative, dass es eines Beschlusses des Verwaltungsorgans bedarf; dazu *Hommelhoff*, AG 2001, 279, 284; *Schwarz*, ZIP 2001, 1847, 1856.

[126] Wie bereits erläutert, sind die Geschäfte i.S.d. Art. 48 I SE-VO mit den sog. „grundlegenden Geschäften“ i.S.d. § 111 IV S. 2 n.F. AktG gleichzusetzen, vgl. Abschnitt D.I.3.b) „Relativierung“ dieses Grundsatzes gem. Art. 48 I SE-VO. Zu der Definition der grundlegenden Geschäfte i.S.d. § 111 IV S. 2 n.F. AktG siehe Kapitel Drei, B.III.2.b)aa) Bestimmbarkeit der „bestimmten Arten von Geschäften“ i.S.d. § 111 IV S. 2 n.F. AktG.

[127] ABl. Nr.C 176/1 v. 08.07.1991.

[128] Dazu *Hommelhoff*, AG 2001, 279, 284 sowie *Schwarz*, ZIP 2001, 1847, 1856.

[129] Die Kompetenz der Hauptversammlung einer SE zur Satzungsänderung ergibt sich aus Art. 52 SE-VO i.V.m. § 119 I Nr. 5 AktG.

nehmen[130]. Freilich hat auch das Verwaltungsorgan die Möglichkeit, bestimmte Arten von Geschäften oder auch konkrete Maßnahmen der Geschäftsführung an seinen ausdrücklichen Beschluss zu binden[131]. Die Kompetenz dazu ergibt sich aber nicht aus Art. 48 I SE-VO, sondern aus der Weisungsbefugnis i.S.d. § 44 II SEAG[132].

III. Zusammenfassung und Fazit

Somit können im Ergebnis folgende Unterschiede zwischen der Geschäftsführung und ihrer Überwachung in der dualistisch und der monistisch verfassten SE festgehalten werden:

In der dualistisch verfassten SE führt das Leitungsorgan die Geschäfte der SE in *eigener* Verantwortung, Art. 39 I S. 1 SE-VO[133]. Dazu zählen das operative Geschäft der Gesellschaft und die strategische Unternehmensplanung[134]. Das Aufsichtsorgan hat diese Tätigkeit gem. Art. 40 I S. 1 SE-VO auf Grundlage der Informationsrechte aus Art. 41 SE-VO zu überwachen. Das Aufsichtsorgan selbst ist aber nicht berechtigt, Maßnahmen der Geschäftsführung vorzunehmen[135]. Eine Möglichkeit, auf die Belange der Geschäftsführung Einfluss zu nehmen, hat das Aufsichtsorgan nach Maßgabe des Art. 48 I SE-VO: Will das Leitungsorgan ein Geschäft von grundlegender Bedeutung vornehmen, so ist es auf die Zustimmung des Aufsichtsorgans angewiesen. Ein Initiativrecht bezüglich bestimmter Geschäftsführungsmaßnahmen hat das Aufsichtsorgan dadurch jedoch nicht[136].

---

[130] Ebenso *Kallmeyer*, ZIP 2003, 1531, 1532.

[131] Dazu bereits ausführlich D.II.2.a) Abgrenzung der „laufenden Geschäfte" von der „Bestimmung der Grundlinien" der Gesellschaft.

[132] *Merkt*, ZGR 2003, 650, 662; *Köstler*, ZGR 2003, 800, 805. *Neye/Teichmann*, AG 2003, 169, 179 weisen zutreffend darauf hin, dass ein Recht i.S.d. Art. 48 I SE-VO für die nichtgeschäftsführenden Direktoren entbehrlich ist, da sie aufgrund ihrer Weisungsbefugnis ohnehin jedes Geschäft an sich ziehen können.

[133] *Hirte*, NZG 2001, 1, 6; *Lange*, EuZW 2003, 301, 305; *Schwarz*, ZIP 2001, 1847, 1854; *Jahn/Herfs-Röttgen*, DB 2001, 631, 633.

[134] Zu den Kompetenzen des Leitungsorgans, die nach einhelliger Auffassung mit denen des Vorstands einer AG identisch sind *Hirte*, DStR 2005, 653, 658; *Theisen/Wenz (Hrsg.)*, Die Europäische Aktiengesellschaft, D.II., S. 267; *Lutter*, BB 2002, 1, 5; *Hommelhoff*, AG 2001, 279, 283; *Hirte*, NZG 2001, 1, 6; *Schwarz*, ZIP 2001, 1847, 1854; *Bungert/Beier*, EWS 2002, 1, 3; *Jahn/Herfs-Röttgen*, DB 2001, 631, 633.

[135] Vgl. Art. 40 I S. 2 SE-VO; dazu *Hommelhoff*, AG 2001, 279, 283; *Lange*, EuZW 2003, 301, 304.

[136] Vgl. Art. 39 I S. 1 SE-VO; *Theisen/Wenz (Hrsg.)*, Die Europäische Aktiengesellschaft, D.II., S. 267.

Das Verhältnis von Geschäftsführung und Überwachung in der monistisch verfassten SE ist hingegen ganz anders ausgestaltet. Die Geschäftsführung i.S.d. Art. 43 I S. 1 SE-VO betreffend unterscheidet das SEAG zwischen den laufenden Geschäften der SE, die in den Aufgabenbereich der geschäftsführenden Direktoren fallen[137], und der Leitung der Gesellschaft, die dem Kompetenzbereich der nichtgeschäftsführenden Direktoren zuzuordnen ist[138]. Neben der Leitung und der Bestimmung der Grundlinien der SE obliegt es den nichtgeschäftsführenden Direktoren, die geschäftsführenden Direktoren zu überwachen[139].

Die Kompetenzen der geschäftsführenden und nichtgeschäftsführenden Direktoren lassen sich wie folgt voneinander abgrenzen:

Die laufenden Geschäfte sind allein von den geschäftsführenden Direktoren vorzunehmen[140]. Dabei unterliegen sie jedoch den Weisungen der nichtgeschäftsführenden Direktoren[141]. Aufgrund dieser Weisungsbefugnis können die nichtgeschäftsführenden Direktoren konkrete Maßnahmen der Geschäftsführung initiieren, modifizieren oder untersagen[142]. Sie können aber auch bestimmte *Arten* von Geschäften an ihren vorherigen Beschluss binden – davon zu unterscheiden sind die beschlussbedürftigen Geschäfte i.S.d. Art. 48 I SE-VO, die in der Satzung der SE enthalten sind und allein von der Hauptversammlung definiert werden können[143].

Eine Überwachung der Geschäftsführung findet in erster Linie durch die Beratungen i.S.d. Art. 44 I SE-VO statt[144]. Ob im Rahmen dieser Beratungen auch die strategischen Leitungsentscheidungen erörtert werden müssen, lässt sich nicht abschließend klären[145].

---

[137] § 40 II S. 1 SEAG.

[138] § 22 I SEAG.

[139] Vgl. Art. 44 I SE-VO; § 22 I a.E., III S. 2 SEAG.

[140] Vgl. die Entwurfsbegründung zu § 40 SEAG; a.A.: *Kallmeyer*, ZIP 2003, 1531, 1532; der Referentenentwurf des SEEG (SEAG und SEBG) ist – nebst Begründung – im Internet abrufbar unter www.bmwa.bund.de/Navigation/ Service/Gesetz/gesetze-von-a-z,did= 32804.html.

[141] § 44 II SEAG.

[142] *Merkt*, ZGR 2003, 650, 663; *Eder*, NZG 2004, 544, 545.

[143] *Merkt*, ZGR 2003, 650, 662; *Köstler*, ZGR 2003, 800, 805; *Neye/Teichmann*, AG 2003, 169, 179.

[144] *Gruber/Weller*, NZG 2003, 297, 300.

[145] Dafür *Gruber/Weller*, NZG 2003, 297, 300; a.A.: *Merkt*, ZGR 2003, 650, 657, wonach im Rahmen der Beratungen gem. Art. 44 I SE-VO lediglich über die strategische Planung und nicht über das operative Geschäft zu beraten sei.

Neben den Sitzungen des Verwaltungsorgans haben die nichtgeschäftsführenden Direktoren selbst für eine effektive Überwachung zu sorgen mit der Option, die in § 34 IV SEAG genannten Ausschüsse zu gründen. Eine Pflicht dazu, insbesondere zur Implementierung eines Überwachungsausschusses, besteht aber nicht[146].

E. Die unternehmerische Mitbestimmung in der SE

Die Frage, welches der beiden Modelle vorzugswürdig ist – dualistisches oder monistisches Modell – kann nicht ungeachtet der Voraussetzungen der unternehmerischen Mitbestimmung[147] beantwortet werden. Denn die jeweilige Struktur des Unternehmens bildet den Rahmen, in den sich die unternehmerische Mitbestimmung einfügen muss[148].

Gegenstand des vierten Kapitels dieser Arbeit ist die Frage, inwiefern sich die beiden Strukturmodelle i.S.d. Art. 38 lit. b SE-VO für die etwa erforderliche Implementierung der unternehmerischen Mitbestimmung eignen[149]. Dazu müssen vorab jedoch die Voraussetzungen erläutert werden, nach denen eine SE gemäß den Vorschriften der SE-RiLi i.V.m. den Vorschriften des SEBG der Mitbestimmung unterliegt.

Bei der Darstellung der von dem europäischen Normgeber entwickelten Lösung hinsichtlich des Mitbestimmungsstandards in einer SE wird in den folgenden Abschnitten zunächst auf die sog. „Verhandlungslösung" eingegangen. Gegenstand der Untersuchung ist hierbei, inwieweit es eine Möglichkeit der SE-gründenden Unternehmen gibt, den Inhalt und den Umfang der Mitbestimmung mit den Vertretern ihrer Arbeitnehmer auszuhandeln. Weiterhin wird eine Lösung des europäischen Normsetzers untersucht, die für den Fall des Scheiterns der Verhandlungen entwickelt wurde: Die sog. „Auffanglösung".

---

[146] Vgl. § 34 IV SEAG: „...kann..."; ebenso *Teichmann*, BB 2004, 53.

[147] Mit dem Begriff der „Mitbestimmung" i.S.d. Art. 2 lit. k SE-RiLi ist „die Einflussnahme des Organs zur Vertretung der Arbeitnehmer und/oder der Arbeitnehmervertreter auf die Angelegenheiten einer Gesellschaft durch – die Wahrnehmung des Rechts, einen Teil der Mitglieder des Aufsichts- oder des Verwaltungsorgans der Gesellschaft zu wählen oder zu bestellen, oder – die Wahrnehmung des Rechts, die Bestellung eines Teils der Mitglieder des Aufsichts- oder des Verwaltungsorgans der Gesellschaft zu empfehlen und/oder abzulehnen" gemeint.

[148] So die Formulierung von *Raiser*, in: FS Steindorff 1990, S. 201, 203; ebenso *Henssler*, in: FS Ulmer 2003, S. 193, 194.

[149] Kapitel Vier, Unternehmerische Mitbestimmung einer „deutschen" SE.

I. Die sog. „Verhandlungslösung"

Nach den Voraussetzungen der SE-RiLi i.V.m. §§ 4 ff SEBG liegt es zunächst in der Hand der Unternehmen und ihrer Arbeitnehmer, Inhalt und Umfang der Mitbestimmung für die zu gründende SE selbst auszuhandeln (sog. „Verhandlungslösung")[150].

Dazu müssen die künftigen Verwaltungs- bzw. Leitungsorgane der SE unmittelbar nach Offenlegung des Umstrukturierungsplanes[151] die erforderlichen Schritte für die Aufnahme der Verhandlungen mit den Arbeitnehmern einleiten, Art. 3 I SE-RiLi i.V.m. § 4 I SEBG. Die Verhandlungen über die unternehmerische Mitbestimmung führt das sog. Verhandlungsgremium, dass sich nach Maßgabe des Art. 3 II SE-RiLi i.V.m. § 5 SEBG aus Vertretern der an der Gründung beteiligten Unternehmen sowie aus Vertretern der Arbeitnehmer der Gründungsgesellschaften zusammensetzt[152]. Das Verhandlungsgremium hat sechs Monate Zeit, um eine Einigung über die unternehmerische Mitbestimmung herbeizuführen, Art. 5 I SE-RiLi i.V.m. § 20 I S. 1 SEBG[153]; es kann jedoch beschließen, die Verhandlungen auf einen Zeitraum von bis zu zwölf Monaten auszudehnen, Art. 5 II SE-RiLi i.V.m. § 20 II SEBG.

Im Hinblick auf die inhaltliche Ausgestaltung der unternehmerischen Mitbestimmung genießen die Mitglieder des Verhandlungsgremiums grundsätzlich Gestaltungsfreiheit[154]. Soll das Ergebnis der Verhandlungen jedoch darin bestehen, dass der für die beteiligten Gesellschaften bislang gültige Mitbestimmungsstandard unterschritten wird, ist zwischen den unterschiedlichen Formen der SE-Gründung zu unterscheiden[155]:

---

[150] Das Verhandlungsverfahren ist in den Art. 3 ff SE-RiLi und in §§ 11 ff SEBG geregelt; zur Verhandlungslösung ausführlich *Wissmann*, in: FS Wiedemann 2002, S. 685, 690; *Henze*, ZGR 2002, 67, 80; *Pluskat*, DStR 2001, 1483, 1486; *Blanquet*, ZGR 2002, 20, 58; *Reichert/Brandes*, ZGR 2003, 767, 772; zum Ablauf des Verhandlungsverfahrens *Köstler*, DStR 2005, 745; *Grobys*, NZA 2005, 84, 86; *Jahn/Herfs-Röttgen*, DB 2001, 631; *Herfs-Röttgen*, NZA 2001, 424; *dies.*, NZA 2002, 358; zusammenfassend *Thoma/Leuering*, NJW 2002, 1449, 1453 sowie *Hasselbach*, NZG 1999, 291.

[151] Je nach dem, in welcher Form die SE gegründet wird, ist zunächst ein Verschmelzungsplan, ein Gründungsplan oder ein Plan zur Gründung einer Tochtergesellschaft erforderlich, vgl. Art. 3 I SE-RiLi, Art. 27, 31 II, 36 V SE-VO; zu den möglichen Gründungsformen einer SE Kapitel Eins, B. Notwendigkeit und Vorteile der Europäischen Gesellschaft.

[152] Kritisch zur Zusammensetzung der Verhandlungsgremien *Lutter*, BB 2002, 1, 5 sowie *Kraushaar*, BB 2003, 1614, 1615.

[153] *Jahn/Herfs-Röttgen*, DB 2001, 631, 634.

[154] Näher zum Umfang der Gestaltungsfreiheit *Herfs-Röttgen*, NZA 2001, 424, 426.

[155] Dazu ausführlich *Grobys*, NZA 2005, 84, 90; zu den unterschiedlichen Formen der SE-Gründung Kapitel Eins, B. Notwendigkeit und Vorteile der Europäischen Gesellschaft. Die folgenden Darstellungen beschränken sich jedoch auf die Gründung der SE durch Umwandlung und auf die Gründung durch Verschmelzung mehrerer Unternehmen.

Wird eine SE durch Verschmelzung mehrerer Unternehmen gegründet, besteht die Möglichkeit, dass sich die Parteien auf ein Mitbestimmungsniveau einigen, dass unter dem Mitbestimmungsstandard der an der Gründung beteiligten Unternehmen liegt[156]. Dies ist jedoch nur unter den engen Voraussetzungen des Art. 3 IV Unterabs. 1, S. 2, Alt. 1 SE-RiLi i.V.m. § 15 III Nr. 1 SEBG möglich. Danach ist eine Zwei-Drittel-Mehrheit innerhalb des Verhandlungsgremiums erforderlich, wobei wiederum zwei Drittel dieser Stimmen von den Vertretern der Arbeitnehmer abgegeben werden müssen[157].

Wird eine SE durch Umwandlung einer nationalen Gesellschaft gegründet, kann das Verhandlungsgremium hingegen nicht, auch nicht mit der o.g. Mehrheit, das bis dato gültige Mitbestimmungsniveau unterschreiten. Dies ergibt sich aus Art. 3 IV Unterabs. 1 SE-RiLi i.V.m. § 15 V SEBG[158].

Schließlich kann das Verhandlungsgremium im Falle der Gründung durch Verschmelzung beschließen, die Verhandlungen gar nicht erst aufzunehmen (sog. „Negativbeschluss"[159]) bzw. während des Verfahrens abzubrechen, Art. 3 VI SE-RiLi i.V.m. § 16 I SEBG[160]. Diese Möglichkeit besteht für das Verhandlungsgremium einer SE, die durch Umwandlung gegründet wird, wiederum nicht, vgl. Art. 3 VI Unterabs. 3 i.V.m. § 16 III SEBG[161].

---

156 Eine Minderung der Mitbestimmung liegt gem. Art. 3 IV Unterabs. 2 SE-RiLi i.V.m. § 15 IV SEBG vor, wenn der Anteil der Mitglieder der SE-Organe i.S.d. Art. 2 lit. k SE-RiLi i.V.m. § 15 IV SEBG geringer ist als der höchste bestehende Anteil in den an der Gründung beteiligten Gesellschaften.

157 Eingehend *Krause*, BB 2005, 1221, 1226; aufgrund dieser strengen Voraussetzungen ist die Annahme gerechtfertigt, dass es mitbestimmten Unternehmen nur selten gelingen wird, eine derart qualifizierte Mehrheit der Arbeitnehmervertreter zu einem Verzicht auf ihre bisherigen Mitbestimmungsrechte zu bewegen. Nahe liegend ist vielmehr, dass sich die Unternehmen auf bestehende nationale Mitbestimmungsmodelle einigen, so *Lutter*, BB 2002, 1, 5; *Reichert/Brandes*, ZGR 2003, 767, 774; *Herfs-Röttgen*, NZA 2001, 424, 426; zum Vorentwurf der SE-RiLi *Heinze*, AG 1997, 289, 291.

158 Dadurch soll verhindert werden, dass die Unternehmen durch einen bloßen Umwandlungsakt aus der Mitbestimmung „fliehen" können, eingehend *Heinze*, ZGR 2002, 66, 69; sehr anschaulich *Reichert/Brandes*, ZGR 2003, 767, 776.

159 Zu diesem Begriff *Pluskat*, DStR 2001, 1483, 1487.

160 *Pluskat*, DStR 2001, 1483, 1487; *Jahn/Herfs-Röttgen*, DB 2001, 631, 634.

161 *Pluskat*, DStR 2001, 1483, 1487.

II. Die sog. „Auffanglösung"

Die sog. „Auffanglösung" der SE-RiLi ist gegenüber der o.g. Verhandlungslösung subsidiär und kann aus unterschiedlichen Gründen eingreifen[162].

Die Verhandlungsgremium kann von vorneherein (Art. 7 I Unterabs. 2 lit. a SE-RiLi) oder während des Verhandlungsverfahrens (Art. 7 I Unterabs. 2 lit. b SE-RiLi) die Anwendung der Auffanglösung vereinbaren; diese Möglichkeit besteht unabhängig davon, auf welche Weise die SE gegründet wird[163]. Des Weiteren greift die Auffanglösung ein, wenn im Falle der Gründung der SE durch Verschmelzung das Verhandlungsgremium wie oben erwähnt beschließt, entsprechende Verhandlungen gar nicht erst aufzunehmen (Negativbeschluss) bzw. während des Verfahrens die Verhandlungen für gescheitert zu erklären, Art. 3 VI, 7 II SE-RiLi i.V.m. §§ 16 II, 34 ff SEBG[164].

Im Übrigen findet die Auffanglösung Anwendung, wenn die Vertreter der Unternehmen und die Vertreter der Arbeitnehmer zwar bis zum Ablauf der Frist von sechs bzw. zwölf Monaten Verhandlungen führen, aber innerhalb des o.g. Zeitraumes keine Einigung herbeiführen können, Art. 7 II SE-RiLi i.V.m. §§ 34 ff SEBG[165].

Greift die Auffanglösung ein, richten sich Inhalt und Umfang der Mitbestimmung in der SE nach dem Mitbestimmungsstandard, der für die an der Gründung beteiligten Gesellschaften bislang galt. Dies bedeutet für eine SE, die durch Umwandlung einer mitbestimmten Gesellschaft gegründet wird, dass die bis dato einschlägigen Mitbestimmungsregelungen fortgelten, Art. 7 II lit. a SE-RiLi i.V.m. §§ 34 I, 35 I SEBG[166]. Wird die SE durch Verschmelzung gegründet, ergeben sich Inhalt und Umfang der unternehmerischen Mitbestimmung aus dem jeweils höchsten Mitbestimmungsstandard, der aus einem Vergleich

---

[162] Zur Auffanglösung im Einzelnen *Theisen/Wenz (Hrsg.)*, Die Europäische Aktiengesellschaft, E.II., S. 314; *Herfs-Röttgen*, NZA 2001, 424, 427 f; *Jahn/Herfs-Röttgen*, DB 2001, 631, 635; *Pluskat*, DStR 2001, 1483, 1487; *Wissmann*, in: FS Wiedemann 2002, S. 685, 694 sowie *Henze*, ZGR 2002, 67, 89 m.w.N.

[163] Vgl. Art. 7 I Unterabs. 2 lit. b SE-RiLi; diese Möglichkeit wird durch das SEBG jedoch nicht gesondert ausgestaltet, vgl. §§ 15, 16 SEBG.

[164] Diese Möglichkeit besteht, wie erwähnt, im Falle der Umwandlung in eine SE aber nicht, *Pluskat*, DStR 2001, 1483, 1487; *Jahn/Herfs-Röttgen*, DB 2001, 631, 634.

[165] *Heinze*, ZGR 2002, 66, 69; *Reichert/Brandes*, ZGR 2003, 767, 778.

[166] *Heinze*, ZGR 2002, 66, 69; eingehend *Reichert/Brandes*, ZGR 2003, 767, 776.

aller an der Gründung beteiligten Unternehmen zu ermitteln ist, Art. 7 II lit. b SE-RiLi i.V.m. §§ 34 II, 35 II SEBG[167].

III. Fazit

Aus den oben dargestellten Regelungen lässt sich der Zweck der SE-RiLi ableiten, nämlich dass es erschwert bzw. verhindert werden soll, dass der für eine Gesellschaft bislang gültige Mitbestimmungsstandard absinkt, wenn diese in eine Europäische Aktiengesellschaft eingeht[168]. Zwar obliegt es in erster Linie den Unternehmen und ihren Arbeitnehmern, die Modalitäten der Mitbestimmung selbst festzulegen. Diese Gestaltungsfreiheit ist jedoch weitestgehend beschränkt, soweit es um den Schutz von bestehenden Mitbestimmungsrechten geht. Daraus ergeben sich für eine SE, an deren Gründung eine deutsche mitbestimmte AG beteiligt ist, folgende Konsequenzen:

Wird eine mitbestimmte AG in eine SE umgewandelt, gelten per se die Vorschriften über die unternehmerische Mitbestimmung nach deutschem Recht fort. Die Vertreter der AG können mit den Vertretern ihrer Arbeitnehmer allenfalls aushandeln, die Rechte der Mitbestimmung noch zu erweitern[169]; ein Unterschreiten ist aber unmöglich, vgl. Art. 3 IV Unterabs. 1 SE-RiLi i.V.m. § 15 V SEBG.

Beabsichtigt eine deutsche AG mit einem oder mehreren Unternehmen aus den übrigen Mitgliedstaaten zu einer SE zu verschmelzen, haben die Verhandlungsparteien „theoretisch" die Möglichkeit, durch entsprechende Verhandlungen den bislang höchsten Mitbestimmungsstandard der an der Gründung beteiligten Gesellschaften zu unterschreiten, Art. 3 IV Unterabs. 1, S. 2, Alt. 1 SE-RiLi i.V.m. § 15 III Nr. 1 SEBG. Da das deutsche Mitbestimmungsrecht für

---

[167] Dazu ausführlich *Wissmann*, in: FS Wiedemann 2002, S. 685, 694; *Herfs-Röttgen*, NZA 2001, 424, 427.

[168] Art. 7 II lit. a) - c) SE-RiLi; vgl. auch Erwägungsgrund Nr. 18 zur SE-RiLi („Schutz erworbener Rechte"); zu den Zielen der SE-RiLi siehe die ausführlichen Darstellungen bei *Wissmann*, in: FS Wiedemann 2002, S. 685, 694; *Herfs-Röttgen*, NZA 2002, 358, 361; *dies.*, NZA 2001, 424, 427; *Bezzenberger*, JURA 2003, 229, 230; *Thoma/Leuering*, NJW 2002, 1449, 1453.

[169] *Lange*, EuZW 2003, 301, 304; für die Umwandlung einer paritätisch mitbestimmten AG ist aber fraglich, ob dies überhaupt noch im Rahmen der Verfassungsmäßigkeit möglich ist; zur Verfassungsmäßigkeit der „paritätischen Mitbestimmung" nach dem MitbestG 1976 Kapitel Vier, Unternehmerische Mitbestimmung einer „deutschen" SE.

europäische Verhältnisse aber vergleichsweise stark ausgeprägt ist[170], wird sich dieser Standard in den allermeisten Fällen nach deutschem Mitbestimmungsrecht richten[171]. Eine Unterschreitung dieses Standards ist aber nur bei Vorliegen der oben erläuterten Zwei-Drittel-Mehrheit möglich. Aufgrund dieser strengen Voraussetzungen ist im Einklang mit der überwiegenden Literaturmeinung davon auszugehen, dass es den an der SE-Gründung beteiligten Unternehmen kaum gelingen wird, das Verhandlungsgremium von einem Verzicht auf die deutschen Mitbestimmungsrechte zu überzeugen[172].

---

[170] Deutschland ist der einzige Mitgliedstaat der EU, dessen Unternehmen bereits ab einer Beschäftigtenzahl von 500 Arbeitnehmern (drittelparitätisch) mitbestimmt sind. Die paritätische Mitbestimmung nach dem MitbestG 1976 sucht im europäischen Vergleich ihres Gleichen; zu dem deutschen Mitbestimmungsrecht im Vergleich zu den übrigen mitgliedstaatlichen „Mitbestimmungsgepflogenheiten" statt vieler *Wiesner*, AG 1996, 390.

[171] In diesem Sinne etwa *Oechsler*, NZG 2005, 697, 698; grundlegend *Lutter*, BB 2002, 1, 6; *Hirte*, NZG 2001, 1, 7; *Blaurock*, ZEuP 1998, 460, 478.

[172] *Lutter*, BB 2002, 1, 5; *Reichert/Brandes*, ZGR 2003, 767, 774; *Herfs-Röttgen*, NZA 2001, 424, 426; kritisch zum Vorentwurf der SE-RiLi *Heinze*, AG 1997, 289, 291.

Kapitel Drei

Die SE-Modelle im Vergleich

Geschäftsführung und Überwachung in der deutschen Aktiengesellschaft (AG), der britischen Public Company Limited by Shares (PLC) und der US-amerikanischen Corporation (Corp.)

A. Einleitung

Die normativen Bedingungen, die der Verordnungsgeber und der deutsche Ausführungsgesetzgeber für die Geschäftsführung und ihre Überwachung in den jeweiligen SE-Systemen geschaffen haben, wurden in dem vorangegangenen Kapitel ausführlich dargestellt.

Jedoch wurden mit den beiden SE-Modellen freilich noch keine praktischen Erfahrungen gemacht[1]. Wie bereits in dem einleitenden Kapitel angedeutet[2], kann also eine abstrakte Gegenüberstellung der Normen der SE-VO und des SEAG dem Ziel dieser Arbeit, Unternehmen und ihren Rechtsberatern eine echte Entscheidungshilfe bei der Ausübung des Wahlrechts i.S.d. Art. 38 lit. b SE-VO zu bieten, nicht gerecht werden. Aus diesem Grunde sollen in dem vorliegenden Kapitel die Gesellschaftssysteme untersucht werden, die dem Verordnungsgeber bei der Ausgestaltung der beiden SE-Modelle als Vorbild dienten, nämlich die deutsche Aktiengesellschaft für das dualistische SE-Modell[3] und die angelsächsischen Gesellschaften für das monistische SE-Modell[4].

Bei der Analyse der Kompetenzen von Geschäftsführung und Überwachung einer deutschen AG wird insbesondere die Neufassung des § 111 IV S. 2

---

[1] Schließlich ist die SE-VO erst am 8.10.2004 in Kraft getreten (Art. 70 SE-VO); die Umsetzungsfrist für die SE-RiLi ist ebenfalls erst am 8.10.2004 abgelaufen (Art. 14 I SE-RiLi). Das SEEG, welches sich aus dem SE-Ausführungsgesetz (SEAG) und dem SE-Beteiligungsgesetz (SEBG) zusammensetzt, ist am 22.12.2004 in Kraft getreten und kann im Internet unter www.bmj.bund.de/media/archive/837.pdf abgerufen werden.

[2] Vgl. Kapitel Eins, E. Gang der Untersuchung.

[3] Zu der „Vorbildfunktion" der deutschen AG eingehend *Ficker*, in: FS Bärmann 1975, S. 299, 300 ff; *Raiser*, in: FS Steindorff 1990, S. 201, 204; *Hommelhoff*, AG 2001, 279, 283; *Fleischer*, AcP 204 (2004), 502, 525.

[4] Zu der „Vorbildfunktion" der beiden angelsächsischen Gesellschaftsmodelle *Theisen/Wenz*, Die Europäische Aktiengesellschaft, D.II., S. 275; *Horn*, DB 2005, 147, 150; *Raiser*, in: FS Steindorff 1990, S. 201, 207; *Thoma/Leuering*, NJW 2002, 1449, 1451; *Schulz/Geismar*, DStR 2001, 1078, 1082; *Lange*, EuZW 2003, 301, 306.

AktG ausführlich behandelt[5]. Ohne die Ergebnisse der folgenden Untersuchungen vorwegzunehmen, kann bereits an dieser Stelle angemerkt werden, dass die Novellierung des § 111 IV S. 2 AktG ganz erhebliche Auswirkungen auf die Abgrenzung der Kompetenzen von Vorstand und Aufsichtsrat hat[6].

Die Untersuchung des angelsächsischen Gesellschaftsrechts befasst sich mit einer Analyse der Kompetenzen der „geschäftsführenden" und der „nichtgeschäftsführenden" Direktoren[7]. Insbesondere werden die Funktionen, die Kompetenzen sowie die personelle Besetzung der sog. „Audit Committees" näher beleuchtet, die für die Überwachung der Geschäftsführung in den angelsächsischen Gesellschaften eine herausragende Bedeutung haben[8]. Die Audit Committees haben zudem für US-amerikanische Gesellschaften durch die Verabschiedung des „Sarbanes-Oxley-Act"[9] in ganz erheblichem Maße an Bedeutung gewonnen[10].

Vor dem Hintergrund dieser Aspekte werden das deutsche und die angelsächsischen Gesellschaftssysteme sodann mit den jeweils entsprechenden SE-Modellen verglichen.

Auf Grundlage dieses Vergleichs soll schließlich untersucht werden, ob sich die Stärken und Schwächen der Modelle, die von der deutschen und der angelsächsischen Literatur in Bezug auf die o.g. Themen herausgearbeitet wurden, auf die beiden SE-Modelle übertragen und als Argumente für oder gegen eines der beiden SE-Modelle verwerten lassen. Zur Beantwortung der Frage, ob eines der beiden SE-Modelle vorzugswürdig ist, werden auch die Argumente der Literatur, die sich rechtsvergleichend mit dem deutschen und dem angelsächsischen Recht befasst, berücksichtigt[11].

---

[5] Dazu B.III. Abgrenzung der Kompetenzen von Vorstand und Aufsichtsrat . § 111 IV S. 2 n.F. AktG regelt den Vorbehalt der Zustimmung des Aufsichtsrats zu bestimmten Maßnahmen des Vorstands und wurde durch Art. 1 Nr. 9 des Gesetzes zur weiteren Reform des Aktien- und Bilanzrechts, zu Transparenz und Publizität (TransPuG) vom 19.07.2002 (BGBl I 2002, S. 2681) neugefasst.

[6] Dazu B.III.2.b) Folgen der Neufassung des § 111 IV S. 2 AktG.

[7] In der britischen Aktiengesellschaft sind die sog. Executive Directors von den sog. Non-Executive Directors zu unterscheiden, dazu C.II. Das Board of Directors als „doppelfunktionales" Organ der Company; in der US-amerikanischen Aktiengesellschaft unterscheidet man die sog. Executive Officers von den sog. Independent Directors, dazu D.III. Das Board of Directors als „doppelfunktionales" Organ der Corporation.

[8] Zum britischen Recht Punkt C.III. „Audit Committees" of the Board; zum US-amerikanischen Recht Punkt D.IV. „Audit Committees" of the Board.

[9] Das „Sarbanes-Oxley-Act" vom 30.06.2002 ist im Internet abrufbar unter http://news.findlaw.com/docs/dos/gwbush/srabanesoxley072302.pdf.

[10] D.II. Verabschiedung des „Sarbanes-Oxley-Act".

[11] Dazu Abschnitt E. Konsequenzen für die Ausübung des Wahlrechts i.S.d. Art. 38 lit. b SE-VO.

B. Die Geschäftsführung und ihre Überwachung in der deutschen Aktiengesellschaft

Kennzeichnend für die dualistisch verfasste deutsche Aktiengesellschaft ist die klare gesetzliche Vorgabe der Kompetenzen von Geschäftsführung und Überwachung: Der Vorstand leitet die AG (§ 76 I AktG)[12], während der Aufsichtsrat für die Überwachung des Vorstands zuständig ist (§ 111 I S. 1 AktG)[13].

Die Abgrenzung dieser Kompetenzen richtet sich ebenfalls nach gesetzlichen Vorgaben[14]. Besonders hervorzuheben ist dabei § 111 IV S. 2 AktG, der im Jahre 2002 neugefasst wurde[15]. Gem. § 111 IV S. 2 a.F. AktG hatten die Hauptversammlung[16] und der Aufsichtsrat die Möglichkeit, bestimmte Arten von Geschäften an die Zustimmung des Aufsichtsrats zu binden[17]. Diese Möglichkeit wurde gem. Art. 1 Nr. 9 TransPuG in eine Pflicht umgewandelt, vgl. § 111 IV S. 2 n.F. AktG[18]. Aus dieser Änderung ergeben sich ganz erhebliche Konsequenzen für das Verhältnis von Vorstand und Aufsichtsrat, was in den folgenden Abschnitten ausführlich erläutert wird[19].

Im Anschluss an die Darstellung und Abgrenzung der Kompetenzen von Geschäftsführung und Überwachung werden die Gemeinsamkeiten und Unterschiede der deutschen AG mit der dualistisch verfassten SE herausgearbeitet[20].

---

[12] Zu den Kompetenzen des Vorstands sowie zu den Begriffen „Leitung" und „Geschäftsführung" Punkt B.I. Der Vorstand als Geschäftsführungsorgan der Aktiengesellschaft.

[13] Die Überwachungsaufgabe und die einzelnen Informationsrechte des Aufsichtsrats werden in Abschnitt B.II. Der Aufsichtsrat als Überwachungsorgan der Aktiengesellschaft, näher untersucht.

[14] Näher dazu Punkt B.III. Abgrenzung der Kompetenzen von Vorstand und Aufsichtsrat

[15] Die Neufassung des § 111 IV S. 2 AktG trat mit der Verabschiedung des „Gesetzes zur weiteren Reform des Aktien- und Bilanzrechts, zu Transparenz und Publizität" (kurz: TransPuG) in Kraft, abgedruckt in BGBl. I 2002, S. 2681; zu der Regierungsbegründung vgl. *Bundesministerium der Justiz (BMJ)*, Regierungsentwurf eines Gesetzes zur weiteren Reform des Aktien- und Bilanzrechts, zu Transparenz und Publizität, NZG 2002, 213.

[16] Gem. § 111 IV S. 2 AktG werden in der Satzung bestimmte Arten von Geschäften an die Zustimmung des Aufsichtsrats gebunden. Für die Änderung der Satzung ist die Hauptversammlung der AG zuständig, § 119 I Nr. 5 AktG.

[17] Zu diesem Ermessen B.III.2.b) bb) (1) Rechtslage vor der Neufassung des § 111 IV S. 2 AktG – Ermessensreduzierung auf Null.

[18] Dazu ausführlich B.III.2.a) Gründe für die Neufassung des § 111 IV S. 2 AktG.

[19] Dazu B.III.2.b) Folgen der Neufassung des § 111 IV S. 2 AktG.

[20] Dazu Abschnitt B.IV. Zusammenfassung und Vergleich mit der dualistisch verfassten SE.

I. Der Vorstand als Geschäftsführungsorgan der Aktiengesellschaft

Gemäß § 76 I AktG leitet der Vorstand die Gesellschaft unter eigener Verantwortung.

Damit bringt das Gesetz zunächst zum Ausdruck, dass der Vorstand die Geschäfte der Gesellschaft führt[21]. Der Begriff der Geschäftsführung umfasst jede Handlung des Vorstands, die er im Rahmen des Unternehmensgegenstandes für die Gesellschaft vornimmt – gleichgültig ob tatsächlicher oder rechtlicher Natur[22]. Bei der „Leitung" des Unternehmens handelt es sich nach der vorherrschenden Auffassung im Schrifttum um einen herausgehobenen Teilbereich der Geschäftsführung[23]. Davon sind wiederum die Entscheidungen erfasst, die sich auf die Festlegung der Geschäftspolitik, auf die grundlegenden Fragen der Unternehmensplanung[24] sowie auf die geschäftlichen Maßnahmen von außergewöhnlicher betrieblicher Bedeutsamkeit beziehen[25]. Knapp ausgedrückt: Der Vorstand ist für das operative Geschäft und die strategische Planung des Unternehmens zuständig[26]. Aus § 76 I AktG ergibt sich aber auch, dass der Vorstand seine Entscheidungen in *eigener* Verant-

---

[21] *Grunewald*, Gesellschaftsrecht, 2.C., Rn. 43.

[22] Vgl. *K.Schmidt*, Gesellschaftsrecht, § 28 II 1. b); welche Maßnahmen im Rahmen der Geschäftsführung vorzunehmen sind, kann freilich nicht abstrakt für jede Gesellschaft bestimmt werden. Maßgeblich sind vielmehr individuelle Merkmale wie die Branchenzugehörigkeit und die Größe des Unternehmens, so *Grunewald*, Gesellschaftsrecht, 2.C., Rn. 43. Zu weiteren variablen Merkmalen eines Unternehmens *Hofmann*, Corporate Governance, S. 145.

[23] *Wiesner*, in: Münchener Handbuch des Gesellschaftsrechts, Bd. 4 Aktiengesellschaft, § 19, Rn. 12; *Fleischer*, ZIP 2003, 1, 3; *Henze*, BB 2000, 209; KölnKommAktG-*Mertens*, § 76, Rn. 4; *Hüffer*, AktG, 6. Aufl. 2004, § 76, Rn. 7; a.A.: *Semler (Hrsg.)*, Leitung und Überwachung der Aktiengesellschaft, Rn. 3 sowie Geßler/*Hefermehl*/Eckardt/Kropff, AktG, § 76, Rn. 10, wonach „Geschäftsführung" und „Leitung" identisch seien.

[24] Vgl. § 90 I S. 1 Nr. 1 AktG, der durch das „Gesetz zur Kontrolle und Transparenz im Unternehmensbereich" (kurz: KonTraG), BGBl. I 1998 S. 786, neugefasst wurde und keinen Zweifel daran lässt, dass dem Vorstand die alleinige Kompetenz der Unternehmensplanung obliegt, *Lutter/Krieger*, Rechte und Pflichten des Aufsichtsrats, 4. Aufl. 2002, § 6, Rn. 199. Zu der Unternehmensplanungspflicht des Vorstands vor dem KonTraG siehe *Kropff*, NZG 1998, 613; *Götz*, AG 1995, 337, 338; *Kallmeyer*, ZGR 1993, 104, 107 sowie *Claussen*, DB 1998, 177, 181.

[25] *Fleischer*, ZIP 2003, 1, 4; *ders.*, NZG 2003, 449, 450; *Dose*, Die Rechtstellung der Vorstandsmitglieder einer Aktiengesellschaft, S. 40; *Raiser*, Recht der Kapitalgesellschaften, § 14, Rn. 1; aus betriebswirtschaftlicher Sicht grundlegend *Gutenberg*, Unternehmensführung. Organisation und Entscheidungen, S. 61. Der Vorstand ist jedoch dann auf die Zustimmung des Aufsichtsrats angewiesen, wenn er ein Geschäft von „grundlegender Bedeutung" vornehmen will, § 111 IV S. 2 AktG; dazu Punkt B.III.2. „Relativierung" dieses Grundsatzes gem. § 111 IV S. 2 AktG.

[26] *Neye/Teichmann*, AG 2003, 169, 178; gleiches ergibt sich aus der Geschäftsführungskompetenz des Leitungsorgans (Art. 39 I S. 1 SE-VO) einer dualistisch verfassten SE, dazu Kapitel Zwei, D.I.1. Das Leitungsorgan als Geschäftsführungsorgan der dualistisch verfassten SE.

wortung trifft, dabei also weder Weisungen der Hauptversammlung noch des Aufsichtsrats unterliegt[27].

Schließlich folgt aus der Eigen*verantwortlichkeit* i.S.d. § 76 I AktG, dass der Vorstand allein für die Rechtmäßigkeit seines Handelns einstehen muss; die Haftung der Vorstandsmitglieder ist in § 93 II S. 1 AktG geregelt[28].

II. Der Aufsichtsrat als Überwachungsorgan der Aktiengesellschaft

Der Aufsichtsrat ist das gegenüber dem Vorstand „institutionell" verselbständigte Aufsichtsorgan der AG[29]. Neben der Bestellung und Abberufung des Vorstands[30] besteht die wichtigste Aufgabe des Aufsichtsrats darin, den Vorstand zu überwachen, § 111 I AktG.

Die Grundlage für die Überwachung der Geschäftsführung bilden die Berichte, die der Vorstand dem Aufsichtsrat nach Maßgabe des § 90 AktG erstatten muss[31]. § 90 I AktG enthält detaillierte Regelungen über die Geschäfte, Maßnahmen und Entwicklungen, über die der Vorstand den Aufsichtsrat nach den in § 90 II AktG festgelegten Zeitabständen informiert.

---

[27] *K.Schmidt*, Gesellschaftsrecht, § 28 II 1. a); *Wiesner*, in: Münchener Handbuch des Gesellschaftsrechts, Bd. 4 Aktiengesellschaft, § 19, Rn. 12; *Grunewald*, Gesellschaftsrecht, 2.C., Rn. 43; *Fleischer*, ZIP 2003, 1; auch das Leitungsorgan der dualistisch verfassten SE führt die Geschäfte der SE in eigener Verantwortung, mithin weisungsfrei, vgl. Art. 39 I S. 1 SE-VO.

[28] Zu der Haftung des Vorstands eingehend *Hopt*, in: GroßKommAktG, § 93; *Thümmel*, Persönliche Haftung von Managern und Aufsichtsräten, 3. Aufl., Stuttgart 2003. Zur Haftung einzelner Vorstandsmitglieder für Kollegialentscheidungen eingehend *Fleischer*, BB 2004, 2645. Die Mitglieder des Leitungsorgans einer dualistisch verfassten SE haften ebenfalls nach § 93 II S. 1 AktG, Art. 51, 9 I lit. c, ii SE-VO; eine eindeutige Bestimmung der Haftung des Vorstands für fehlerhafte Geschäftsführungsmaßnahmen könnte durch die Neufassung des § 111 IV S. 2 AktG aber erschwert werden, dazu B.III.2.b) Folgen der Neufassung des § 111 IV S. 2 AktG.

[29] Darin besteht der zunächst formale Unterschied zu einer monistisch verfassten Gesellschaft. Dort werden die Aufgaben von Geschäftsführung und Überwachung in einem Organ vereint. Zu der monistisch verfassten SE Kapitel Zwei, D.II. Die Geschäftsführung und ihre Überwachung in der monistisch verfassten SE; zu den monistisch verfassten angelsächsischen Gesellschaften Abschnitte C. Die Geschäftsführung und ihre Überwachung in der britischen Public Company Limited by Shares, sowie D. Die Geschäftsführung und ihre Überwachung in der US-amerikanischen Corporation.

[30] Vgl. § 84 I, III AktG.

[31] Eingehend *Lutter/Krieger*, Rechte und Pflichten des Aufsichtsrats, 4. Aufl. 2002, § 6, Rn. 191; *Wiesner*, in: Münchener Handbuch des Gesellschaftsrechts, Bd. 4 Aktiengesellschaft, § 25, Rn. 10; ausführlich *Semler*, ZGR 1983, 1; zu den Informationsrechten des Aufsichtsorgans einer dualistisch verfassten SE siehe Kapitel Zwei, D.I.2. Das Aufsichtsorgan als Überwachungsorgan der dualistisch verfassten SE; neben den Berichten des Vorstands bilden die jährlichen Berichte des Abschlussprüfers (§§ 170 III, 171 I S. 2 AktG) eine weitere wichtige Informationsquelle, dazu ausführlich *Lutter*, Information und Vertraulichkeit im Aufsichtsrat, S. 119; *Semler (Hrsg.)*, Leitung und Überwachung der Aktiengesellschaft, Rn. 141.

Die vierteljährliche[32] Berichterstattung gem. § 90 I S. 1 Nr. 3 AktG zielt auf eine regelmäßige, ordnungsgemäße und zeitnahe Unterrichtung des Aufsichtsrats ab (*Follow-up-Berichterstattung*)[33]. Nach Maßgabe des § 90 I S. 1 Nr. 3 AktG beinhalten diese Quartalsberichte Angaben über den Gang der Geschäfte sowie über die Lage der Gesellschaft, die der Vorstand anhand von Vergleichen der aktuellen Umsatzzahlen mit denen vergangener Umsatzperioden zu erläutern hat[34].

Die Überwachung durch den Aufsichtsrat beschränkt sich jedoch nicht nur auf eine Prüfung der gegenwärtigen Situation der Gesellschaft oder auf eine vergangenheitsorientierte Ergebniskontrolle, sondern umfasst insbesondere auch die von dem Vorstand beabsichtigte Unternehmens*planung*[35]. Dies stellt § 90 I S. 1 Nr. 1 AktG klar[36]. Danach hat der Vorstand mindestens einmal jährlich[37] über die künftigen Ziele der Unternehmenspolitik zu berichten und muss auf etwaige Abweichungen von früher berichteten Zielen eingehen[38].

Auf Grundlage der Quartalsberichte und der Berichte über die Unternehmensplanung hat der Vorstand das Aufsichtsorgan zudem jährlich[39] über die Ertragskraft der Gesellschaft zu unterrichten (Rentabilitätsbericht, § 90 I S. 1 Nr. 2 AktG)[40].

---

[32] § 90 II Nr. 1 AktG; zu den Quartalsberichten des Leitungsorgans der SE vgl. Art. 41 I SE-VO.

[33] Zu dem Begriff „Follow-up-Berichterstattung" *Götz*, NZG 2002, 599, 600. Dazu kritisch *Osterloh*, AuR 1986, 332, 336 sowie *Lutter/Krieger*, Rechte und Pflichten des Aufsichtsrats, 4. Aufl. 2002, § 6, Rn. 193, wonach die vierteljährliche Berichterstattung noch nichts über die Rechtzeitigkeit der Informationen aussagt, denn häufig kommt es bei Vorhaben des Vorstands darauf an, wann die Informationen abgegeben werden. Danach richtet sich, ob der Aufsichtsrat Stellung nehmen oder aber die Maßnahme nur noch „absegnen" kann.

[34] *Wiesner*, in: Münchener Handbuch des Gesellschaftsrechts, Bd. 4 Aktiengesellschaft, § 25, Rn. 17; eingehend *Semler*, ZGR 1983, 1, 30.

[35] Der BGH hat bereits im Jahre 1991 zwischen „Ex-Post-Kontrolle" und „Ex-Ante-Überwachung" differenziert, BGH AG 1991, S. 312; zur Differenzierung dieser Begriffe näher *Hofmann*, Corporate Governance, S. 104.

[36] § 90 I S. 1 Nr. 1 AktG wurde durch das KonTraG mit einem Klammerzusatz versehen, der klarstellt, dass dem Vorstand allein die Unternehmensplanung obliegt (*Lutter/Krieger*, Rechte und Pflichten des Aufsichtsrats, 4. Aufl. 2002, § 6, Rn. 199) und der Aufsichtsrat nunmehr die Geschäftsführung auch „ex-ante" überwacht, *Hommelhoff/Mattheus*, AG 1998, 249, 253; *Berrar*, DB 2001, 2181 f.

[37] Vgl. § 90 II Nr. 1 AktG.

[38] Vgl. dazu den Zusatz in § 90 I S. 1 Nr. 1 a.E. AktG, den der Gesetzgeber im Zuge des TransPuG eingefügt hat. Dazu kritisch *Götz*, NZG 2002, 599, 600, nach dessen Auffassung dieser Zusatz in § 90 I S. 1 Nr. 3 AktG gehöre; eine mit dem Wortlaut des § 90 I S. 1 Nr. 1 AktG vergleichbare Regelung beinhaltet die SE-VO nicht, vgl. Art. 41 SE-VO.

[39] Vgl. § 90 II Nr. 2 AktG.

[40] Im Detail *Lutter/Krieger*, Rechte und Pflichten des Aufsichtsrats, 4. Aufl. 2002, § 6, Rn. 204.

Von den regelmäßigen Berichten i.S.d. § 90 I S. 1 Nr. 1 - Nr. 3 AktG sind die Sonderberichte i.S.d. § 90 I S. 1 Nr. 4 AktG zu unterscheiden[41]. Danach informiert der Vorstand den Aufsichtsrat stets rechtzeitig[42] über solche Geschäfte, die für die Ertragslage der Gesellschaft von Bedeutung sein können. Die besondere Bedeutung dieser Geschäfte richtet sich nach ihren möglichen Auswirkungen auf die Gesamttätigkeit und die bisherige Geschäftspolitik der Gesellschaft[43].

Mit den Berichtspflichten des Vorstands korrespondiert schließlich das Informationsbezugsrecht des Aufsichtsrats gem. § 90 III S. 1 AktG[44]. Dadurch hat der Aufsichtsrat, aber auch jedes einzelne seiner Mitglieder[45], die Möglichkeit, selbst die Initiative zu ergreifen und eine Berichterstattung vom Vorstand zu verlangen[46].

Neben diesen ausführlich und detailliert geregelten Informationsrechten besteht ein weiteres wichtiges Instrument der Überwachung in der *Pflicht*[47] des Aufsichtsrats, bestimmte Maßnahmen der Geschäftsführung von seiner Zustimmung abhängig zu machen (§ 111 IV S. 2 n.F. AktG)[48].

---

[41] Ausführlich *Lutter/Krieger*, Rechte und Pflichten des Aufsichtsrats, 4. Aufl. 2002, § 6, Rn. 208; *Wiesner*, in: Münchener Handbuch des Gesellschaftsrechts, Bd. 4 Aktiengesellschaft, § 25, Rn. 18; einen solchen Sonderbericht sieht auch die SE-VO vor, vgl. Art. 41 II SE-VO.

[42] Vgl. § 90 II Nr. 4 AktG.

[43] *Lutter/Krieger*, Rechte und Pflichten des Aufsichtsrats, 4. Aufl. 2002, § 6, Rn. 208; zu derartigen Geschäften gehören etwa der Erwerb eines Unternehmens, ein langfristiger Liefervertrag oder aber Investitionen im Ausland, *Wiesner*, in: Münchener Handbuch des Gesellschaftsrechts, Bd. 4 Aktiengesellschaft, § 25, Rn. 18.

[44] Eingehend Geßler/*Hefermehl*/Eckardt/Kropff, AktG, § 90, Rn. 17; dieses Informationsbezugsrecht hat auch das Aufsichtsorgan der SE, vgl. Art. 41 III S. 1 SE-VO.

[45] Vgl. § 90 III S. 2 AktG; dieses Recht haben auch die Mitglieder des Aufsichtsorgans der SE, Art. 41 III S. 2 SE-VO i.V.m. § 18 SEAG.

[46] Nach Auffassung von Geßler/*Hefermehl*/Eckardt/Kropff, AktG, § 90, Rn. 17 sei dieses Recht auch dringend erforderlich, um die unzureichende Berichtspflicht des Vorstands gem. § 90 I AktG auszugleichen; a.A.: *Lutter/Krieger*, Rechte und Pflichten des Aufsichtsrats, 4. Aufl. 2002, § 6, Rn. 212, wonach die Berichte i.S.d. § 90 I AktG bei „richtiger Handhabung" durch den Vorstand als ausreichend zu erachten seien. § 90 III AktG sei vielmehr deshalb erforderlich, weil zwischen Vorstand und Aufsichtsrat unterschiedliche Auffassungen über die Gewichtung der auszuwählenden Informationen bestehen könnten.

[47] Dazu B.III.2. „Relativierung" dieses Grundsatzes gem. § 111 IV S. 2 AktG.

[48] Die Zustimmungsvorbehalte des Aufsichtsorgans einer SE sind in Art. 48 I SE-VO geregelt.

Die Haftung der Mitglieder des Aufsichtsrats für die ordnungsgemäße Erfüllung ihrer Überwachungsaufgabe richtet sich nach §§ 116 I, 93 II S. 1 AktG[49].

III. Abgrenzung der Kompetenzen von Vorstand und Aufsichtsrat

Für eine dualistisch verfasste deutsche AG gilt nach dem oben Gesagten also eine klare gesetzliche Vorgabe der Kompetenzen von Geschäftsführung und Überwachung. Der Vorstand führt die Geschäfte der AG in eigener Verantwortung. Der Aufsichtsrat hat die Pflicht, den Vorstand zu überwachen. Dazu stehen ihm die in § 90 AktG ausführlich geregelten Informationsrechte zur Verfügung.

Es ist jedoch nicht nur der Inhalt, sondern auch die Abgrenzung dieser Kompetenzen gesetzlich vorgegeben. Die Abgrenzung der Kompetenzen von Geschäftsführung und Überwachung richtet sich zum einen nach § 111 IV S. 1 AktG sowie § 105 I AktG und zum anderen nach § 111 IV S. 2 AktG.

1. Grundsatz des Verbots der Geschäftsführung durch den Aufsichtsrat gem. § 111 IV S. 1 AktG

Für die Abgrenzung der Geschäftsführungskompetenz einerseits und der Überwachungskompetenz andererseits ist zunächst § 111 IV S. 1 AktG ausschlaggebend. Danach ist es dem Aufsichtsrat verwehrt, Maßnahmen der Geschäftsführung selbst zu ergreifen[50].

Dieses Verbot der Geschäftsführung durch den Aufsichtsrat wird durch den „Grundsatz der Ämtertrennung“[51] gem. § 105 I AktG unterstrichen[52]. Danach

---

[49] Zur Haftung des Aufsichtsrats statt vieler *Lutter/Krieger*, Rechte und Pflichten des Aufsichtsrats, 4. Aufl. 2002, § 11, Rn. 821 ff; ausführlich *Thümmel*, Persönliche Haftung von Managern und Aufsichtsräten, 3. Aufl., Stuttgart 2003. Möglicherweise erhöht sich durch die Neufassung des § 111 IV S. 2 AktG das Risiko der Haftung des Aufsichtsrats, vgl. die Untersuchungen im Abschnitt B.III.2.b) Folgen der Neufassung des § 111 IV S. 2 AktG. Die Haftung der Mitglieder des Aufsichtsorgans einer SE richtet sich ebenfalls nach §§ 116 I, 93 II S. 1 AktG, vgl. Art. 51 i.V.m. Art. 9 I lit. c, ii SE-VO.

[50] *Hopt*, in: GroßKommAktG, § 111, Anm. 13; *K.Schmidt*, Gesellschaftsrecht, § 28 V 1. a), der von einem „Modell der Gewaltenteilung bei gleichzeitiger Gewaltenverzahnung“ spricht. Eine entsprechende Regelung enthält Art. 40 I S. 2 SE-VO für das dualistische SE-Modell.

[51] MünchKommAktG-*Kalss*, § 105, Rn. 2.

[52] *Lutter/Krieger*, Rechte und Pflichten des Aufsichtsrats, 4. Aufl. 2002, § 1, Rn. 18; MünchKommAktG-*Kalss*, § 105, Rn. 2.

können Mitglieder des Aufsichtsrats nicht zugleich Mitglieder des Vorstands sein[53].

Aus der Eigenverantwortlichkeit der Geschäftsführung i.S.d. § 76 I AktG und den Bestimmungen in § 111 IV S. 1 und § 105 I AktG ergibt sich also, dass der Vorstand seine Aufgabe, die Geschäfte der AG zu führen, exklusiv und unter Ausschluss des Aufsichtsrats wahrnimmt[54].

2. „Relativierung" dieses Grundsatzes gem. § 111 IV S. 2 AktG

Diese grundsätzlich klare Abgrenzung der Kompetenzen wird jedoch durch die Bestimmung des § 111 IV S. 2 AktG „relativiert"[55]. Gem. § 111 IV S. 2 AktG kann der Vorstand bestimmte Arten von Geschäften nur mit der Zustimmung des Aufsichtsrats vornehmen[56]. Dadurch übt der Aufsichtsrat in praktischer Hinsicht einen erheblichen Einfluss auf die Geschäftsführung aus[57].

Dennoch lassen sich die Geschäftsführung einerseits und ihre Überwachung andererseits voneinander abgrenzen: Die Verweigerung der Zustimmung des Aufsichtsrats verhindert nur das Zustandekommen einer Maßnahme. Das Recht, Maßnahmen zu initiieren, mithin bestimmte Geschäfte „in Gang zu setzen", hat der Aufsichtsrat dadurch aber nicht[58]. Folglich handelt es sich bei dem Vorbehalt der Zustimmung nicht um eine Durchbrechung des Verbots der Geschäftsführung durch den Aufsichtsrat, sondern lediglich um ein Instrument der Überwachung – diese Argumentation gilt jedenfalls für den Vorbehalt der Zustimmung gem. § 111 IV S. 2 *a*.F. AktG[59].

---

[53] Dazu *Grunewald*, Gesellschaftsrecht, 2.C., Rn. 69; eine solche Inkompatibilitätsregelung sieht auch die SE-VO für das dualistische SE-Modell vor, Art. 39 III S.1 SE-VO.

[54] Zu diesem „Regel-Ausnahme-Verhältnis" *Fleischer*, ZIP 2003, 1; ebenso *Dauner-Lieb*, in: FS Röhricht 2005, S. 83, 87.

[55] Der Begriff der „Relativierung" wird von *Hüffer*, AktG, 5. Aufl. 2002, § 111, Rn. 16 verwendet.

[56] Ein solcher Zustimmungsvorbehalt besteht auch für bestimmte Geschäfte des Leitungsorgans der SE, vgl. Art. 48 I SE-VO.

[57] *Lutter/Krieger*, Rechte und Pflichten des Aufsichtsrats, 3. Aufl. 1993, § 2, Rn. 36; *Hüffer*, AktG, 5. Aufl. 2002, § 111, Rn. 16.

[58] MünchKommAktG-*Semler*, § 111, Rn. 394; *Hüffer*, AktG, 5. Aufl. 2002, § 111, Rn. 16; *Hoffmann-Becking*, in: Münchener Handbuch des Gesellschaftsrechts, Bd. 4 Aktiengesellschaft, § 29, Rn. 37 m.w.N.

[59] Zur alten Rechtslage *Boujong*, AG 1995, 203; *Dreher*, ZHR 158 (1994), 614; *Geßler*/Hefermehl/Eckardt/Kropff, § 111, Rn. 65; *Götz*, ZGR 1990, 633; Hüffer, Aktiengesetz, 5. Aufl. 2002, § 111, Rn. 17; *Lutter/Krieger*, Rechte und Pflichten des Aufsichtsrats, 3. Aufl. 1993, § 2, Rn. 36; *Semler*, AG 1983, 141.

Fraglich ist jedoch, ob eine ebenso klare Abgrenzung der Kompetenzen von Geschäftsführung und Überwachung auch nach der Neufassung des § 111 IV S. 2 AktG möglich ist[60]. Diese Frage soll in den folgenden Abschnitten eingehend untersucht und beantwortet werden.

a) Gründe für die Neufassung des § 111 IV S. 2 AktG

Bevor jedoch auf die Konsequenzen der Neufassung des § 111 IV S. 2 AktG eingegangen werden kann, ist eine Erläuterung der Ziele unabdingbar, die der Gesetzgeber mit der Novellierung des § 111 IV S. 2 AktG verfolgt hat.

Im Jahre 2001 berief die Bundesregierung die Kommission „Corporate Governance – Unternehmenskontrolle – Modernisierung des Aktienrechts" (kurz: Regierungskommission) ein[61]. Diese Kommission erhielt den Auftrag, die Grundlagen für das „Gesetz zur weiteren Reform des Aktien- und Bilanzrechts, zu Transparenz und Publizität" (kurz: TransPuG) zu erarbeiten[62], welches schließlich im Juli des Jahres 2002 in Kraft getreten ist[63]. Gegenstand des TransPuG war unter anderem die Änderung des § 111 IV S. 2 AktG[64]. Das darin enthaltene Ermessen der Hauptversammlung[65] bzw. des Aufsichtsrats, bestimmte Maßnahmen der Geschäftsführung von der Zustimmung des Aufsichtsrats abhängig zu machen, wurde in eine Pflicht umgewandelt. Nunmehr *hat* die Satzung oder der Aufsichtsrat selbst zu bestimmen, dass der Vorstand bestimmte Arten[66] von Geschäften nur mit der Zustimmung des Aufsichtsrats vornehmen kann.

---

[60] Zu der Neufassung des § 111 IV S. 2 AktG *Lutter/Krieger*, Rechte und Pflichten des Aufsichtsrats, 4. Aufl. 2002, § 3, Rn. 103, sowie die umfassenden Beiträge von *Berrar*, DB 2001, 2181; *DAV-Handelsrechtsausschuss*, NZG 2002, 115; *Götz*, NZG 2002, 599; *Lange*, DStR 2003, 376; *Seibert*, NZG 2002, 608, 610; *Dietrich*, DStR 2003, 1577.

[61] Die einzelnen Ergebnisse der Corporate-Governance-Kommission sind im Internet abrufbar unter www.corporate-governance-kodex.de sowie in *Baums (Hrsg.)*, Bericht der Regierungskommission Corporate Governance, Köln 2001 enthalten; zu den Ergebnissen der Kommission eingehend *Seibert*, BB 2002, 581.

[62] Vgl. *Baums (Hrsg.)*, Bericht der Regierungskommission Corporate Governance, S. 1.

[63] Das TransPuG ist abgedruckt in BGBl. I 2002 S. 2681; zu der Regierungsbegründung vgl. *BMJ*, Regierungsentwurf eines Gesetzes zur weiteren Reform des Aktien- und Bilanzrechts, zu Transparenz und Publizität, NZG 2002, 213.

[64] Art. 1 Nr. 9 TransPuG; zu den weiteren Einzelheiten dieses Gesetzes statt vieler *Knigge*, WM 2002, 1729 sowie *Seibert*, NZG 2002, 608.

[65] Vgl. § 119 I Nr. 5 AktG.

[66] Welche Geschäftsführungsmaßnahmen von § 111 IV S. 2 n.F. AktG erfasst werden sollen, wird in Abschnitt B.III.2.b)aa) Bestimmbarkeit der „bestimmten Arten von Geschäften" i.S.d. § 111 IV S. 2 n.F. AktG näher untersucht.

Mit der Neufassung des § 111 IV S. 2 AktG reagierte der Gesetzgeber explizit[67] auf die spektakuläre Krise des Bauunternehmens „Phillip Holzmann AG“[68] sowie auf die oftmals geäußerte Kritik der Literatur, der Aufsichtsrat würde von der *Möglichkeit* des Zustimmungsvorbehaltes i.S.d. § 111 IV S. 2 *a*.F. AktG nur viel zu selten Gebrauch machen[69].

Das Ziel der Änderung des § 111 IV S. 2 AktG besteht darin, das Verantwortungsbewusstsein des Aufsichtsrats (§§ 116, 93 II S. 1 AktG)[70] und die Effizienz der präventiven Überwachung zu erhöhen[71]. Durch ein aktives Handeln, das von dem Aufsichtsrat gem. § 111 IV S. 2 n.F. AktG nunmehr gefordert ist, soll dieser stärker in die Tätigkeit des Vorstands eingebunden und weitere Unternehmensschieflagen, vergleichbar mit dem Falle Holzmann, verhindert werden[72].

b) Folgen der Neufassung des § 111 IV S. 2 AktG

Die Änderung des Wortlauts des § 111 IV S. 2 a.F. AktG („...kann...“) in die Formulierung des § 111 IV S. 2 n.F. AktG („...hat zu...“) erscheint auf den ersten Blick marginal. In Literatur und Praxis wird deshalb teilweise die Auffassung vertreten, aus der Neufassung des § 111 IV S. 2 AktG ergäben sich keine Konsequenzen und diese Änderung sei deshalb so wenig schädlich wie

---

[67] Die Bundesregierung hat ausdrücklich auf den Fall Holzmann Bezug genommen, vgl. *Baums (Hrsg.)*, Bericht der Regierungskommission Corporate Governance, S. 1.

[68] Im November des Jahres 1999 stand der Baukonzern „Philipp Holzmann AG“ kurz vor der Insolvenz, die nur mit Hilfe von Bundeskanzler Schröder abgewendet werden konnte. Verantwortlich für diese Krise soll die mangelnde Kontrolle des Vorstands durch den Aufsichtsrat gewesen sein. Zur Holzmann-Krise statt vieler *Fucker*, Die Holzmann-Krise – Ein Lehrstück, im Internet abrufbar unter www.geistesleben.com/diedrei/drei012000/holz/ html.

[69] Die Exponenten dieser Kritik sind u.a. *Lutter*, AG 1991, 249, 254; *Kropff*, NZG 1998, 613, 615; *Gaulke*, Der Klub der Kontrolleure – Das Versagen der deutschen Aufsichtsräte, S. 122; *Hofmann*, Corporate Governance, S. 180; *Röller*, AG 1994, 333.

[70] Die Mitglieder des Aufsichtsrats haften für Schäden, die auf einer sorgfaltswidrigen Nichtanordnung eines Zustimmungsvorbehaltes beruhen, LG Bielefeld, ZIP 2000, 20, 25 („Balsam AG“); *Boujong*, AG 1995, 203, 207.

[71] Vgl. Begründung der Bundesregierung zum Transparenz- und Publizitätsgesetz, abgedruckt in *BMJ*, NZG 2002, 213.

[72] So die Begründung der Bundesregierung zum Transparenz- und Publizitätsgesetz, abgedruckt in *BMJ (Hrsg.)*, NZG 2002, 213.

nützlich[73]. Dass diese Auffassung aber nicht zutrifft, werden die folgenden Untersuchungen zeigen.

aa) Bestimmbarkeit der „bestimmten Arten von Geschäften" i.S.d. § 111 IV S. 2 n.F. AktG

Zunächst stellt sich nämlich für die Mitglieder des Aufsichtsrats[74] die Frage, auf welche Arten von Geschäften sich die Pflicht i.S.d. § 111 IV S. 2 n.F. AktG bezieht. Der Gesetzgeber hat dafür zu Recht keine inhaltlichen Vorgaben getroffen[75]. Eine Konkretisierung kann aufgrund individueller Unternehmensmerkmale wie Größe und Branchenzugehörigkeit gar nicht pauschal für jede Gesellschaft vorgenommen werden[76].

Anhaltspunkte dafür, welche Geschäfte dem Zustimmungsvorbehalt zu unterwerfen sind, lassen sich allenfalls der Begründung der Bundesregierung[77] und den Erwägungen der Regierungskommission[78] entnehmen: Nach der Begründung der Bundesregierung seien von § 111 IV S. 2 n.F. AktG solche Geschäfte erfasst, die die Ertragssituation oder die Risikoexposition der Gesellschaft

---

[73] *Hüffer*, AktG, 6. Aufl. 2004, § 111, Rn. 17; *Nagel*, NZG 2004, 833, 836 („Die praktische Differenz ist gering"); so auch *DAV-Handelsrechtsausschuss*, NZG 2002, 115, 117; im Zusammenhang mit der Diskussion um das SE-Ausführungsgesetz (SEAG) ebenfalls *DAV*, NZG 2004, 75, 81.

[74] Die Pflicht i.S.d. § 111 IV S. 2 n.F. AktG besteht für die Hauptversammlung gleichermaßen. Der Aufsichtsrat ist jedoch gezwungen, die Pflicht aus § 111 IV S. 2 n.F. AktG zu erfüllen, weil sich dessen Mitglieder anderenfalls der Haftung aus §§ 116, 93 II S. 1, 111 IV S. 2 n.F. AktG aussetzen. Ein solcher Zwang besteht für die Hauptversammlung mangels Haftungsgrundlage jedoch nicht. Die folgende Darstellung konzentriert sich deshalb auf das Abgrenzungsproblem zwischen Geschäftsführung und Überwachung, das aus der Pflicht des Aufsichtsrats gem. § 111 IV S. 2 n.F. AktG und dem damit verbundenen Haftungsrisiko resultiert.

[75] Dies ist zwar im Rahmen des Gesetzgebungsverfahrens vom Bundesrat beanstandet worden, ein Änderungsantrag scheiterte jedoch an der erforderlichen Mehrheit, dazu *Seibert*, NZG 2002, 608, 610.

[76] *Baums (Hrsg.)*, Bericht der Regierungskommission Corporate Governance, Rn. 34; ebenso *Lutter/Krieger*, Rechte und Pflichten des Aufsichtsrats, 4. Aufl. 2002, § 3, Rn. 104; *Lange*, DStR 2003, 376, 379; *Seibert*, NZG 2002, 608, 610; *Götz*, NZG 2002, 599, 602, der aber kritisiert, dass es sachgerechter gewesen sei, der Gesetzgeber hätte dem Aufsichtsrat eine Richtlinie zur Verfügung gestellt, anhand derer eine Bestimmung der zustimmungspflichtigen Geschäfte erleichtert worden wäre. Schließlich handele es sich bei den „grundlegenden Geschäften" um eine essentiell wichtige Frage der Auslegung.

[77] Die Begründung der Bundesregierung ist abgedruckt in *BMJ*, NZG 2002, 213.

[78] Die Ergebnisse der Regierungskommission sind in *Baums (Hrsg.)*, Bericht der Regierungskommission Corporate Governance, Köln 2001 enthalten und im Internet abrufbar unter www.corporate-governance-kodex.de.

grundlegend verändern[79]. Nach dem Corporate-Governance-Kodex Ziff. 3.3. handele es sich dabei um Geschäfte von „grundlegender Bedeutung"[80].

Daraus ergibt sich einerseits, dass für die Festlegung der Zustimmungsvorbehalte kein „funktionsuntauglicher Marginalien-Katalog" ausreichen kann[81]. Andererseits darf der Katalog von zustimmungsbedürftigen Geschäften aber auch nicht so weit gehen, dass davon *alle* Geschäftsführungsmaßnahmen in Bezug auf die Vermögens-, Finanz- oder Ertragslage der Gesellschaft betroffen sind[82]. Letztere Maßnahmen muss der Vorstand grds. auch ohne die Zustimmung des Aufsichtsrats vornehmen können. Dies ergibt sich aus § 90 I S. 1 Nr. 1 AktG, wonach lediglich die Pflicht des Vorstands normiert ist, dem Aufsichtsrat über diese Geschäfte Bericht zu erstatten[83].

Anhand dieser Anhaltspunkte führen *Lutter/Krieger*[84] für die „Geschäfte von grundlegender Bedeutung" folgende Beispiele an: Es handele sich dabei etwa um die Gründung von Tochtergesellschaften und Niederlassungen; den Erwerb und die Veräußerung von Unternehmen und Unternehmensteilen; den Erwerb und die Veräußerung von Grundstücken über den Betrag (X) hinaus; die Gewährung von Krediten über den Betrag (X) hinaus. Zu beachten ist jedoch, dass es sich bei diesen genannten Geschäften lediglich um Beispiele handelt[85]. Letztlich lassen sich die Geschäfte von grundlegender Bedeutung nur gesondert für jedes einzelne Unternehmen bestimmen[86].

Freilich musste die Frage, welche Arten von Geschäften dem Vorbehalt der Zustimmung zuzuordnen sind, auch unter Geltung des § 111 IV S. 2 a.F. AktG beantwortet werden. Auch diese Fassung enthält keine weiteren Vorgaben über die „bestimmten Arten von Geschäften". Problematisch ist jedoch, dass die Mitglieder des Aufsichtsrats die Geschäfte i.S.d. § 111 IV S. 2 n.F. AktG

---

79 *BMJ*, NZG 2002, 213, 222.

80 *Baums (Hrsg.)*, Bericht der Regierungskommission Corporate Governance, Rn. 34 f.

81 *Hüffer*, AktG, 6. Aufl. 2004, § 111, Rn. 17; zustimmend *Götz*, NZG 2002, 599, 602.

82 *Hoffmann/Preu*, Der Aufsichtsrat, Rn. 304; *Lutter/Krieger*, Rechte und Pflichten des Aufsichtsrats, 4. Aufl. 2002, § 3, Rn. 109; *Geßler*/Hefermehl/Eckardt/Kropff, AktG, § 111, Rn. 67.

83 *Götz*, NZG 2002, 599, 602. Freilich können Maßnahmen von grundlegender Bedeutung auch gleichzeitig die „Unternehmensplanung" i.S.d. § 90 I S. 1 Nr. 1 AktG betreffen, vgl. dazu bereits *Semler*, ZGR 1983, 1, 21; ebenso *Lutter*, Information und Vertraulichkeit im Aufsichtsrat, S. 68.

84 *Lutter/Krieger*, Rechte und Pflichten des Aufsichtsrats, 4. Aufl. 2002, § 3, Rn. 109.

85 Kritisch zu diesem Beispielskatalog als Abgrenzungshilfe *Lange*, DStR 2003, 376, 379.

86 *Lutter/Krieger*, Rechte und Pflichten des Aufsichtsrats, 4. Aufl. 2002, § 3, Rn. 104; *Götz*, NZG 2002, 599, 602; *Lange*, DStR 2003, 376, 379; *Seibert*, NZG 2002, 608, 610.

nun – so sorgfältig wie möglich – definieren *müssen*, weil sie sich anderenfalls der Haftung gem. §§ 116 I, 93 II S. 1, 111 IV S. 2 n.F. AktG[87] aussetzen[88].

bb) Häufung der Fälle des Zustimmungsvorbehaltes

Neben den Problemen, die sich für den Aufsichtsrat aus der Unbestimmtheit des in § 111 IV S. 2 n.F. AktG verwendeten Begriffs ergeben, ist eine weitere Konsequenz der Neufassung des § 111 IV S. 2 AktG, dass sich die Anzahl der zustimmungspflichtigen Geschäfte und damit der Maßnahmen, die der Vorstand nicht „selbständig“ vornehmen kann, drastisch erhöhen wird[89]. Diese Tatsache wird zwar teilweise mit der Begründung abgestritten, dass der nun zu erstellende Katalog zustimmungspflichtiger Geschäfte den Geschäften entspräche, die der Aufsichtsrat nach alter Rechtslage aufgrund einer Ermessensreduzierung auf Null[90] ohnehin mit einem Zustimmungsvorbehalt versehen musste[91]. Der folgende Vergleich mit der Situation nach alter Rechtslage zeigt jedoch, dass diese Auffassung nicht zutrifft.

(1) Rechtslage vor der Neufassung des § 111 IV S. 2 AktG – Ermessensreduzierung auf Null

Gem. § 111 IV S. 2 a.F. AktG[92] lag die Anordnung eines Zustimmungsvorbehaltes für bestimmte Arten von Geschäften im pflichtgemäßen Ermessen[93] des Aufsichtsrats. Eine dahingehende *Pflicht* war nur unter sehr engen Voraussetzungen zu bejahen. Die Rechtsprechung[94] hat eine solche Pflicht aufgrund

---

[87] Die Mitglieder des Aufsichtsrats haften für Schäden, die auf einer sorgfaltswidrigen Nichtanordnung eines Zustimmungsvorbehaltes beruhen, LG Bielefeld, ZIP 2000, 20, 25 („Balsam AG“).

[88] *Berrar*, DB 2001, 2181; *Lange*, DStR 2003, 376, 378.

[89] So auch *Götz*, NZG 2002, 599, 603.

[90] Vgl. BGHZ 124, 111; *Lutter/Krieger*, Rechte und Pflichten des Aufsichtsrats, 3. Aufl., § 2, Rn. 36; *Semler*, AG 1983, 141; *Götz*, ZGR 1990, 633.

[91] *Hüffer*, AktG, 6. Aufl. 2004, § 111, Rn. 17; ebenso *DAV-Handelsrechtsausschuss*, NZG 2002, 115, 117.

[92] Zur alten Rechtslage *Boujong*, AG 1995, 203; *Dreher*, ZHR 158 (1994), 614; *Geßler*/Hefermehl/Eckardt/Kropff, § 111, Rn. 65; *Götz*, ZGR 1990, 633; *Hüffer*, AktG, 5. Aufl. 2002, § 111, Rn. 17; *Lutter/Krieger*, Rechte und Pflichten des Aufsichtsrats, 3. Aufl. 1993, § 2, Rn. 36; *Semler*, AG 1983, 141.

[93] Zur Herleitung des pflichtgemäßen Ermessens und der gerichtlichen Überprüfbarkeit dieses Ermessens BGH NJW 1980, 1629 sowie statt vieler *Dreher*, ZHR 158 (1994), 614.

[94] BGHZ 124, 111 = JZ 1994, 680 m. Anm. *Schön*, JZ 1994, 684; zu dem in der Sache zugrunde liegenden Sachverhalt siehe die Zusammenfassung von *Boujong*, AG 1995, 203, 205; LG Bielefeld, ZIP 2000, 20 („Balsam-AG“).

einer Ermessensreduzierung auf Null nur bei Vorliegen der folgenden Voraussetzungen angenommen[95]:

Erstens müsse es sich bei der von dem Vorstand zu treffenden Entscheidung um ein Geschäft von grundlegender Bedeutung handeln[96]. Zweitens müsse die Entscheidung, die der Vorstand zu treffen beabsichtigt, schlechthin und eindeutig unvertretbar erscheinen[97]. Dies sei etwa zu bejahen, wenn eine Transaktion derart risikoreich sei, dass u.U. die gesamte Existenz des Unternehmens gefährdet sei[98]. Ebenso unvertretbar sei eine Maßnahme des Vorstands dann, wenn dadurch ein Gesetzesverstoß drohe[99]. Drittens dürfe nur noch die Anordnung eines Zustimmungsvorbehaltes geeignet sein, die geplante Geschäftsführungsmaßnahme zu verhindern (Ultima Ratio)[100].

Ob auch in anderen Fällen eine Ermessensreduzierung auf Null zu bejahen sei, weil z.B. eine Entscheidung der Geschäftsführung aus wirtschaftlichen Gründen unzweckmäßig erscheinen würde, hat der BGH aber offen gelassen[101].

(2) Rechtslage nach der Neufassung des § 111 IV S. 2 AktG

Nach neuer Rechtslage ist, wie bereits oben erläutert, die Pflicht des Aufsichtsrats zur Anordnung eines Zustimmungsvorbehaltes bereits für solche Geschäfte zu bejahen, die die Ertragssituation oder die Risikoexposition der Gesellschaft grundlegend verändern[102].

---

[95] Zu den folgenden Voraussetzungen zusammenfassend *Boujong*, AG 1995, 203, 205 f.

[96] Vgl. BGHZ 124, 111, 126.

[97] BGHZ 124, 111, 127.

[98] LG Bielefeld, ZIP 2000, 20, 25 („Balsam-AG"); ebenso *Berrar*, DB 2001, 2181, 2183; *Götz*, ZGR 1990, 633, 639; *Dreher*, ZHR 158 (1994), 614, 634.

[99] BGHZ 124, 111, 127; in Betracht kommt etwa ein Verstoß gegen das Außenwirtschaftsgesetz oder das Wettbewerbsgesetz, MünchKommAktG-*Semler*, § 111, Rn. 408.

[100] BGHZ 124, 111, 127; *Schön*, JZ 1994, 684, 685; bestätigend der Vorsitzende Richter am Bundesgerichtshof *H.Brandes*, WM 1994, 2177, 2183; der BGH folgte mit seiner Entscheidung den Stimmen der Literatur, vgl. etwa *Semler*, AG 1983, 141; *Götz*, ZGR 1990, 633; *Lutter/Krieger*, Rechte und Pflichten des Aufsichtsrats, 3. Aufl., § 2, Rn. 36.

[101] Vgl. BGHZ 124, 111, 127; *Hoffmann/Preu*, Der Aufsichtsrat, Rn. 304, wonach allein die wirtschaftliche Unzweckmäßigkeit nicht zu der Erforderlichkeit eines Ad-hoc-Beschlusses führt; *Boujong*, AG 1995, 203, 206 bejaht hingegen die Möglichkeit, dass sich das Ermessen auch in anderen Fällen als denen des Gesetzesverstoßes durch den Vorstand auf Null reduzieren kann.

[102] Dazu Punkt B.III.2.b)aa) Bestimmbarkeit der „bestimmten Arten von Geschäften" i.S.d. § 111 IV S. 2 n.F. AktG.

Jedoch kann weder der Begründung der Bundesregierung zum TransPuG noch den Empfehlungen der Regierungskommission entnommen werden, dass durch ein Geschäft i.S.d. § 111 IV S. 2 n.F. AktG gleichzeitig eine konkrete Gefahr für den Bestand des Unternehmens drohen muss; ebenso wenig ist davon auszugehen, dass eine Maßnahme, die die Risikoexposition der Gesellschaft verändert, gleichzeitig einen Gesetzesverstoß begründen muss[103].

Die Voraussetzungen für den Erlass eines Zustimmungsvorbehaltes i.S.d. § 111 IV S. 2 n.F. AktG sind also wesentlich weiter gefasst als die im vorherigen Abschnitt dargestellten Voraussetzungen der Ermessenreduzierung auf Null nach den Grundsätzen des BGH[104]. Es kann somit festgestellt werden, dass es künftig in weitaus mehr Fällen zu einer Pflicht des Aufsichtsrats kommt, bestimmte Maßnahmen der Geschäftsführung von seiner Zustimmung abhängig zu machen, als es nach alter Rechtslage der Fall war[105].

cc) Konsequenzen der mangelnden Bestimmbarkeit und der Häufung von Zustimmungsvorbehalten

Aus dem Problem des Aufsichtsrats, nun die (un)bestimmten Arten von Geschäften i.S.d. § 111 IV S. 2 n.F. AktG definieren zu *müssen*[106] und aus der Häufung der Fälle, in denen der Vorstand Maßnahmen der Geschäftsführung nicht ohne die Zustimmung des Aufsichtsrats vornehmen kann[107], ergeben sich weit reichende Konsequenzen für das Verhältnis von Geschäftsführung und Überwachung[108].

---

[103] Vgl. zu den einzelnen Ergebnissen der Kommission *Baums (Hrsg.)*, Bericht der Regierungskommission Corporate Governance, Rn. 34 f; zu der Regierungsbegründung des TransPuG vgl. *BMJ*, NZG 2002, 213.

[104] So auch *Götz*, NZG 2002, 599, 602, da die Ziele der „Corporate-Governance-Bemühungen" anderenfalls gar nicht erreicht werden könnten.

[105] Im Ergebnis ebenso *Berrar*, DB 2001, 2181, 2183; *Götz*, NZG 2002, 599, 602; offenbar a.A.: *Hüffer*, AktG, 6. Aufl. 2004, § 111, Rn. 17; *DAV-Handelsrechtsausschuss*, NZG 2002, 115, 117.

[106] Dazu Punkt B.III.2.b)aa) Bestimmbarkeit der „bestimmten Arten von Geschäften" i.S.d. § 111 IV S. 2 n.F. AktG.

[107] Dazu B.III.2.b)bb) Häufung der Fälle des Zustimmungsvorbehaltes.

[108] *Dietrich*, DStR 2003, 1577; *Götz*, NZG 2002, 599; *Lange*, DStR 2003, 376; *Berrar*, DB 2001, 2181; a.A.: *Hüffer*, AktG, 6. Aufl. 2004, § 111, Rn. 17; *Nagel*, NZG 2004, 833, 836 („Die praktische Differenz ist gering"); *DAV-Handelsrechtsausschuss*, NZG 2002, 115, 117.

Der Aufsichtsrat ist nun verpflichtet, im Wege einer eigenen „Risikoinventur"[109] zu ermitteln, welche Geschäfte ein relevantes Risiko in sich tragen und wann das Risiko so hoch ist, dass diese Geschäfte in den zu erstellenden Maßnahmenkatalog aufzunehmen sind[110]. Dabei ist zu befürchten, dass der Aufsichtsrat aus präventiven Gründen auch solche Geschäfte dem Zustimmungsvorbehalt unterwerfen wird, die aus objektiver Sicht nicht von den Voraussetzungen des § 111 IV S. 2 n.F. AktG gedeckt sind[111]. Versäumen es nämlich die Mitglieder des Aufsichtsrats, aufgrund einer Fehleinschätzung bestimmte Maßnahmen an ihre Zustimmung zu binden, setzen sie sich der Haftung gem. §§ 116, 93 II S.1, 111 IV S. 2 AktG aus[112]. Durch einen überdehnten Zustimmungskatalog greift der Aufsichtsrat aber in den Kompetenzbereich des Vorstands ein, dem gem. § 76 I AktG das Recht zusteht, die Geschäfte der Gesellschaft in *eigener* Verantwortung zu führen[113].

Derartige Übergriffe in den Kompetenzbereich des Vorstands werden sich auch nicht nur gelegentlich ereignen. Wie bereits festgestellt wurde, erfasst die Pflicht i.S.d. § 111 IV S. 2 n.F. AktG weitaus mehr Maßnahmen der Geschäftsführung als die Grundsätze des BGH zur Ermessensreduzierung auf Null[114]. Letztlich ist also zu befürchten, dass mit der Neufassung des § 111 IV S. 2 AktG eine erhebliche Einbuße an Flexibilität der Geschäftsführung einhergeht, denn je intensiver und je häufiger der Aufsichtsrat in die Geschäftsführung des Vorstands eingreift, desto größer wird die Gefahr, dass dieser nicht mehr flexibel agieren kann[115]. Eine flexible und handlungsfähige Geschäftsführung

---

[109] Zu dem Begriff „Risikoinventur" und zu der Beschreibung, wie eine Identifikation des Risikos künftig erfolgen soll, *Lange*, DStR 2003, 376; eine solche „Ex-Ante-Betrachtung" durch den Aufsichtsrat wurde bereits durch das KonTraG eingeführt, wodurch die Berichtspflicht des Vorstands auch auf die Unternehmensplanung erstreckt wurde (§ 90 I S.1 Nr.1 AktG); dazu B.II. Der Aufsichtsrat als Überwachungsorgan der Aktiengesellschaft.

[110] *Dietrich*, DStR 2003, 1577, 1578; *Lange*, DStR 2003, 376.

[111] *Lange*, DStR 2003, 376, 378; zu den Anforderungen an die Geschäfte i.S.d. § 111 IV S. 2 n.F. AktG vgl. B.III.2.b)aa) Bestimmbarkeit der „bestimmten Arten von Geschäften" i.S.d. § 111 IV S. 2 n.F. AktG.

[112] Ebenso *Berrar*, DB 2001, 2181, 2183; *Lange*, DStR 2003, 376, 378.

[113] *Götz*, NZG 2002, 599, 603; *Lange*, DStR 2003, 376, 378; *Berrar*, DB 2001, 2181, 2183.

[114] Ebenso *Berrar*, DB 2001, 2181, 2183; *Götz*, NZG 2002, 599, 602; dazu B.III.2.b)bb) Häufung der Fälle des Zustimmungsvorbehaltes.

[115] So auch *Lange*, DStR 2003, 376, 378, der aber den Zirkelschluss zieht, dass eine Verletzung des Rechts aus § 76 I AktG weniger einschneidend sei als eine Haftung des Aufsichtsrats gem. §§ 116, 93 II S. 1, 111 IV S. 2 n.F. AktG. Aus einer Gesamtbetrachtung ergibt sich aber, dass durch einen zu stringenten Zustimmungskatalog letztlich die Geschäftsführung lahm gelegt zu werden droht und dies freilich auch nicht dem Wohle der Gesellschaft dienlich sein kann.

ist aber die Voraussetzung dafür, dass die Gesellschaft erfolgreich am Markt tätig werden und entsprechende Erträge erwirtschaften kann[116].

Ein weiterer Nachteil der Neufassung des § 111 IV S. 2 AktG besteht darin, dass im Einzelfall Abgrenzungsschwierigkeiten im Hinblick auf die Haftung der Vorstandsmitglieder[117] einerseits und die Haftung der Aufsichtsratsmitglieder[118] andererseits entstehen werden[119]: Neben die Frage, ob die Vorstandsmitglieder für die Vornahme einer erfolglosen Geschäftsführungsmaßnahme haften müssen, wird künftig auch die Frage treten, ob die Aufsichtsratsmitglieder ebenfalls haften müssen, weil diese es unterlassen haben, die konkrete Maßnahme an die Zustimmung des Aufsichtsrats zu binden[120].

Zu beachten ist dann auch der Umstand, dass im Zweifel die Mitglieder des Vorstands *und* des Aufsichtsrats beweisen müssen, dass die gebotene Sorgfalt i.S.d. § 93 I S. 1 AktG bzw. §§ 116 I, 93 I S. 1 AktG beachtet wurde, vgl. § 93 II S. 2 AktG[121]. Letztlich kommt es dadurch zu einem Wettlauf zwischen den Mitgliedern des Vorstands und des Aufsichtsrats, wem es eher gelingen kann, dem jeweiligen Haftungskonkurrenten „den schwarzen Peter" zuzuschieben. Ob dies für eine konstruktive Zusammenarbeit von Geschäftsführung und Überwachung förderlich ist, ist stark zu bezweifeln.

dd) Unterlassen einer Maßnahme als zustimmungsbedürftiges Geschäft i.S.d. § 111 IV S. 2 n.F. AktG?

Das Problem der Kompetenzabgrenzung nach der Neufassung des § 111 IV S. 2 AktG wird zudem erheblich kompliziert, wenn man mit einem Teil der Literatur davon ausgeht, dass zu den Geschäften i.S.d. § 111 IV S. 2 n.F. AktG auch ein Unterlassen des Vorstands zähle[122].

---

116 Zur Gefahr der Einschränkung der Handlungsfähigkeit des Vorstands *Dauner-Lieb*, in: FS Röhricht 2005, S. 83, 90; ebenso (bereits vor Inkrafttreten des KonTraG) *Ludwig*, Leitungsgremien und Aufsichtsräte im Konzern, S. 184 f. Auch *H.P. Westermann*, ZIP 2000, 25, 27 weist noch vor Inkrafttreten des TransPuG darauf hin, dass „...der Aufsichtsrat durch eine Überdehnung des Zustimmungskatalogs i.S.d. § 111 IV S. 2 AktG in den gewöhnlichen Geschäftsverlauf eingreifen kann und damit zu einem übergeordneten Geschäftsführungsorgan werden könnte, was er aber nicht sein sollte."

117 Vgl. § 93 II S. 1 AktG.

118 Vgl. §§ 116 I, 93 II S. 1, 111 IV S. 2 n.F. AktG.

119 *Dietrich*, DStR 2003, 1577, 1578; *Lange*, DStR 2003, 376, 377; *Götz*, NZG 2002, 599, 603.

120 Ebenso *Dietrich*, DStR 2003, 1577, 1578; *Lange*, DStR 2003, 376, 377; *Götz*, NZG 2002, 599, 603.

121 Zu der Darlegungs- und Beweislast i.S.d. Art. 93 II S. 2 AktG im Einzelnen *Hopt*, in: GroßKomm-AktG, § 93, Anm. 17.

122 *Lange*, DStR 2003, 376, 377.

Die Mitglieder des Aufsichtsrats haben, so wird teilweise argumentiert, aufgrund des nunmehr erhöhten Risikos ihrer Haftung ein Interesse daran, auch solche Entscheidungen des Vorstands an den Vorbehalt der Zustimmung zu binden, die zum Inhalt haben, eine bestimmte Geschäftsführungsmaßnahme *nicht* vorzunehmen[123].

Diese Auffassung ist aber strikt abzulehnen, weil sie verkennt, dass es dadurch faktisch zu der Möglichkeit des Aufsichtsrats käme, Maßnahmen der Geschäftsführung zu initiieren[124]. Dies wiederum widerspricht eindeutig der Regelung des § 111 IV S. 1 AktG und dem Recht des Vorstands, die Geschäfte der AG in eigener Verantwortung zu führen, § 76 I AktG[125].

c) Fazit

Die oben dargestellte Auffassung, aus der Novellierung des § 111 IV S. 2 n.F. AktG ergäben sich keine Konsequenzen[126], trifft also nicht zu. Der Gesetzgeber hat mit der Neufassung des § 111 IV S. 2 n.F. AktG das Ziel erreicht, der „Zurückhaltung" des Aufsichtsrats bei dem Erlass von Zustimmungsvorbehalten[127] ein Ende zu bereiten[128]. Künftig wird der Aufsichtsrat die „bestimmten Arten von Geschäften" näher definieren und deren Zustandekommen von seiner Zustimmung abhängig machen *müssen*. Der Aufsichtsrat wird dies auch häufiger tun als es noch unter Geltung des § 111 IV S. 2 a.F. AktG und der Grundsätze des BGH zur Ermessensreduzierung auf Null der Fall war[129].

---

[123] *Lange*, DStR 2003, 376, 377.

[124] *Dietrich*, DStR 2003, 1577, 1578.

[125] *Dietrich*, DStR 2003, 1577, 1578; *Hüffer*, AktG, 6. Aufl. 2004, § 111, Rn. 17; auch *Lutter/Krieger*, Rechte und Pflichten des Aufsichtsrats, 4. Aufl. 2002, § 3, Rn. 103 sowie *Götz*, NZG 2002, 599 heben hervor, dass dem Aufsichtsrat auch nach der Neufassung des § 111 IV S. 2 AktG nicht das Recht zusteht, Maßnahmen der Geschäftsführung zu initiieren.

[126] Vgl. *Hüffer*, AktG, 6. Aufl. 2004, § 111, Rn. 17; *Nagel*, NZG 2004, 833, 836 („Die praktische Differenz ist gering"); so auch *DAV-Handelsrechtsausschuss*, NZG 2002, 115, 117; im Zusammenhang mit der Diskussion um das SE-Ausführungsgesetz (SEAG) ebenfalls *DAV*, NZG 2004, 75, 81.

[127] Zu dieser Kritik vor der Neufassung des § 111 IV S. 2 AktG *Lutter*, AG 1991, 249, 254; *Kropff*, NZG 1998, 613, 615; *Gaulke*, Der Klub der Kontrolleure – Das Versagen der deutschen Aufsichtsräte, S. 122; *Hofmann*, Corporate Governance, S. 180; *Röller*, AG 1994, 333.

[128] Vgl. dazu die Begründung der Bundesregierung zum Transparenz- und Publizitätsgesetz, abgedruckt in *BMJ*, NZG 2002, 213.

[129] *Berrar*, DB 2001, 2181, 2183; *Götz*, NZG 2002, 599, 602.

Unterlässt er dies nämlich, setzt er sich, d.h. seine Mitglieder, der Haftung gem. §§ 116 I, 93 II S. 1, 111 IV S. 2 n.F. AktG aus[130].

Durch die Neufassung des § 111 IV S. 2 n.F. AktG entstehen einer Aktiengesellschaft aber mehr Nachteile als Vorteile. Es besteht in erster Linie die Gefahr, dass der Vorstand nun nicht mehr flexibel und risikofreudig die Führung der Geschäfte der Gesellschaft wahrnehmen kann, weil er öfter als zuvor auf die Zustimmung des Aufsichtsrats angewiesen sein wird[131]. Ohne eine gewisse Flexibilität der Geschäftsführung kann eine Gesellschaft auf Dauer aber nicht erfolgreich am Markt tätig sein[132]. Möglicherweise ist der Wunsch nach einer stärkeren Überwachung des Vorstands im Einzelfall – wie etwa im Falle Holzmann – berechtigt. Die Verschärfung von Kontrollmechanismen kann vielleicht dazu beitragen, kriminelle Machenschaften von Vorstands- oder Aufsichtsratsmitgliedern zu unterbinden. Einen Garant für die erfolgreiche unternehmerische Tätigkeit einer jeden Aktiengesellschaft bietet sie aber sicherlich nicht[133]. Es wäre vermessen anzunehmen, dass jede Unternehmenskrise durch eine noch strengere Überwachung der Unternehmensleitung vermieden werden kann[134]. Dieser irrigen Annahme unterlag der Gesetzgeber bei der Neufassung des § 111 IV S. 2 AktG aber ganz offensichtlich. Darüber hinaus werden im Falle der Haftung für rechtswidrige Geschäftsführungsmaßnahmen erhebliche Abgrenzungsschwierigkeiten entstehen. Die Haftung der Vorstandsmitglieder wird künftig mehr denn je in Konkurrenz zu einer möglichen Haftung der Aufsichtsratsmitglieder stehen[135].

IV. Zusammenfassung und Vergleich mit der dualistisch verfassten SE

Als Ergebnis können somit folgende Unterschiede und Gemeinsamkeiten der dualistisch verfassten SE und der deutschen AG festgehalten werden:

---

[130] Vgl. zu der Haftung der Aufsichtsratsmitglieder gem. §§ 116 I, 93 II S. 1, 111 IV S. 2 *a.*F. AktG LG Bielefeld, ZIP 2000, 20, 25 („Balsam AG").

[131] *Götz*, NZG 2002, 599, 603; *Lange*, DStR 2003, 376, 378; *Berrar*, DB 2001, 2181, 2183; vor dem Hintergrund des Erfordernisses einer flexiblen und handlungsfähigen Unternehmensleitung warnt auch *Dauner-Lieb*, in: FS Röhricht 2005, S. 83, 90 vor einer Verschärfung von Kontrollmechanismen.

[132] Zur Unverzichtbarkeit der Initiativ- und Risikobereitschaft eines erfolgreichen Vorstands *Dauner-Lieb*, in: FS Röhricht 2005, S. 83, 90; zu der *eigen*verantwortlichen Geschäftsführung des Vorstands aus Effizienzgesichtspunkten *Ludwig*, Leitungsgremien und Aufsichtsräte im Konzern, S. 184.

[133] *Dauner-Lieb*, in: FS Röhricht 2005, S. 83, 90.

[134] *Götz*, NZG 2002, 599, 600.

[135] *Dietrich*, DStR 2003, 1577, 1578; *Lange*, DStR 2003, 376, 377; *Götz*, NZG 2002, 599, 603.

Der Vorstand der AG und das Leitungsorgan der SE sind im Hinblick auf ihre Kompetenzen identisch. Beide Organe sind für das operative Geschäft sowie für die strategische Planung zuständig[136]. Von der Wahrnehmung dieser Aufgabe sind die jeweiligen Überwachungsorgane ausgeschlossen, denn Vorstand und Leitungsorgan handeln in eigener Verantwortung, mithin frei von Weisungen[137].

Im Hinblick auf die Informationsrechte von Aufsichtsrat und Aufsichtsorgan nach Maßgabe des § 90 AktG bzw. Art. 41 SE-VO ergeben sich neben einigen Gemeinsamkeiten aber auch Unterschiede. Vergleichbar sind zunächst §§ 90 I S. 1 Nr. 3, 90 II Nr. 3 AktG und Art. 41 I SE-VO. Beide Vorschriften regeln, dass das Geschäftsführungsorgan verpflichtet ist, das Überwachungsorgan über den Gang der Geschäfte mindestens vierteljährlich zu unterrichten. Zudem haben in beiden Systemen die Mitlieder des Überwachungsorgans die Möglichkeit, selbst die Initiative zu ergreifen und Informationen von dem Geschäftsführungsorgan zu verlangen, vgl. § 93 III S. 1, 2 AktG und Art. 41 III S. 1, III S. 2 i.V.m. § 18 SEAG.

Ein Unterschied ergibt sich aber daraus, dass der SE-VO eine dem § 90 I S. 1 Nr. 1 AktG vergleichbare Regelung fehlt, vgl. Art. 41 SE-VO. Aus § 90 I S. 1 Nr. 1 AktG ergibt sich, dass der Aufsichtsrat die Geschäftsführung nicht nur „ex-post" kontrolliert; vielmehr stellt § 90 I S. 1 Nr. 1 AktG klar, dass sich die Überwachung durch den Aufsichtsrat auch auf die künftigen Entscheidungen des Vorstands, mithin auf die strategische Unternehmensplanung, bezieht[138].

Die Frage, welche Auswirkungen sich aufgrund dieses Unterschieds für die Ausübung des Wahlrechts i.S.d. Art. 38 lit. b SE-VO ergeben – ob das Fehlen einer dem § 90 I S. 1 Nr. 1 AktG entsprechenden Regelung etwa gegen die

---

[136] Zu den Kompetenzen des Vorstands B.I. Der Vorstand als Geschäftsführungsorgan der Aktiengesellschaft; zu den Kompetenzen des Leitungsorgans Kapitel Zwei, D.I.1. Das Leitungsorgan als Geschäftsführungsorgan der dualistisch verfassten SE, die nach bislang unbestrittener Auffassung mit den Kompetenzen des Vorstands identisch sind, *Hirte*, DStR 2005, 653, 658; *Theisen/Wenz (Hrsg.)*, Die Europäische Aktiengesellschaft, D.II., S. 267; *Lutter*, BB 2002, 1, 5; *Hommelhoff*, AG 2001, 279, 283; *Hirte*, NZG 2001, 1, 6; *Schwarz*, ZIP 2001, 1847, 1854; *Bungert/Beier*, EWS 2002, 1, 3; *Jahn/Herfs-Röttgen*, DB 2001, 631, 633.

[137] Vgl. § 76 I AktG; *K.Schmidt*, Gesellschaftsrecht, § 28 II 1. a); *Wiesner*, in: Münchener Handbuch des Gesellschaftsrechts, Bd. 4 Aktiengesellschaft, § 19, Rn. 12; *Grunewald*, Gesellschaftsrecht, 2.C., Rn. 43; *Fleischer*, ZIP 2003, 1; für das Leitungsorgan ergibt sich die Befugnis zur eigenverantwortlichen Geschäftsführung aus Art. 39 I S. 1 SE-VO.

[138] Vgl. *Lutter/Krieger*, Rechte und Pflichten des Aufsichtsrats, 4. Aufl. 2002, § 6, Rn. 199; *Hommelhoff/Mattheus*, AG 1998, 249, 253; *Berrar*, DB 2001, 2181 f. Dazu B.II. Der Aufsichtsrat als Überwachungsorgan der Aktiengesellschaft.

Wahl des dualistischen SE-Modells spricht – wird in den letzten Abschnitten dieses Kapitels behandelt[139].

Fraglich ist auch, ob die oben erwähnte Kritik an der „Zurückhaltung" des Aufsichtsrats bei der Wahrnehmung seiner Überwachungsaufgabe[140] sowie die oben dargestellte Kritik an der Neufassung des § 111 IV S. 2 n.F. AktG ebenfalls als Argumente gegen die Wahl des dualistischen SE-Modells herangezogen werden können. Dies hängt letztlich von der Auslegung des Art. 48 I SE-VO ab, der ebenfalls den Vorbehalt der Zustimmung regelt, jedoch in seinem Wortlaut weniger eindeutig ist als § 111 IV S. 2 n.F. AktG. Auch diese Frage wird in den letzten Abschnitten dieses Kapitels zu beantworten sein[141].

C. Die Geschäftsführung und ihre Überwachung in der britischen Public Company Limited by Shares

Eine britische Public Company Limited by Shares (kurz: PLC) hat neben der Hauptversammlung (*Annual General Meeting*) lediglich ein weiteres Organ, das sog. Board of Directors[142]. Die PLC ist also – ebenso wie eine SE i.S.d. Art. 38 lit. b Alt. 2 SE-VO – monistisch verfasst.

Gem. Sec. 282 Companies Act 1985 muss sich das Board einer PLC aus mindestens zwei Directors zusammensetzen[143]. Bei dieser Vorschrift handelt es sich jedoch um die einzige gesetzliche Vorgabe im Hinblick auf die Binnenorganisation des Boards[144]. Darüber hinaus liegt es im Ermessen der Companies, die Kompetenzen des Boards in ihrer Satzung (*Articles of Association*)

---

[139] E.II. Informationsfluss zwischen Geschäftsführung und Überwachung.

[140] Vgl. Abschnitt B.III.2.a) Gründe für die Neufassung des § 111 IV S. 2 AktG, dort die Nachweise in Fn. 70.

[141] E.I.1. „Zurückhaltung oder Übereifer des Aufsichtsorgans?" – Zustimmungsvorbehalte in der dualistisch verfassten SE.

[142] *Gower/Davies*, Principles of Modern Company Law, S. 319; *Grier/Griffin/Capper*, UK Company Law, S. 344; *Hahlo/Farrar*, Cases and Materials on Company Law, S. 109; *Mayson/French/Ryan*, Company Law, S. 436.

[143] *Mayson/French/Ryan*, Company Law, S. 441.

[144] *Mayson/French/Ryan*, Company Law, S. 441 f; *Grier/Griffin/Capper*, UK Company Law, S. 105; *Gower/Davies*, Principles of Modern Company Law, S. 319.

festzulegen[145]. Die Satzungen der Companies weisen die Kompetenz zur näheren Ausgestaltung der Geschäftsführungs- und Überwachungsbefugnisse regelmäßig dem Board zu[146].

Trotz dieser Dispositionsbefugnis sind die Kompetenzverhältnisse der Boards britischer Companies weitestgehend parallel ausgestaltet[147]. Grund dafür sind die Empfehlungen zweier Kommissionen, des sog. „Cadbury Committee"[148] und des sog. „Hampel Committee"[149].

In den folgenden Abschnitten werden zunächst die Gründe und die Folgen der Einsetzung dieser beiden Kommissionen näher beleuchtet[150]. Sodann werden die Kompetenzen der Board-Directors einer britischen PLC dargestellt und vor dem Hintergrund der Empfehlungen von *Cadbury*[151] und *Hampel*[152] voneinander abgegrenzt[153]. Ein besonderes Merkmal der Binnenstruktur britischer Companies bilden die sog. „Audit Committees", deren Funktion und Kompetenzen ebenfalls in den folgenden Abschnitten näher beleuchtet werden[154]. Schließlich werden die Gemeinsamkeiten und Unterschiede im Hinblick auf die

---

[145] *Gower/Davies*, Principles of Modern Company Law, S. 319: „Continuing with its policy of agnosticism, the Act does not lay down requirements about the composition of the board of directors." Die Satzung einer PLC besteht aus zwei Teilen: Die „Articles of Association" regeln das Innenverhältnis der Gesellschaft, insbesondere die Kompetenzen des Boards, Sec. 7 Companies Act 1985; das sog. „Memorandum of Association" betrifft die Grundlagen und das Außenverhältnis der Gesellschaft. Darin sind die Firma, der Sitz und das Grundkapital der Gesellschaft festgelegt, Sec. 18 Companies Act 1985. Zu dieser Zweiteilung der Satzung vgl. *Gower/Davies*, Principles of Modern Company Law, S. 13; *Hahlo/Farrar*, Cases and Materials on Company Law, S. 79.

[146] *Esen*, Control by the General Meeting through the Powers to appoint and remove Directors, S. 18; *Sheikh/Chatterjee*, Perspectives on Corporate Governance, in: Sheikh/Rees (Hrsg.), Corporate Governance, Corporate Control, S. 5.

[147] Vgl. dazu die Empfehlungen des sog. „Combined Code", der sich aus den Empfehlungen von Cadbury und Hampel zusammensetzt. Auf diese Empfehlungen wird in den folgenden Abschnitten noch näher eingegangen.

[148] „The Committee on Financial Aspects of Corporate Governance".

[149] „The Committee on Corporate Governance".

[150] C.I. Der sog. „Combined Code": Empfehlungen von Cadbury und Hampel.

[151] *Cadbury (Hrsg.)*, Report of the Committee on Financial Aspects of Corporate Governance: Final Report, London 1992.

[152] *Hampel (Hrsg.)*, The Committee on Corporate Governance, Final Report, London 1998.

[153] C.II. Das Board of Directors als „doppelfunktionales" Organ der Company. Die Abgrenzung der Kompetenzen erfolgt unter Berücksichtigung der Empfehlung von *Cadbury* und *Hampel* in ihrer Zusammenfassung zum sog. „Combined Code".

[154] C.III. „Audit Committees" of the Board.

Kompetenzen von Geschäftsführung und Überwachung in der britischen PLC und der monistisch verfassten SE herausgearbeitet[155].

I. Der sog. „Combined Code“: Empfehlungen von Cadbury und Hampel

Bevor auf die Kompetenzen von Geschäftsführung und Überwachung in der Public Company Limited by Shares eingegangen werden kann, ist vorab zu erläutern, warum trotz des Fehlens gesetzlicher Vorgaben diese Kompetenzen in den Gesellschaften Großbritanniens weitestgehend parallel ausgestaltet sind.

Als Reaktion auf einige spektakuläre Insolvenzen britischer Unternehmen zu Beginn der Neunziger Jahre[156] setzten die London Stock Exchange, die Confideration of British Industry, das Institute of Directors sowie die Association of British Insurers im Jahre 1992 das „Committee on Financial Aspects of Corporate Governance“ unter Vorsitz von *Sir Adrian Cadbury* ein (kurz: Cadbury Committee)[157]. Diese Kommission erhielt den Auftrag, den Boards britischer Companies konkrete Vorschläge zur Neuordnung ihrer Kompetenzstrukturen zu unterbreiten, um das Vertrauen der Anleger in den britischen Kapitalmarkt zu stärken[158]. Im Jahre 1995 setzten dieselben Initiatoren das „Committee on Corporate Governance“ unter Vorsitz von *Ronald Hampel* (kurz: Hampel Committee) ein, welches die Vorschläge des Cadbury Committee überarbeiten und ergänzen sollte[159].

---

[155] C.IV. Zusammenfassung und Vergleich mit der monistisch verfassten SE.

[156] Exemplarisch sei auf die Insolvenz der A.Goldberg & Sons PLC im Jahre 1990 sowie auf die Insolvenz der Brunswick Developments PLC im Jahre 1991 hingewiesen. Informationen dazu können im Internet unter www.parliament.the-stationery-office.co.uk/pa/ld199899/ldjudgmt/jd990429/bruns.htm abgerufen werden.

[157] *Cadbury (Hrsg.)*, Report of the Committee on Financial Aspects of Corporate Governance: Final Report, London 1992 (*Cadbury*-Report); zum *Cadbury*-Report ausführlich *Short*, Non-Executive Directors, Corporate Governance and the Cadbury-Report, A Review of the Issues and Evidence, London 1996; *Cadbury (Hrsg.)*, A Review of the Issues and Evidence, London 1996; zu den Initiatoren dieser Kommission www.finance-glossary.com/terms/Cadbury-Committee.htm?id=2177&ginPtrCo.

[158] Zu den Zielen des Cadbury Committee ausführlich *Esen*, Control by the General Meeting through the Powers to appoint and remove Directors, S. 46; *Short*, Non-Executive Directors, Corporate Governance and the Cadbury-Report, A Review of the Issues and Evidence, S. 124; vgl. dazu ebenfalls die Informationen unter www.finance-glossary.com/terms/Cadbury-Committee.htm?id= 2177&gin PtrCo.

[159] *Hampel (Hrsg.)*, The Committee on Corporate Governance, Final Report, London 1998 (*Hampel*-Report); dazu *Esen*, Control by the General Meeting through the Powers to appoint and remove Directors, S. 46 f; zu der Einsetzung des Hampel Committee siehe auch die Informationen unter www.tuc.org.uk/em_research/tuc-306f0.cfm. sowie unter www.pirc.co.uk/commemb.htm.

Die Ausarbeitungen dieser beiden privat organisierten Kommissionen wurden erstmals im Jahre 1998 zu dem sog. „Combined Code: Code of Best Practice" zusammengefasst[160]. Die Vorgaben des Combined Code sind für die börsennotierten Gesellschaften Großbritanniens bindend. Grund dafür ist die Tatsache, dass die London Stock Exchange die Empfehlungen des Combined Code in ihre Börsenzulassungsregeln (*Listing Rules*) aufgenommen hat[161].

Die Kompetenzen von Geschäftsführung und Überwachung sind jedoch nicht nur in den börsennotierten PLCs nach den Vorgaben des Combined Code ausgestaltet. Die dort enthaltenen Empfehlungen richten sich ausdrücklich auch an nichtbörsennotierte Companies[162], die den Empfehlungen des Combined Code ganz überwiegend folgen[163].

II. Das Board of Directors als „doppelfunktionales" Organ der Company

Das Board of Directors, dessen Mitglieder von dem Annual General Meeting bestellt werden[164], ist für die Geschäftsführung der Gesellschaft und gleichzeitig für die Überwachung der Geschäftsführung zuständig[165]. Diese beiden Aufgaben werden von den sog. Executive Directors (kurz: EDs) und den sog. Non-Executive Directors (kurz: NEDs) wahrgenommen[166].

---

[160] Combined Code, Preamble Section 1; der Combined Code verfolgt den gleichen Zweck wie bereits die Empfehlungen des Cadbury Committee, nämlich den Schutz der Anlegerinteressen und die Werbung neuer Investoren, Combined Code, Preamble Section 7; dazu *Black*, 55th Business Lawyer 2000, 1565 sowie *Davies*, ZGR 2001, 269, 273; zur Entwicklung des Combined Code *Kamesam*, Corporate Governance – Cadbury Committee and After, im Internet abrufbar unter www.indiainfoline.com/nevi/cogo.html, sowie *Davies*, ZGR 2001, 269, 272. Der Combined Code ist im Internet abrufbar unter www.auditcommittee.ch/131_636_DES_Publish_Live_ server.asp.

[161] Vgl. Combined Code, Preamble Section 2; Financial Service Authority (FSA), The Listing Rules 2000, para. 12.43 A (a); dazu aus deutscher Sicht *Leyens*, RabelsZ 67 (2003), 57, 79.

[162] Combined Code, Preamble Section 6.

[163] *Esen*, Control by the General Meeting through the Powers to appoint and remove Directors, S. 41 ff; zu der praktischen Bedeutung des Combined Code *Davies*, ZGR 2001, 268, 270.

[164] *Mayson/French/Ryan*, Company Law, S. 442; *Esen*, Control by the General Meeting through the Powers to appoint and remove Directors, S. 113.

[165] Combined Code, Section 1, A.1. (Supporting Principles); *Grier/Griffin/Capper*, UK Company Law, S. 350; *Mayson/French/Ryan*, Company Law, S. 435 f; *Maw /Cooper*, Corporate Governance, S. 49.

[166] Die Unterscheidung der Directors in EDs und NEDs entspricht der ganz überwiegenden Board-Praxis in Großbritannien, *Grier/Griffin/Capper*, UK Company Law, S. 345; *Farrar/Hannigan*, Farrar's Company Law, S. 332; *Mayson/French/Ryan*, Company Law, S. 435 f; *Rose*, Company Law, S. 69. Auch in der monistisch verfassten „deutschen" SE ist zwischen geschäftsführenden und den übrigen Mitgliedern des Verwaltungsorgans (nichtgeschäftsführenden Direktoren) zu unterscheiden, vgl. § 40 I S. 1 SEAG.

1. Die Executive Directors of the Board

Die Executive Directors führen die Geschäfte der Company[167]. Bei der Besetzung der ED-Posten hat das Board mehrere Möglichkeiten: Die von dem Annual General Meeting bestellten Directors können selbst die Posten der Executive Directors bekleiden[168]. In der Regel betraut das Board aber externe Personen mit der Wahrnehmung der Geschäftsführung[169]. Bei den Executive Directors handelt es sich damit nicht um unmittelbar von dem Annual General Meeting bestellte Directors, sondern um Board-Members kraft Anstellungsverhältnis[170]. Die Executive Directors unterliegen damit den Weisungen der übrigen Directors of the Board (*Non-Executive Directors*)[171].

2. Die Non-Executive Directors of the Board

Die übrigen Directors of the Board, die nicht mit der Geschäftsführung betraut sind (*Non-Executive Directors*), haben eine doppelte Funktion. Eine ihrer Funktionen besteht darin, die strategischen Ziele der Gesellschaft und die Grundlagen der Geschäftspolitik festzulegen (*Setting the Companies Strategy*)[172]. Ihre zweite Aufgabe besteht darin, die Executive Directors bei der

---

[167] *Gower/Davies*, Principles of Modern Company Law, S. 193; *Farrar/Hannigan*, Farrar's Company Law, S. 329; auch in diesem Punkt ist die britische PLC mit der monistisch verfassten SE vergleichbar: Gem. § 40 II S. 1 SEAG führen die geschäftsführenden Direktoren die Geschäfte der SE.

[168] *Esen*, Control by the General Meeting through the Powers to appoint and remove Directors, S. 115.

[169] Vgl. Combined Code, Section 1, B.1.6.; *Grier/Griffin/Capper*, UK Company Law, S. 345; *Esen*, Control by the General Meeting through the Powers to appoint and remove Directors, S. 116; *Gower/Davies*, Principles of Modern Company Law, S. 193; *Pennington*, Company Law, S. 550; *Frommel/Thompson*, Company Law in Europe, S. 38.

[170] *Grier/Griffin/Capper*, UK Company Law, S. 345; *Mayson/French/Ryan*, Company Law, S. 436; *Rose*, Company Law, S. 69.

[171] *Gower/Davies*, Principles of Modern Company Law, S. 193; *Pennington*, Company Law, S. 550; *Rose*, Company Law, S. 69; *Frommel/Thompson*, Company Law in Europe, S. 38; *Triebel/Hodgson/Kellenter/Müller*, Englisches Handels- und Wirtschaftsrecht, S. 271. Die geschäftsführenden Direktoren der monistischen SE unterliegen ebenfalls den Weisungen des Verwaltungsorgans, § 44 II SEAG.

[172] Combined Code, Section 1, A.1. (Supporting Principles); dazu *Grier/Griffin/Capper*, UK Company Law, S. 340; *Maw/Cooper*, Corporate Governance, S. 49; *Davies*, ZGR 2001, 268, 282.

Führung der laufenden Geschäfte der Company zu überwachen (*Supervising and Monitoring*)[173].

Eine Überwachung der Geschäftsführung findet auf zweierlei Weise statt: Im Rahmen der Board-Sitzungen informieren die Executive Directors die Non-Executive Directors über die Belange der Geschäftsführung[174]. Darüber hinaus werden die Executive Directors von speziellen Prüfungsausschüssen (*Audit Committees*) überwacht, die mit Non-Executive Directors besetzt werden und deren Aufgabe die Aufsicht über das Finanzgebaren und die finanzielle Lage der Gesellschaft ist[175].

3. Abgrenzung der Kompetenzen von Executive Directors und Non-Executive Directors

Kennzeichnend für die Kompetenzen der Executive Directors ist zunächst die Tatsache, dass es sich bei diesen Directors nicht um unmittelbar von dem Annual General Meeting bestellte Personen handelt: Üblicherweise beauftragt das Board externe Personen mit der Führung der Geschäfte[176]. Die Executive Directors sind damit „Hilfspersonen" des Boards und unterliegen dessen Weisungen[177]. Ihre Kompetenzen ergeben sich im Einzelnen aus den zugrunde liegenden Anstellungsverträgen, deren Ausgestaltung zur Disposition der Non-Executive und Executive Directors steht[178].

---

[173] Combined Code, Section 1, A.1.1., A.6.; *Binder*, Non-Executive Directors – Watchdogs or Advisers?, S. 11; *Ezzamel/Watson*, Wearing two Hats: The Conflicting Control and Management Role of Non-Executive Directors, in: Keasy/Thompson/Wright (Hrsg.), Corporate Governance: Economic Management and Financial Issues, S. 54, 59; *Mitchell/Sikka*, Corporate Governance Matters, S. 2; *Stapledon*, Institutional Shareholders and Corporate Governance, S. 12; *Davies*, ZGR 2001, 268, 282; die nichtgeschäftsführenden Direktoren einer monistisch verfassten SE sind ebenfalls für die strategische Planung sowie für die Überwachung der Geschäftsführung zuständig, vgl. § 22 I, III S. 2 SEAG.

[174] *Smerdon*, A Practical Guide to Corporate Governance, 2001, S. 24; *Schneider-Lenné*, Das angloamerikanische Board-System, S. 27, 34.

[175] Zu der Besetzung und den Kompetenzen dieser „Prüfungsausschüsse" des Boards siehe unten Punkt C.III. „Audit Committees" of the Board.

[176] Vgl. Combined Code, Section 1, B.1.6.; *Grier/Griffin/Capper*, UK Company Law, S. 345; *Esen*, Control by the General Meeting through the Powers to appoint and remove Directors, S. 116; *Gower/Davies*, Principles of Modern Company Law, S. 193; *Pennington*, Company Law, S. 550; *Frommel/Thompson*, Company Law in Europe, S. 38.

[177] *Gower/Davies*, Principles of Modern Company Law, S. 193; *Rose*, Company Law, S. 69; *Pennington*, Company Law, S. 550; *Frommel/Thompson*, Company Law in Europe, S. 38; *Triebel/Hodgson/Kellenter/Müller*, Englisches Handels- und Wirtschaftsrecht, S. 271.

[178] *Gower/Davies*, Principles of Modern Company Law, S. 193; *Pennington*, Company Law, S. 550; *Schneider-Lenné*, Das anglo-amerikanische Board-System, S. 27, 30.

Der Combined Code setzt dieser Dispositionsbefugnis jedoch Grenzen. Gem. Section 1, A.1.1 Combined Code müssen die Non-Executive Directors bestimmte Maßnahmen der Geschäftsführung an einen ausdrücklichen Beschluss des Boards binden; um welche Arten von Maßnahmen es sich dabei handelt, sieht der Combined Code wiederum nicht vor[179].

Von der Geschäftsführungsbefugnis der Executive Directors sind die Kompetenzen der Non-Executive Directors, die strategischen Leitungsentscheidungen zu treffen, abzugrenzen[180]. Zum Kern der strategischen Unternehmensplanung zählen etwa Maßnahmen wie die Veräußerung von einzelnen Betrieben des Unternehmens, die Jahresbudgetplanung der Company, die Bildung von Rücklagen der Gesellschaft (*Treasury Policy*) sowie die Aufnahme von Krediten über einen bestimmten Betrag hinaus[181].

Eine Überwachung der Geschäftsführung erfolgt zum einen durch die gemeinsamen Beratungen von Non-Executive Directors und Executive Directors im Rahmen der Board-Sitzungen, die in einer britischen PLC durchschnittlich achtmal pro Jahr stattfinden[182]. Im Rahmen dieser Board-Sitzungen werden jedoch nicht nur die Maßnahmen der Geschäftsführung, sondern auch die strategischen Leitungsentscheidungen erörtert, die in den Kompetenzbereich der Non-Executive Directors fallen[183].

Zum anderen haben die sog. „Audit Committees" für die Überwachung der Geschäftsführung eine besondere Bedeutung, deren Funktionen und Kompetenzen in den folgenden Abschnitten dargestellt werden.

---

179 Combined Code, Section 1, A.1.2: „The board should have a formal schedule of matters specifically reserved to it for decision"; diese Vorschrift erinnert an Art. 48 I Unterabs. 1 SE-VO, wonach bestimmte Maßnahmen der Geschäftsführung an den ausdrücklichen Beschluss des Verwaltungsorgans zu binden sind. Im Unterschied zu Section 1, A.1.2 Combined Code verpflichtet Art. 48 I Unterabs. 1 SE-VO jedoch die Hauptversammlung und nicht das Verwaltungsorgan selbst; dazu Kapitel Zwei, D.II.2.d) Vorbehalt des Beschlusses des Verwaltungsorgans, Art. 48 I SE-VO.

180 Combined Code, Section 1, A.1. (Supporting Principles); dazu *Grier/Griffin/Capper*, UK Company Law, S. 340, 341; *Maw/Cooper*, Corporate Governance, S. 49; *Davies*, ZGR 2001, 268, 282.

181 Zu diesen und weiteren Beispielen *Smerdon*, A Practical Guide to Corporate Governance, 2001, S. 25; *Esen*, Control by the General Meeting through the Powers to appoint and remove Directors, S. 46 f; *Merkt*, ZGR 2003, 650, 661.

182 *Smerdon*, A Practical Guide to Corporate Governance, 2001, S. 24; *Schneider-Lenné*, Das anglo-amerikanische Board-System, S. 27, 34; die Mindestvorgabe für die Sitzungsfrequenz des SE-Verwaltungsorgans beträgt drei Monate, Art. 44 I SE-VO.

183 Combined Code, Section 1, A.1.1.; *Mayson/French/Ryan*, Company Law, S. 457 f; *Esen*, Control by the General Meeting through the Powers to appoint and remove Directors, S. 48; *Schneider-Lenné*, Das anglo-amerikanische Board-System, S. 27, 34; *Davies*, ZGR 2001, 268, 284.

III. „Audit Committees" of the Board

Ein besonderes Merkmal der Binnenstruktur britischer Boards bilden die sog. „Audit Committees", deren Funktion darin besteht, die Führung der Geschäfte der Executive Directors zu überwachen[184]. Gem. Section 1, C.3.1. Combined Code ist die Implementierung eines Audit Committee für börsennotierte Companies obligatorisch. Nach dem Combined Code verfügen Audit Committees über folgende Kompetenzen[185]:

Die Executive Directors sind verpflichtet, dem Audit Committee einen Jahresabschluss (*Annual Report*) vorzulegen[186]. In diesem Annual Report müssen die Executive Directors ausführliche Angaben über die finanzielle Lage und die Bonität der Gesellschaft machen[187]. Schließlich haben die Mitglieder des Audit Committee das Recht und die Pflicht, einen Abschlussprüfer zu bestellen (*Outside Auditor*) und mit diesem den Jahresabschluss zu überprüfen[188].

Die personelle Besetzung der Audit Committees ist ebenfalls nach dem Combined Code vorgegeben. Gem. Section 1, C.3.1. Combined Code sind die Audit Committee ausschließlich mit Non-Executive Directors zu besetzen[189].

IV. Zusammenfassung und Vergleich mit der monistisch verfassten SE

Somit lässt sich als Zwischenergebnis festhalten, dass im Hinblick auf die Kompetenzen von Geschäftsführung und Überwachung in der britischen PLC

---

[184] Vgl. zu dieser grundlegenden Funktion der Audit Committees *Cadbury*-Report, Recommendation D.3.1.; *Hampel*-Report, Recommendation 16; *Mayson/French/Ryan*, Company Law, S. 462; *Grier/Griffin/Capper*, UK Company Law, S. 351.

[185] Die hier aufgezählten Kompetenzen sind nicht abschließend. Zu den weiteren Kompetenzen siehe die Empfehlungen des Combined Code, Section 1, C.3.1 - C.3.7.

[186] Combined Code, Section 1, C.1.1.

[187] Combined Code, Section 1, C.1.2.

[188] Combined Code, Section 1, C.3.6.; eingehend *Farrar/Hannigan*, Farrar's Company Law, S. 482; neben der Implementierung der Audit Committees ist die Einrichtung weiterer Committees üblich, wie z.B. die Einrichtung eines „Nominating Committee", das für die Auswahl künftiger Executive und Non-Executive Directors zuständig ist oder die Einrichtung eines sog. „Remuneration Committee", dessen Aufgabe darin besteht, die Höhe der Vergütung der Executive Directors sowie die Höhe der Entschädigungsleistungen bei Ausscheiden aus der Board-Tätigkeit festzulegen, vgl. Combined Code, Sec. B.2.1.; zu diesen weiteren Committees ausführlich *Grier/Griffin/Capper*, UK Company Law, S. 354; *Farrar/Hannigan*, Farrar's Company Law, S. 340.

[189] Vgl. auch die Empfehlungen des *Cadbury*-Report, Recommendation D.3.2. sowie des *Hampel*-Report, Recommendation 16; die Einrichtung dieser Audit Committees bedeutet faktisch eine dualistische Strukturierung des Boards, in dem das Management durch Non-Executive Directors überwacht wird, so die Formulierung von *Lück*, DB 1999, 441.

und der monistisch verfassten SE einige Gemeinsamkeiten, aber auch gewisse Unterschiede bestehen.

Die Aufgaben der Executive Directors (PLC) sind mit denen der geschäftsführenden Direktoren (SE) identisch: Die EDs sind für die Geschäftsführung der Gesellschaft zuständig und unterliegen dabei den Weisungen der Non-Executive Directors (PLC) bzw. der nichtgeschäftsführenden Direktoren (SE)[190]. In beiden Systemen nehmen die Non-Executive Directors bzw. nichtgeschäftsführenden Direktoren eine Doppelrolle ein. Erstens obliegen ihnen die Entscheidungen über die strategische Planung des Unternehmens[191]. Zweitens haben sie die Aufgabe, die Geschäftsführung der „ausführenden" Direktoren zu überwachen[192].

Bezüglich der Sitzungen des Boards kann festgehalten werden, dass die Executive und die Non-Executive Directors in diesem Rahmen über die Belange der laufenden Geschäfte sowie über die Fragen der Unternehmensplanung beraten[193]. Aufgrund des uneindeutigen Wortlauts des Art. 44 I SE-VO kann für die Sitzungen des Verwaltungsorgans einer monistisch verfassten SE nicht eindeutig bestimmt werden, ob in diesem Rahmen lediglich über das operative Geschäft oder aber auch über die strategischen Leitungsentscheidungen beraten werden muss[194]. Ob es sich ungeachtet des Wortlauts des Art. 44 I SE-VO empfiehlt, die Belange der Geschäftsführung *und* der Unternehmens-

---

[190] *Gower/Davies*, Principles of Modern Company Law, S. 193; *Rose*, Company Law, S. 69; *Pennington*, Company Law, S. 550; *Frommel/Thompson*, Company Law in Europe, S. 38; *Triebel/Hodgson/Kellenter/Müller*, Englisches Handels- und Wirtschaftsrecht, S. 271. Für die geschäftsführenden Direktoren der monistisch verfassten SE ergibt sich die Weisungsgebundenheit aus § 44 II SEAG.

[191] Combined Code, Section 1, A.1. (Supporting Principles); dazu *Grier/Griffin/Capper*, UK Company Law, S. 340; *Maw/Cooper*, Corporate Governance, S. 49; *Davies*, ZGR 2001, 268, 282; vgl. zu dieser Aufgabe der nichtgeschäftsführenden Direktoren § 22 I SEAG.

[192] Combined Code, Section 1, A.1.1.; A.6.; die Überwachungspflicht der nichtgeschäftsführenden Direktoren einer monistisch verfassten SE ergibt sich aus § 22 I a.E., III S. 2 SEAG; diese „Doppelfunktion" der NEDs wird in der britischen Literatur zum Teil heftig kritisiert, worauf in dem letzten Abschnitt dieser Arbeit ausführlich eingegangen wird (E.I.2. Nichtgeschäftsführende Direktoren – „Manager" oder „Überwacher" der monistisch verfassten SE?); Exponenten dieser Kritik sind u.a. *Ezzamel/Watson*, Wearing two Hats: The Conflicting Control and Management Role of Non-Executive Directors, in: Keasy/Thompson/Wright (Hrsg.), Corporate Governance: Economic Management and Financial Issues, S. 54, 64; *Binder*, Non-Executive Directors – Watchdogs or Advisers? S. 11; *Cadman*, Non-Executive Directors: Are they truly Independent?, S. 149; *Esen*, Control by the General Meeting through the Powers to appoint and remove Directors, S. 143 f.

[193] *Smerdon*, A Practical Guide to Corporate Governance, 2001, S. 24; *Schneider-Lenné*, Das angloamerikanische Board-System, S. 27, 34.

[194] Vgl. Kapitel Zwei, D.II.2.b) Gemeinsame Beratungen über den Gang der Geschäfte i.S.d. Art. 44 I SE-VO.

planung im Rahmen der Verwaltungsorgansitzungen zu erörtern, wird in dem letzten Teil dieses Kapitels untersucht[195].

Ein wesentlicher Unterschied zwischen der PLC und der monistisch verfassten SE ergibt sich aus der obligatorischen Implementierung von Audit Committees. Gem. Section 1, C.3.1. Combined Code ist die Einrichtung dieser Ausschüsse für britische börsennotierte Companies verbindlich vorgegeben. Gleiches gilt für ihre personelle Besetzung: Mitglieder des Audit Committees können ausschließlich Non-Executive Directors sein, Section 1, C.3.1. Combined Code. Im Unterschied dazu hat das Verwaltungsorgan einer monistisch verfassten SE selbst geeignete Maßnahmen zu treffen, um eine effektive Überwachung der Geschäftsführung zu gewährleisten[196]. Gem. § 34 IV SEAG besteht zwar die Möglichkeit, nicht aber die Pflicht zur Einrichtung von Überwachungsausschüssen[197]. Ebenso wenig regelt das SEAG die personelle Besetzung der Ausschüsse des Verwaltungsorgans[198].

Ob sich aus diesen Gemeinsamkeiten und Unterschieden Argumente für oder gegen die Wahl des monistischen SE-Modells herleiten lassen, wird in dem letzten Abschnitt dieses Kapitels untersucht[199].

D. Die Geschäftsführung und ihre Überwachung in der US-amerikanischen Corporation

In der US-amerikanischen Corporation existieren, ebenso wie in der britischen PLC[200] und der monistisch verfassten SE[201], zwei Organe, nämlich die Ver-

---

[195] E.II. Informationsfluss zwischen Geschäftsführung und Überwachung.

[196] §§ 22 III S. 2, 34 IV SEAG.

[197] Vgl. Kapitel Zwei, D.II.2.c) „Geeignete Maßnahmen zur Überwachung", § 22 III S. 2 SEAG.

[198] Vgl. § 34 IV SEAG; vor dem Hintergrund der Ziele, die der Combined Code und die London Stock Exchange mit der Pflicht zur Einführung der Audit Committees und ihrer ausschließlichen Besetzung mit NEDs verfolgten (dazu oben Fn. 160), lassen sich möglicherweise Argumente gegen die Gründung einer monistisch verfassten SE herleiten, dazu E.IV. „Combined Code" und „Sarbanes-Oxley-Act" als Argumente gegen die monistisch verfasste SE?

[199] E. Konsequenzen für die Ausübung des Wahlrechts i.S.d. Art. 38 lit. b SE-VO.

[200] Vgl. Abschnitt C. Die Geschäftsführung und ihre Überwachung in der britischen Public Company Limited by Shares.

[201] Dazu Kapitel Zwei, D.II. Die Geschäftsführung und ihre Überwachung in der monistisch verfassten SE.

sammlung der Aktionäre (*Shareholder Meeting*) und das Verwaltungsorgan der Corporation (*Board of Directors*)[202].

Das US-amerikanische Gesellschaftsrecht regelt die Kompetenzen des Boards jedoch nur sporadisch[203]. Damit liegt es grundsätzlich[204] im Ermessen der Gesellschaften, die Befugnisse der Board-Directors in der Satzung (*Bylaws*) zu definieren[205]. Die Bylaws wiederum delegieren diese Befugnis üblicherweise an das Board[206].

Trotz dieser Satzungsautonomie sind die Kompetenzen der Boards US-amerikanischer Gesellschaften weitestgehend parallel ausgestaltet. Grund dafür sind zum einen die Empfehlungen des sog. „American Law Institute (kurz: ALI)"[207]. Die Vorschläge des ALI zur Ausgestaltung der Director-Kompetenzen werden in der US-amerikanischen Board-Praxis ganz überwiegend berücksichtigt[208]. Zum anderen wird die Dispositionsbefugnis über die Ausgestaltung der Kompetenzen nunmehr durch das „Sarbanes-Oxley-Act (kurz: SOA)"[209] stark eingeschränkt.

---

[202] *Hamilton/Macey*, Cases and Materials on Corporations, S. 139; *Eisenberg*, Corporations and other Business Organizations, S. 115; *Cary/Eisenberg*, Cases and Materials on Corporations, S. 206; *Clark*, Corporate Law, S. 11; *Cox/Hazen/O'Neal*, Corporations, S. 130; *Lattin*, The Law of Corporations, S. 31; *Turcon/Zimmer (Hrsg.)*, Grundlagen des US-amerikanischen Gesellschafts-, Wirtschafts-, Steuer- und Fremdenrechts, S. 8.

[203] Streng genommen gibt es kein „US-amerikanisches Gesellschaftsrecht", weil die Gesetzgebungskompetenz bei den einzelnen Gliedstaaten liegt (*Loss/Seligmann*, Fundamentals of Securities Regulation, S. 77). Die vorhandenen Gemeinsamkeiten in den Grundstrukturen lassen aber eine übergreifende Darstellung zu, so dass hier aus Gründen der sprachlichen Vereinfachung vom US-amerikanischen Gesellschaftsrecht gesprochen wird. Einen vergleichenden Überblick über die einzelnen gesellschaftsrechtlichen Vorschriften der US-Bundesstaaten bieten *Dooley/Goldman*, 56th Bus.Law 2001, 737; in den folgenden Darstellungen wird exemplarisch auf die sporadischen Regelungen einiger Bundesstaaten hingewiesen.

[204] Wichtige Ausnahmen sieht nunmehr das sog. „Sarbanes-Oxley-Act (kurz: SOA)" für börsennotierte Corporations vor; vgl. dazu die weiteren Ausführungen der folgenden Abschnitte.

[205] *Lattin*, The Law of Corporations, S. 239; *Bhagat/Black*, 54th Bus.Law. 1999, 921, 955; *Fisch*, Cardozo L.Rev. 1997, 265, 284.

[206] *Lattin*, The Law of Corporations, S. 239; *Johnson*, Harv.Bus.Rev. 1990, 46, 48; *Rosenstein/Wyatt*, 26th Fin. Econ. 1990, 175, 177.

[207] *American Law Institute (Hrsg.)*, Principles of Corporate Governance, Analysis and Recommendations, St. Paul 1994.

[208] *Bhagat/Black*, 54th Bus.Law. 1999, 921, 956; dies ergab auch die Befragung US-amerikanischer Corporations im Jahre 1985 von *Bleicher/Paul*, DBW 46 (1986), 263; zu der Umsetzung der ALI-Principles in der Unternehmenspraxis siehe auch *Langevoort*, 89th Geo.L.J. 2001, 797, 800 sowie *Kristie*, Board Trends 1970s to the 1990s: „The More Things Change...", Vortrag in Washington D.C. vom 26.02.1999, im Internet abrufbar unter www.directorsandboards.com/brdtrnds.html.

[209] Das SOA ist in seiner Gesamtfassung im Internet abrufbar unter http://news.findlaw.com/hdocs/dos/gwbush/srabanesoxley072302.pdf.

In den folgenden Abschnitten wird zunächst auf die Initiative des American Law Institute eingegangen[210]. Sodann werden die Gründe für die Verabschiedung des SOA aufgezeigt[211]. Vor dem Hintergrund der Empfehlungen des ALI und der Vorgaben des Sarbanes-Oxley-Act werden schließlich die Kompetenzen der Directors einer US-amerikanischen Corporation dargestellt und voneinander abgegrenzt[212]. Insbesondere werden in den folgenden Abschnitten die sog. „Audit Committees" näher beleuchtet, deren Funktionen, Kompetenzen und ihre personelle Besetzung durch das Sarbanes-Oxley-Act nunmehr gesetzlich vorgegeben sind[213].

I. Empfehlungen des „American Law Institute"

Für die Ausgestaltung der Board-Kompetenzen der US-amerikanischen Corporations haben die Empfehlungen des American Law Institute eine herausragende Bedeutung[214]. Das American Law Institute rief im Jahre 1978 das „Corporate Governance Project" ins Leben[215]. Das Ziel dieses Projekts bestand darin, einen Code zu erarbeiten, der den Corporations eine Hilfestellung bei der Ausgestaltung der Board-Kompetenzen bietet[216]. Der Kanon dieser Vorschläge ist die personelle Trennung von Geschäftsführung und Überwachung innerhalb des Board of Directors[217].

---

210 D.I. Empfehlungen des „American Law Institute".

211 D.II. Verabschiedung des „Sarbanes-Oxley-Act".

212 D.III. Das Board of Directors als „doppelfunktionales" Organ der Corporation.

213 Vgl. Sec. 301 ff; 401 ff SOA; dazu Abschnitt D.IV. „Audit Committees" of the Board.

214 *Dent,* The Revolution in Corporate Governance, the Monitoring Board and the Director's Duty of Care, Bristol 1981. Bei dem „American Law Institute" handelt es sich um eine Vereinigung von prominenten Richtern, Anwälten und Hochschullehrern, die sich mit der Untersuchung grundlegender Rechtsbereiche, u.a. auch dem Law of Corporations, befassen. Informationen zu dieser Institution sind im Internet abrufbar unter www.ali.org/ali/thisali.html.

215 *American Law Institute (Hrsg.),* Principles of Corporate Governance, Analysis and Recommendations, St. Paul 1994.

216 Weitere Corporate-Governance-Kodizes, die den Corporations eine Hilfestellung bei der Ausgestaltung der Bylaws bieten sollen, stammen von dem *Committee on Corporate Laws (American Bar Association),* Corporate Directors' Guidebook, 3rd Ed., 56th Bus.Law. 2001, 1571; *The Business Roundtable (BRT),* Statement on Corporate Governance, im Internet abrufbar unter www.brtable.org; *California Public Employees' Retirement System (CalPERS),* Corporate Governance, Core Principles & Guidelines, im Internet abrufbar unter www.calpers-governance.org/principles/domestic/us/downloads/us-corpgov-principles.pdf.

217 §§ 3.01, 3.02 ALI-Principles; näher zum ALI aus deutscher Sicht ausführlich *Ebke,* in: FS Großfeld 1999, S. 189, 203.

Das Bedürfnis nach einer einheitlichen und eindeutig abgrenzbaren Kompetenzzuweisung in den Boards amerikanischer Corporations entstand zu Beginn der 70er Jahre: In der „Post-Nixon-Ära" gerieten zahlreiche Betrugsskandale an das Licht der Öffentlichkeit, wodurch das Vertrauen der institutionellen Anleger (Banken, Versicherungen und Fondsgesellschaften), deren Investitionen an Bedeutung immer mehr zunahmen, nachhaltig erschüttert wurde[218]. Durch die Empfehlungen des ALI mit den Vorschlägen einer formalisierten Trennung von Geschäftsführung und Überwachung sollte das Vertrauen der institutionellen Anleger in die „Gesetzestreue" der amerikanischen Directors wiederhergestellt werden[219]. Obwohl es den Vorschlägen des ALI an Rechtsverbindlichkeit fehlt, werden diese in der US-amerikanischen Board-Praxis ganz überwiegend berücksichtigt[220].

II. Verabschiedung des „Sarbanes-Oxley-Act"

Die von dem ALI bereits seit Jahren empfohlene und größtenteils praktizierte Trennung von Geschäftsführung und Überwachung wird durch die Bestimmungen des Sarbanes-Oxley-Act[221] nunmehr noch deutlicher betont[222].

Mit dem SOA, das am 30. Juli 2002 von US-Präsident George W. Bush unterzeichnet wurde, reagierte die US-amerikanische Regierung auf die spektakulären Bilanzmanipulationen bei den Unternehmen Enron[223] und

---

[218] Rückblickend *Stone*, Corporate Responsibility: Law and Ethics, 5th Ed., San Francisco 2004; *Branson*, 62nd U.Pitt.L.Rev. 2001, 605, 619; *Hamilton*, 25th J.Corp.L. 2000, 349, 353; *Millstein*, 48th Bus.Law. 1993, 1485, 1486; *Millstein/MacAvoy*, 98th Colum.L.Rev. 1998, 1283, 1285; aus damaliger Sicht *Nader/Green/Seligman*, Taming the giant Corporation, New York 1976 sowie *Mace*, Directors: Myth and Reality, Boston 1971.

[219] *Branson*, 62nd U.Pitt.L.Rev. 2001, 605, 619 m.w.N.

[220] *Bhagat/Black*, 54th Bus.Law. 1999, 921, 956; dies ergab auch die Befragung US-amerikanischer Corporations im Jahre 1985 von *Bleicher/Paul*, DBW 46 (1986), 263; zu der Umsetzung der ALI-Principles in der Unternehmenspraxis siehe auch *Langevoort*, 89th Geo.L.J. 2001, 797, 800 sowie *Kristie*, Board Trends 1970s to the 1990s: „The More Things Change...", Vortrag in Washington D.C. vom 26.02.1999, im Internet abrufbar unter www.directorsandboards.com/brdtrnds.html.

[221] Das SOA ist im Internet abrufbar unter http://news.findlaw.com/hdocs/ dos/gwbush/srabanesoxley 072302.pdf.

[222] Zu den Regelungen des SOA im Einzelnen siehe die ausführlichen Untersuchungen von *Block*, BKR 2003, 774; *Coffee*, Business Lawyer 2002, 1403; *Hilber/Hartung*, BB 2003, 1054; *Lanfermann/Maul*, DB 2002, 1725; *dies.* DB 2003, 1237; *Donald*, WM 2003, 705, 711; *Martin*, NZG 2003, 948; *Schwarz/Holland*, ZIP 2002, 1661.

[223] Vgl. dazu den Report of Investigation by the Special Investigative Committee of the Board of Directors of Enron Corp. v. 01.02.2002, http://news.findlaw.com/hdocs/docs/enron/sicreport/index.html.

Worldcom[224]. In dem Fall Worldcom konnte es den geschäftsführenden Officers durch einfache Buchungstricks gelingen, statt einen Verlust der Gesellschaft i.H.v. 0,7 Mrd. US$ verbuchen zu müssen, einen Gewinn i.H.v. 1,38 Mrd. US$ auszuweisen[225]. Diese Manipulation hatte schließlich den größten Insolvenzfall der amerikanischen Wirtschaftsgeschichte zur Folge[226].

Mit den Regelungen des SOA will die US-amerikanische Regierung das Vertrauen der Anleger in den amerikanischen Kapitalmarkt zurückgewinnen und einen wirksameren Schutz der Anlegerinteressen gewährleisten[227]. Das SOA schreibt nunmehr zwingend die Implementierung, die Kompetenzen sowie die personelle Besetzung der Audit Committees vor, deren Aufgabe die Überwachung der Geschäftsführung einer amerikanischen Corporation ist[228]. Aus Sicht des US-amerikanischen Rechts, welches die nähere Ausgestaltung der Board-Kompetenzen bislang dem Ermessen der Gesellschaften überließ, haben derart strenge und detaillierte gesetzliche Vorgaben wahrhaft revolutionären Charakter[229].

III. Das Board of Directors als „doppelfunktionales" Organ der Corporation

Das Board of Directors, dessen Mitglieder von dem Shareholder Meeting bestellt und abberufen werden[230], hat eine doppelte Funktion: Ihm obliegt die

---

[224] Vgl. dazu den Report of Investigation by the Special Investigative Committee of the Board of Directors of Worldcom, Inc. v. 31.03.2003, im Internet abrufbar unter www.edgar-online.com/ bin/irsec/ finSysmain.asp? dcn=0000931763-03-001862&x=118&y=17.

[225] Eine betriebswirtschaftliche Analyse sowie eine Darstellung der Möglichkeiten solcher „Buchungstricks" im Falle WorldCom bietet *Tanski*, DStR 2002, 2003.

[226] *Block*, BKR 2003, 774.

[227] Die Stellungnahme der US-Regierung ist im Internet abrufbar unter www.access.gpo.gov/nara/ nara005.html: „An Act to protect investors by improving to accuracy an reliability of corporate disclosures made pursuant to the securities laws, and for other purposes...".

[228] Sec. 301 ff; 401 ff SOA; daneben enthält das SOA vor allem verschärfte Anforderung an die Unabhängigkeit von Wirtschaftsprüfungsgesellschaften, vgl. Sec. 101 ff; 201 ff SOA; dazu ausführlich *Lanfermann/Maul*, DB 2002, 1725; *dies.*, DB 2003, 1237; *Block*, BKR 2003, 774.

[229] In diesem Sinne *Donald*, WM 2003, 705, 713; *Block*, BKR 2003, 774, 778; zur (bisherigen) Satzungsautonomie US-amerikanischer Corporations *Lattin*, The Law of Corporations, S. 239; *Bhagat/Black*, 54th Bus.Law. 1999, 921, 955; *Fisch*, Cardozo L.Rev. 1997, 265, 284.

[230] Dazu *Monks/Minow*, Watching the Watchers, S. 201; *Solomon/Palmiter*, Corporations, S. 182; *Cary/Eisenberg*, Cases and Materials on Corporations, S. 214.

Führung der Geschäfte der Corporation und gleichzeitig die Überwachung der Geschäftsführung[231].

Das Board einer US-amerikanischen Corporation setzt sich aus zwei Arten von Directors zusammen. Es sind die sog. Executive Officers (kurz: EOs) von den sog. Independent Directors (kurz: IDs) zu unterscheiden[232].

1. Die Executive Officers of the Board

Die Geschäftsführung der Corporation obliegt den Executive Officers[233]. Bei den EOs handelt es sich jedoch üblicherweise nicht um solche Personen, die unmittelbar von dem Shareholder Meeting bestellt werden, sondern um leitende Angestellte des Boards[234]. Aus diesem Grunde nehmen die EOs auch keine eigenen organschaftlichen Board-Befugnisse wahr, sondern leiten diese von den übrigen Mitgliedern des Boards, den sog. Independent Directors ab[235]. Die EOs unterliegen damit den Weisungen der Independent Directors[236].

---

[231] *Hamilton/Macey*, Cases and Materials on Corporations, S. 142; *Eisenberg*, Corporations and other Business Organizations, S. 115; *Cary/Eisenberg*, Cases and Materials on Corporations, S. 207; *Eisenberg*, The Structure of the Corporation, S. 177; *Herman*, Corporate Control, S. 230; *Fisch*, 19th Cardozo L.Rev. 1997, 265, 272; *Dooley/Goldman*, 56th Bus.Law 2001, 63; die Geschäftsführungskompetenz des Boards ist in einigen Bundesstaaten gesetzlich geregelt, so z.B. Sec. 141(a) Delaware Gen.Corp.Law; Sec. 8.01(b) Model Business Corporation Act 1999: „All corporate powers shall be exercised by or under the authority of, and the business affairs of the corporation managed by or under the direction of its directors [...]".

[232] Eine solche Unterscheidung der Directors entspricht der ganz überwiegenden Board-Praxis (*Eisenberg*, Corporations and other Business Organizations, S. 147; *Cox/Hazen/O'Neal*, Corporations, S. 49; *Langevoort*, 89th Geo.L.J. 2001, 797, 800; *Dallas* , 22nd J.Corp.L. 1996, 1 sowie *Kristie*, Board Trends 1970s to the 1990s: „The More Things Change...", Vortrag in Washington D.C. vom 26.02.1999, im Internet abrufbar unter www.directorsandboards.com/brdtrnds.html) und wird von *Merkt/Goethel*, US-amerikanisches Gesellschaftsrecht, Rn. 482 als „Statutory Scheme" bezeichnet; auch in der monistisch verfassten „deutschen" SE ist zwischen geschäftsführenden und den übrigen Mitgliedern des Verwaltungsorgans (nichtgeschäftsführenden Direktoren) zu unterscheiden, vgl. § 40 I S. 1 SEAG.

[233] *Gevurtz*, Corporation Law, S. 181; *Cary/Eisenberg*, Cases and Materials on Corporations, S. 207; *Clark*, Corporate Law, S. 114; *Cox/Hazen/O'Neal*, Corporations, S. 130; *Elsing/van Alstine*, US-amerikanisches Handels- und Wirtschaftsrecht, S. 239.

[234] Vgl. § 3.02(a)(1) ALI-Principles; *Cary/Eisenberg*, Cases and Materials on Corporations, S. 206.

[235] Vgl. *Eisenberg*, Corporations and other Business Organizations, S. 154.

[236] *Gevurtz*, Corporation Law, S. 190; *Cary/Eisenberg*, Cases and Materials on Corporations, S. 207; *Clark*, Corporate Law, S. 114.

2. Die Independent Directors of the Board

Die Independent Directors treffen die strategischen Leitungsentscheidungen für die Corporation[237]. Darüber hinaus sind die IDs für die Überwachung der Executive Officers zuständig[238]. Bei den IDs handelt es sich deshalb um *Independent* Directors, weil diese unmittelbar von dem Shareholder Meeting bestellt werden und anders als ihre ausführenden Kollegen, die Executive Officers, nicht vertraglich mit dem Board verbunden sind[239].

Ihre Überwachungsaufgabe nehmen die IDs auf zweierlei Weise wahr. Ein Teil der Independent Directors gehört einem speziell zur Überwachung der Geschäftsführung eingerichteten Prüfungsausschuss, dem Audit Committee an[240]. Darüber hinaus beraten die IDs in regelmäßigen Abständen mit den EOs über die Belange der Geschäftsführung im Rahmen der Sitzungen des Boards[241].

3. Abgrenzung der Kompetenzen von Executive Officers und Independent Directors

Wie bereits erläutert, handelt es sich bei den Executive Officers nicht um unmittelbar von dem Shareholder Meeting bestellte Directors, sondern um leitende Angestellte der Corporation, die von den IDs mit der Führung derlaufenden Geschäfte beauftragt werden[242]. Damit unterliegen die Executive

---

[237] § 3.02(a)(3) ALI-Principles; zur Leitungsaufgabe der IDs *Gevurtz*, Corporation Law, S. 232; *Monks/Minow*, Corporate Governance, S. 74; *Baysinger/Hoskisson*, 15th Academy of Management Review 1990, 72; *Borowski*, 9th J.Corp.L. 1995, 455.

[238] § 3.02.(a)(2) ALI-Principles; zur Überwachungsaufgabe der IDs *Eisenberg*, Corporations and other Business Organizations, S. 148; *Cary/Eisenberg*, Cases and Materials on Corporations, S. 209 f; *Hamilton*, 25th J.Corp.L. 2000, 349, 350 f; *Johnson*, Harv.Bus.Rev. 1990, 46, 49; *Rosenstein/Wyatt*, 26th J.Fin. Econ. 1990, 175, 178; *Weisbach*, 20th J.Fin.Econ. 1988, 431; die nichtgeschäftsführenden Direktoren einer monistisch verfassten SE sind ebenfalls für die strategische Planung sowie für die Überwachung der Geschäftsführung zuständig, vgl. § 22 I, III S. 2 SEAG.

[239] Vgl. § 3.02(a)(1) ALI-Principles; eine andere Bezeichnung ist die des „Non-Managing Directors" oder des „Outside Directors". Entscheidend ist jedenfalls, dass diese Directors nicht mit der Geschäftsführung betraut sind, *Clark*, Corporate Law, S. 107; *Monks/Minow*, Watching the Watchers, S. 193; *Hamilton*, 25th J.Corp.L. 2000, 349, 360; eine Legaldefinition für den Independent Director findet sich in dem Recht der einzelnen US-Bundesstaaten äußerst selten. Eine Ausnahme bildet § 450.1107(3) Mich.Comp.Laws Ann.

[240] Siehe dazu Punkt IV. „Audit Committees" of the Board.

[241] *Charkham*, Keeping Good Company – A study of Corporate Governance in five Countries, S. 190; *Gevurtz*, Corporation Law, S. 191; *Schneider-Lenné*, Das anglo-amerikanische Board-System, S. 27, 37.

[242] Vgl. § 3.02(a)(1) ALI-Principles; dazu *Cary/Eisenberg*, Cases and Materials on Corporations, S. 206.

Officers den Weisungen der Independent Directors[243]. Die einzelnen Befugnisse der Executive Officers ergeben sich regelmäßig aus den mit dem Board geschlossenen Anstellungsverträgen[244].

Von der Geschäftsführung der Executive Officers sind die strategischen Leitungsentscheidungen abzugrenzen, die in den Kompetenzbereich der Independent Directors fallen[245]. Zu diesen strategischen Leitungsentscheidungen zählen etwa Maßnahmen wie die Einführung einer neuen Produktlinie, der Erwerb von Grundstücken und die Errichtung neuer Betriebsstätten, der Erwerb oder die Veräußerung einer Tochtergesellschaft sowie die Aufnahme von Krediten über einen bestimmten Betrag hinaus[246].

Zudem obliegt es den Independent Directors, die Geschäftsführung der Executive Officers zu überwachen[247]. Eine Überwachung der Geschäftsführung erfolgt auf Grundlage der Informationen, die die Executive Officers den Independent Directors im Rahmen der Board-Sitzungen übermitteln[248]. Die Board-Sitzungen einer US-amerikanischen Corporation finden durchschnittlich neunmal pro Jahr statt[249].

---

[243] *Gevurtz*, Corporation Law, S. 190; *Clark*, Corporate Law, S. 114; *Cary/Eisenberg*, Cases and Materials on Corporations, S. 207.

[244] *Cox/Hazen/O'Neal*, Corporations, S. 131.

[245] § 3.02(a)(3) ALI-Principles; *Gevurtz*, Corporation Law, S. 232; *Monks/Minow*, Corporate Governance, S. 74; *Baysinger/Hoskisson*, 15th Academy of Management Review 1990, 72; *Borowski*, 9th J.Corp.L. 1995, 455.

[246] Zu diesen und weiteren Beispielen *Schneider-Lenné*, Das anglo-amerikanische Board-System, S. 27, 37; *Turcon/Zimmer (Hrsg.)*, Grundlagen des US-amerikanischen Gesellschafts-, Wirtschafts-, Steuer- und Fremdenrechts, S. 12.

[247] § 3.02(a)(2) ALI-Principles; *Eisenberg*, Corporations and other Business Organizations, S. 148; *Cary/Eisenberg*, Cases and Materials on Corporations, S. 209 f; *Hamilton*, 25 J.Corp.L. 2000, 349, 350 f; *Johnson*, Harv.Bus.Rev. 1990, 46, 49; *Rosenstein/Wyatt*, 26th J.Fin. Econ. 1990, 175, 178; *Weisbach*, 20th J.Fin.Econ. 1988, 431.

[248] Vgl. dazu die Empfehlung des § 3.02(b)(3) ALI-Principles. Danach sollen die Independent Directors und die Executive Officers im Rahmen der Board-Sitzungen über das Management „beraten"; dazu *Byrd/Hickman*, 32nd J.Fin.Econ. 1992, 195.

[249] *Charkham*, Keeping Good Company – A study of Corporate Governance in five Countries, S. 190; *Schneider-Lenné*, Das anglo-amerikanische Board-System, S. 27, 37; die Mindestvorgabe für die Sitzungsfrequenz des SE-Verwaltungsorgans beträgt drei Monate, Art. 44 I SE-VO.

In diesem Rahmen treffen die IDs auch die strategischen Leitungsentscheidungen, die sie gemeinsam mit den EOs erörtern[250] und zu deren Ausführung die EOs angewiesen werden[251].

Für die Überwachung der Executive Officers spielen außerdem die Audit Committees eine herausragende Rolle. Diese Prüfungsausschüsse des Boards haben durch das Sarbanes-Oxley-Act vom 30.06.2002 in erheblichem Maße an Bedeutung gewonnen, was in den folgenden Abschnitten näher beleuchtet werden soll[252].

IV. „Audit Committees" of the Board

Audit Committees haben sich nicht nur in der britischen, sondern auch in der US-amerikanischen Unternehmenspraxis als notwendige Konsequenz der nicht vorhandenen institutionalisierten Trennung von Geschäftsführung und Überwachung entwickelt[253]. Ihr Zweck besteht darin, die finanzielle Lage und das Finanzgebaren der Gesellschaft zu überwachen[254].

Die Implementierung von Audit Committees wurde bereits seinerzeit von dem American Law Institute empfohlen[255]. Zudem waren börsennotierte Corporations bereits vor Erlass des Sarbanes-Oxley-Act zum Beispiel nach den Listing Rules der New York Stock Exchange (kurz: NYSE) zur Implementierung von

---

[250] Vgl. § 3.02(a)(3) ALI-Principles; *Gevurtz*, Corporation Law, S. 191; *Bainbridge*, 55th Vand.L.Rev. 2002, 1, 5; *Schneider-Lenné*, Das anglo-amerikanische Board-System, S. 27, 37; *Turcon/Zimmer (Hrsg.)*, Grundlagen des US-amerikanischen Gesellschafts-, Wirtschafts-, Steuer- und Fremdenrechts, S. 11.

[251] *Turcon/Zimmer (Hrsg.)*, Grundlagen des US-amerikanischen Gesellschafts-, Wirtschafts-, Steuer- und Fremdenrechts, S. 11.

[252] Im Übrigen ist, ebenso wie in Großbritannien, die Einrichtung eines sog. „Nominating Committee" üblich, welches für die Auswahl und Nominierung der Executive Officers zuständig ist (vgl. § 3A.05(a) ALI-Principles). Daneben verfügen die Corporations regelmäßig über ein sog. „Compensation Committee", welches die Vergütungen der Officers und Directors festlegt (vgl. § 3A.05 ALI-Principles); zu diesen Committees *Eisenberg*, Corporations and other Business Organizations, S. 148; *Monks/Minow*, Corporate Governance, S. 199 sowie *Kristie*, Board Trends 1970s to the 1990s: „The More Things Change...", Vortrag in Washington D.C. vom 26.02.1999, im Internet abrufbar unter www.directorsandboards.com/brdtrnds.html.

[253] So die Formulierung von *Lück*, DB 1999, 441; ebenso *Theisen/Wenz*, Die Europäische Aktiengesellschaft, D.II., S. 282; zu den Audit Committees in der britischen Public Company Limited by Shares C.III. „Audit Committees" of the Board.

[254] Die Formulierung stammt von *Schneider-Lenné*, Das anglo-amerikanische Board-System, S. 27, 30.

[255] Zu den Audit Committees nach den Empfehlungen des ALI vgl. §§ 3A.04(a), 3A.05(a) ALI-Principles.

Audit Committees verpflichtet[256]. Die Corporations hatten jedoch nach dem Grundsatz „Comply or Explain" die Möglichkeit, im Hinblick auf die Kompetenzen und die Besetzung der Audit Committees von den Listing Rules der NYSE abzuweichen[257]. Seit der Verabschiedung des Sarbanes-Oxley-Act besteht diese Möglichkeit nicht mehr, Sec. 301 SOA. Nach dem SOA sind die Bestellung, die Kompetenzen sowie die personelle Besetzung der Audit Committees nunmehr zwingend vorgegeben[258].

1. Kompetenzen des Audit Committees

Gem. Sec. 401 SOA sind die EOs gegenüber dem Audit Committee zur regelmäßigen Unterrichtung über „besondere" Geschäftsvorfälle verpflichtet; derartige Unterrichtungen müssen innerhalb von zwei Tagen erfolgen[259].

Gem. Sec. 404 SOA sind die Executive Officers verpflichtet, in regelmäßigen Abständen den Lauf der Geschäfte der Gesellschaft zu überprüfen und dem Audit Committee darüber Bericht zu erstatten, welche Kontrollmechanismen innerhalb des Managements installiert wurden und inwieweit sich diese Kontrollmechanismen als brauchbar erwiesen haben (*Internal Control Report*)[260].

Zudem hat das Audit Committee die Pflicht, einen Abschlussprüfer zu bestellen, der die Rechnungslegung der Corporation überprüft; dieser Abschlussprüfer ist wiederum von dem Audit Committee zu überwachen[261].

Schließlich wurde durch das Sarbanes-Oxley-Act eine strafrechtliche Zertifizierungspflicht eingeführt: Danach muss jeder Bericht über die Rechnungslegung eine schriftliche Stellungnahme des Managements enthalten, dass die in dem Bericht enthaltenen Informationen unter allen Gesichtspunkten die finanzielle Situation der Corporation wahrheitsgemäß widerspiegeln (*fairly presents, in all*

---

[256] § 303.01 NYSE Listed Company Manual, Sec. 3, Corporate Responsibility, im Internet abrufbar unter www.nyse.com.listed.html.

[257] Vgl. § 303.01 (B)(2) NYSE Listed Company Manual, Sec. 3, Corporate Responsibility; dazu *Clark*, Corporate Law, S. 109.

[258] Darüber hinaus enthält das SOA strenge Anforderung an die Unabhängigkeit von Wirtschaftsprüfungsgesellschaften, vgl. Sec. 101 ff; 201 ff SOA; dazu ausführlich *Lanfermann/Maul*, DB 2002, 1725; *dies.*, DB 2003, 1237; *Block*, BKR 2003, 774.

[259] Dazu *Schwarz/Holland*, ZIP 2002, 1661, 1668; *Donald*, WM 2003, 705, 748.

[260] Sec. 404 SOA; dazu ausführlich *Block*, BKR 2003, 774, 776.

[261] Sec. 204 SOA.

material respects)[262]. Bei wahrheitswidriger Abgabe dieser Berichte droht eine Geldstrafe von bis zu 1 Million Dollar und/oder zehn Jahren Freiheitsstrafe, Sec. 906 SOA.

2. Personelle Besetzung des Audit Committees

Das Sarbanes-Oxley-Act gibt auch die personelle Besetzung der Audit Committees vor. Gem. Sec. 301 SOA muss jedes Mitglied des Audit Committee zwar ein von dem Shareholder Meeting bestelltes Board-Mitglied, im Übrigen aber von der Corporation unabhängig sein, Sec. 301 (3) (A) SOA (*Independence in General*)[263]. In Sec. 301 (3) (B) SOA werden die Voraussetzungen der Unabhängigkeit der Directors definiert (*Criteria of Independence*). Danach darf der Director des Audit Committee weder Vergütungen der Gesellschaft erhalten noch in sonstiger Form mit dem Unternehmen verbunden sein.

a) Unzulässige Vergütungen, Sec. 301 SOA

Gem. Sec. 301 (3) (B) SOA darf der Director, der dem Audit Committee angehört, weder direkt noch indirekt Vergütungen des Unternehmens beziehen, dessen Management er überwachen soll. Die unzulässigen Vergütungen i.S.d. Sec. 301 (3) (B) SOA erfassen solche Zahlungen, die ein Executive Officer für seine geschäftsführende Tätigkeit erhalten würde[264]. Die Überwachung der Geschäftsführung im Rahmen des Audit Committee obliegt damit ausschließlich den Independent Directors[265].

b) Unzulässige sonstige Verbindung, Sec. 301 SOA

Sec. 301 SOA verbietet zudem eine sonstige Verbindung des IDs mit der Gesellschaft. Als mit der Gesellschaft verbunden gilt ein Independent Director, wenn er die Gesellschaft, dessen Audit Committee er angehört, oder ein von

---

262 Sec. 906 SOA; zu dem vorgeschriebenen Inhalt dieser Pflichten ausführlich *Coffee*, Business Lawyer 2002, 1403, 1416. Dazu aus der deutschen Literatur *Schwarz/Holland*, ZIP 2002, 1661, 1667 sowie *Donald*, WM 2003, 705, 742.

263 Zu den Anforderungen der Unabhängigkeit der Mitglieder des Audit Committee ausführlich *Schwarz/Holland*, ZIP 2002, 1661, 1670; *Block*, BKR 2003, 774, 781; *Donald*, WM 2003, 705, 751.

264 *Coffee*, Business Lawyer 2002, 1403, 1412; *Donald*, WM 2003, 705, 751.

265 *Schwarz/Holland*, ZIP 2002, 1661, 1670; *Block*, BKR 2003, 774, 781; *Donald*, WM 2003, 705, 751; nach den Empfehlungen des American Law Institute sollte das Audit Committee lediglich „überwiegend“ mit Independent Directors besetzt sein, § 3.05 ALI-Principles.

dieser Gesellschaft abhängiges Unternehmen „kontrolliert"[266]. Eine solche Kontrollmöglichkeit liegt vor, wenn der Director die Möglichkeit der Einflussnahme auf die genannten Unternehmen hat, z.B. durch die Ausübung von Stimmrechten im Rahmen der Hauptversammlung[267]. Folglich ist es nach dem SOA künftig qua Gesetz ausgeschlossen, dass der Independent Director gleichzeitig Aktionär der Gesellschaft oder eines von dieser Gesellschaft abhängigen Unternehmens ist[268].

V. Zusammenfassung und Vergleich mit der monistisch verfassten SE

Somit kann festgehalten werden, dass zwischen der US-amerikanischen Corporation und der monistisch verfassten SE ebenfalls[269] gewisse Parallelen, jedoch auch einige Differenzen im Hinblick auf die Geschäftsführung und die Überwachung der Geschäftsführung bestehen.

Vergleichbar sind zunächst die Kompetenzen der Executive Officers (Corporation) und der geschäftsführenden Direktoren (SE), die jeweils für die Geschäftsführung zuständig sind, dabei aber den Weisungen der Independent Directors (Corporation) bzw. der nichtgeschäftsführenden Direktoren (SE) unterliegen[270]. Vergleichbar sind auch die Aufgaben der Independent Directors und der nichtgeschäftsführenden Direktoren: Sie legen einerseits die strategischen Ziele der Gesellschaft fest und überwachen andererseits die Geschäftsführung[271].

---

[266] Sec. 301 (3)(B)(i), (ii) SOA.

[267] *Block*, BKR 2003, 774, 783.

[268] *Block*, BKR 2003, 774, 783; vgl. Sec. 301 SOA. Das Recht einiger Bundesstaaten enthielt bereits vor Verabschiedung des SOA das Verbot der Aktieninhaberschaft bei gleichzeitiger Board-Mitgliedschaft, so z.B. Sec. 300 Cal. Corp. Code 1992; Sec. 141 tit. 8 Del.Code Ann.Law. 1990; Sec. 701 NY Bus. Corp. Act 1989.

[269] Zu den Gemeinsamkeiten und Unterschieden der britischen PLC und der monistisch verfassten SE Abschnitt C.IV. Zusammenfassung und Vergleich mit der monistisch verfassten SE.

[270] *Gevurtz*, Corporation Law, S. 190; *Clark*, Corporate Law, S. 114; *Cary/Eisenberg*, Cases and Materials on Corporations, S. 207; für die geschäftsführenden Direktoren der monistisch verfassten SE ergibt sich die Weisungsgebundenheit aus § 44 II SEAG.

[271] Vgl. zu den Kompetenzen der nichtgeschäftsführenden Direktoren § 22 I, III S. 2 SEAG; diese Doppelfunktion der Independent Directors wird auch in der US-amerikanischen Literatur zum Teil heftig kritisiert, worauf in dem letzten Teil dieses Kapitels ausführlich eingegangen wird (E.I.2. Nichtgeschäftsführende Direktoren – „Manager" oder „Überwacher" der monistisch verfassten SE?); zu dieser Kritik *Bainbridge*, 55th Vand.L.Rev. 2002, 1, 5; *Roe*, 102nd Yale L.J. 1993, 1927, 1995; *Byrd/Hickman*, 32nd J.Fin.Econ. 1992, 195; *Finch*, 55th Minn.L.Rev. 1992, 179; *Vagts*, 80th Harv.L.Rev. 1966, 23; *Connard*, 82th Mich.L.Rev. 1984, 1459, 1461.

Bezüglich der Sitzungen der Boards einer Corporation kann festgehalten werden, dass die Directors und Officers in diesem Rahmen nicht nur die Belange des operativen Geschäfts, sondern auch die Fragen der Unternehmensplanung erörtern[272]. Die Mitglieder des Verwaltungsorgans einer monistisch verfassten SE sind streng nach dem Wortlaut des Art. 44 I SE-VO lediglich dazu verpflichtet, über den *Gang der Geschäfte* zu beraten – ob sich diese Pflicht auch auf die gemeinsame Erörterung der strategischen Ziele der Gesellschaft erstreckt, kann, wie in Kapitel Zwei festgestellt wurde, nicht abschließend beantwortet werden[273]. Ob es sich ungeachtet einer solchen Pflicht empfiehlt, nach angelsächsischem Vorbild auch die Belange der Unternehmensplanung in den Sitzungen des Verwaltungsorgans zu beraten, wird in den letzten Abschnitten dieses Kapitels hinterfragt[274].

Ein wesentlicher Unterschied zwischen der Corporation und der monistisch verfassten SE ergibt sich aber aus dem folgenden Umstand: Das Verwaltungsorgan einer monistisch verfassten SE ist zwar verpflichtet, geeignete Vorkehrungen zur Überwachung der Geschäftsführung zu treffen[275]; wie eine solche Überwachung stattfinden soll, liegt jedoch im Ermessen des Verwaltungsorgans[276]. Nach dem Sarbanes-Oxley-Act haben US-amerikanische Corporations ein solches Ermessen jedoch nicht mehr[277]. Nach dem SOA sind die Bestellung, die Kompetenzen sowie die Besetzung der Audit Committees nun gesetzlich vorgegeben[278]. Fälle wie die Zusammenbrüche von Enron und Worldcom und die entsprechende Reaktion des US-amerikanischen Gesetzgebers scheinen ein Beleg dafür zu sein, dass erstens die fakultative Einrichtung von Überwachungsmechanismen offenbar nicht geeignet ist, eine wirksame und unabhängige Überwachung der Geschäftsführung zu gewährleisten, und zweitens nur durch die gesetzliche Vorgabe von Überwachungsmecha-

---

[272] Vgl. § 3.02(a)(3) ALI-Principles; *Bainbridge*, 55th Vand.L.Rev. 2002, 1, 5; *Schneider-Lenné*, Das anglo-amerikanische Board-System, S. 27, 37; *Turcon/Zimmer (Hrsg.)*, Grundlagen des US-amerikanischen Gesellschafts-, Wirtschafts-, Steuer- und Fremdenrechts, S. 11.

[273] Kapitel Zwei, D.II.2.b) Gemeinsame Beratungen über den Gang der Geschäfte i.S.d. Art. 44 I SE-VO.

[274] E.II. Informationsfluss zwischen Geschäftsführung und Überwachung.

[275] § 22 III S. 2 SEAG.

[276] Vgl. §§ 22 III S. 2, 34 IV SEAG.

[277] Zur (bisherigen) Satzungsautonomie US-amerikanischer Corporations *Lattin*, The Law of Corporations, S. 239; *Bhagat/Black*, 54th Bus.Law. 1999, 921, 955; *Fisch*, Cardozo L.Rev. 1997, 265, 268. Das Sarbanes-Oxley-Act hat mit der obligatorischen Implementierung der Audit Committees und den Regelungen zur Unabhängigkeit seiner Mitglieder das monistische System in eine Richtung verschoben, die auf eine Annäherung an dualistische Strukturen hindeutet, *Donald*, WM 2003, 705, 711; *Schwarz/Holland*, ZIP 2002, 1661, 1670; zustimmend *Block*, BKR 2003, 774, 778.

[278] Vgl. Sec. 301, 401 ff SOA.

nismen das Vertrauen der Investoren in die Funktionsfähigkeit der Geschäftsführung und ihrer Überwachung gewährleistet werden kann[279].

Lassen sich aus diesen Erfahrungen, die in den USA mit dem monistischen Gesellschaftsmodell gemacht wurden, Argumente gegen die Wahl einer monistisch verfassten SE herleiten? Diese Frage wird ebenfalls in den letzten Abschnitten dieses Kapitels diskutiert[280].

E. Konsequenzen für die Ausübung des Wahlrechts i.S.d. Art. 38 lit. b SE-VO

Auf Grundlage der Ergebnisse der vorangegangenen Untersuchungen soll schließlich überprüft werden, ob eines der beiden SE-Modelle – das dualistische oder das monistische Modell – vorzugswürdig ist. Dazu wird in den folgenden Abschnitten zunächst untersucht, ob beide Modelle der Europäischen Gesellschaft eine flexible Führung der Geschäfte ermöglichen[281]. Für das dualistische SE-Modell ist dabei der Vorbehalt der Zustimmung des Aufsichtsorgans nach Maßgabe des Art. 48 I SE-VO zu berücksichtigen[282]. In den folgenden Abschnitten wird überprüft, ob die Vorschriften Art. 48 I SE-VO und § 111 IV S. 2 n.F. AktG in ihrem Regelungsgehalt identisch sind[283]. Bejahendenfalls würden die in diesem Kapitel herausgearbeiteten Folgen der Neufassung des § 111 IV S. 2 AktG Zweifel an der Flexibilität des Leitungsorgans einer dualistisch verfassten SE begründen[284].

Freilich bedarf es neben einer handlungsfähigen Unternehmensleitung auch einer effektiven Überwachung der Geschäftsführung. Deshalb stellt sich im Zusammenhang mit den Zustimmungsvorbehalten gem. Art. 48 I SE-VO gleichzeitig die Frage, ob sich die oftmals geäußerte Kritik an der „Zurückhal-

---

[279] Die Stellungnahme der US-Regierung ist im Internet abrufbar unter www.access.gpo.gov/nara/nara 005.html.: „An Act to protect investors by improving to accuracy an reliability of corporate disclosures made pursuant to the securities laws, and for other purposes...“; zu den Beweggründen der US-Regierung ferner *Martin*, NZG 2003, 948 m.w.N.

[280] E.IV. „Combined Code“ und „Sarbanes-Oxley-Act“ als Argumente gegen die monistisch verfasste SE?

[281] E.I. Flexibilität der Geschäftsführung.

[282] Vgl. dazu bereits die Untersuchungen in Kapitel Zwei, D.I.3.b) „Relativierung“ dieses Grundsatzes gem. Art. 48 I SE-VO.

[283] E.I.1. „Zurückhaltung oder Übereifer des Aufsichtsorgans?“ – Zustimmungsvorbehalte in der dualistisch verfassten SE.

[284] Zu der Kritik an der Neufassung des § 111 IV S. 2 AktG siehe Abschnitt B.III.2.b)cc) Konsequenzen der mangelnden Bestimmbarkeit und der Häufung von Zustimmungsvorbehalten.

tung“ des Aufsichtsrats bei dem Erlass von Zustimmungsvorbehalten[285] auf das dualistische SE-Modell übertragen lässt und damit Bedenken bezüglich einer effektiven Überwachung des Leitungsorgans bestehen[286].

Zweifel an der Flexibilität der Geschäftsführung in der monistisch verfassten SE könnten deshalb begründet sein, weil die nichtgeschäftsführenden Direktoren eine doppelte Funktion innehaben: Sie treffen einerseits die strategischen Leitungsentscheidungen und sind andererseits für die Überwachung der Geschäftsführung zuständig[287]; zur Überwachung der Geschäftsführung sowie zur Durchsetzung ihrer strategischen Leitungsentscheidungen haben die nichtgeschäftsführenden Direktoren aber die Kompetenz, den geschäftsführenden Direktoren Weisungen zu erteilen, § 44 II SEAG[288].

Aus dem gleichen Grunde, nämlich der „Doppelfunktion“ der nichtgeschäftsführenden Direktoren, sind möglicherweise auch Zweifel an einer effektiven Überwachung der geschäftsführenden Direktoren berechtigt. Auch dieser Aspekt wird in den folgenden Abschnitten ausführlich untersucht[289].

Des Weiteren wird überprüft, ob beide SE-Modelle eine gleichermaßen konstante und zuverlässige Informationsversorgung derjenigen Personen gewährleisten können, deren Aufgabe in der Überwachung der Geschäftsführung besteht[290]. Eine effektive Überwachung der Geschäftsführung setzt voraus, dass die mit der „Aufsicht“ betrauten Personen regelmäßig und umfassend über die Belange der Geschäftsführung informiert werden.

Ein weiterer Aspekt, der in den folgenden Abschnitten näher beleuchtet wird, ist die Haftung der Mitglieder der jeweiligen SE-Organe[291]. Ohne die Ergebnisse der folgenden Untersuchungen vorwegzunehmen, kann schon jetzt angemerkt werden, dass sich insbesondere bei der Haftung der Direktoren einer monistisch verfassten SE Abgrenzungsprobleme ergeben[292].

---

[285] Dazu Abschnitt B.III.a) Gründe für die Neufassung des § 111 IV S. 2 AktG.

[286] Siehe dazu Abschnitt B.III.2.a) Gründe für die Neufassung des § 111 IV S. 2 AktG.

[287] Zu den Kompetenzen der nichtgeschäftsführenden Direktoren Kapitel Zwei, D.II.2. Abgrenzung der Kompetenzen von geschäftsführenden und nichtgeschäftsführenden Direktoren.

[288] Dazu E.I.2.a) Flexibilität der Geschäftsführung.

[289] E.I.2.b) Effektive Überwachung der geschäftsführenden Direktoren?

[290] E.II. Informationsfluss zwischen Geschäftsführung und Überwachung.

[291] E.III. Haftung der Mitglieder der SE-Organe.

[292] E.III.1. Abgrenzungsprobleme in Haftungsfällen.

Abschließend soll hinterfragt werden, ob sich aus den Entwicklungen in Großbritannien und den USA (Vorgaben des Combined Code[293] und Verabschiedung des Sarbanes-Oxley-Act[294]) Argumente gegen die Gründung einer monistisch verfassten SE herleiten lassen[295].

I. Flexibilität der Geschäftsführung

Zur Beantwortung der Frage, ob eines der beiden SE-Modelle vorzugswürdig ist, konzentrieren sich die folgenden Erläuterungen im Schwerpunkt zunächst auf das Erfordernis der Flexibilität und Handlungsfähigkeit der Geschäftsführung einer dualistisch und einer monistisch verfassten SE[296]. Die Darstellungen der vorangegangenen Abschnitte haben gezeigt, dass sich die Reformbemühungen in Deutschland[297], Großbritannien[298] und den USA[299] stets auf die Kontrolle der Geschäftsführung zwecks Vermeidung rechtswidrigen Handelns beziehen. Immer dann, wenn ein Unternehmen auf spektakuläre Weise zusammenbricht, werden Stimmen nach einer noch strengeren und transparenteren Überwachung der Geschäftsführung laut[300].

Zwar mag die Verfeinerung gesetzlicher Kontrollmechanismen ein probates Mittel sein, kriminellen Machenschaften von Vorstands- und/oder Aufsichtsratsmitgliedern vorzubeugen und damit im Einzelfall geeignet sein, Skandale und spektakuläre Unternehmenszusammenbrüche zu vermeiden[301]. Dabei darf aber der kreative Aspekt keinesfalls unberücksichtigt bleiben. Schließlich muss eine Gesellschaft auch so verfasst sein, dass die Geschäftsleitung erfolgreich am Markt tätig werden und entsprechende Gewinne erwirtschaften kann. Schwarze Zahlen kann ein Unternehmen aber nur dann schreiben,

---

293 Dazu C.I. Der sog. „Combined Code“: Empfehlungen von Cadbury und Hampel.

294 Vgl. dazu die Ausführungen in Abschnitt D.II. Verabschiedung des „Sarbanes-Oxley-Act“.

295 E.IV. „Combined Code“ und „Sarbanes-Oxley-Act“ als Argumente gegen die monistisch verfasste SE?

296 Zum Erfordernis der Flexibilität des Vorstands einer AG *Dauner-Lieb*, in: FS Röhricht 2005, S. 83, 90; ausführlich unter Effizienzgesichtspunkten *Ludwig*, Leitungsgremien und Aufsichtsräte im Konzern, S. 184 f.

297 B.III.2.a) Gründe für die Neufassung des § 111 IV S. 2 AktG.

298 C.I. Der sog. „Combined Code“: Empfehlungen von Cadbury und Hampel.

299 D.I. Empfehlungen des „American Law Institute“ sowie D.II. Verabschiedung des „Sarbanes-Oxley-Act“.

300 „Ein Börsenaufschwung vergrößert die Zahl der Anleger, Unternehmenspleiten und damit verbundene Kurseinbrüche sorgen hingegen für die Motivation, Maßnahmen zur Vermeidung weiterer Verluste zu ergreifen“, *Coffee*, Yale L.J. 2001, 1, 64; *Donald*, WM 2003, 705.

301 *Dauner-Lieb*, in: FS Röhricht 2005, S. 83, 90.

wenn es in der Lage ist, die *„richtigen" unternehmerischen Entscheidungen* zu treffen[302]. Diese wiederum trifft in erster Linie, beispielsweise in der deutschen AG, der mit der Leitung betraute Vorstand und nicht der für die Überwachung zuständige Aufsichtsrat[303]. Eine Entscheidung der Geschäftsleitung kann aber gar keine *„echte" unternehmerische Entscheidung* sein, wenn sie nicht ein gewisses Risiko in sich trägt[304].

Deshalb werden SE-interessierte Unternehmen ihre Wahl nach Maßgabe des Art. 38 lit. b SE-VO in erster Linie davon abhängig machen, welches der beiden SE-Modelle die Voraussetzungen dafür schafft, dass die Geschäftsleitung im Einzelfall schnell, flexibel und vor allem auch risikofreudig handeln, mithin *unternehmerische Entscheidungen* treffen kann.

1. „Zurückhaltung oder Übereifer des Aufsichtsorgans?" – Zustimmungsvorbehalte in der dualistisch verfassten SE

Eine dualistisch verfasste SE zeichnet sich dadurch aus, dass das Leitungsorgan, wie auch der Vorstand der AG, die Geschäfte der Gesellschaft in *eigener* Verantwortung führt, ohne dabei Weisungen des Aufsichtsorgans befolgen zu müssen[305]. Folglich werden für die dualistische SE bereits qua Gesetz die Voraussetzungen dafür geschaffen, dass das Leitungsorgan grds. flexibel und selbständig handeln kann und nur bei Vorliegen der Voraussetzungen des Art.

---

302 Ob eine unternehmerische Entscheidung *richtig* ist, lässt sich aufgrund zahlreicher Unwägbarkeiten (Schwankungen der Konjunktur, Wechsel des Kundengeschmacks, Leistungsfähigkeit der Konkurrenz) in den allermeisten Fällen freilich nur aus einer Ex-post-Betrachtung beurteilen, dazu ausführlich unter Haftungsgesichtspunkten *Dauner-Lieb*, in: FS Röhricht 2005, S. 83, 88.

303 „Die in Wahrnehmung der Überwachungsfunktion zu treffenden Entscheidungen des Aufsichtsrats sind keine unternehmerischen Entscheidungen", so *Dauner-Lieb*, in: FS Röhricht 2005, S. 83, 90 unter Hinweis auf die Rechtsprechung des BGH (BGHZ 135, 244).

304 Ohne ein gewisses Risiko in sich zu tragen, ist eine Entscheidung schon begrifflich keine *unternehmerische* Entscheidung, *Dauner-Lieb*, in: FS Röhricht 2005, S. 83, 96.

305 Art. 39 I S. 1 SE-VO; zu der eigenverantwortlichen Geschäftsführung des Vorstands *K.Schmidt*, Gesellschaftsrecht, § 28 II 1. a); *Wiesner*, in: Münchener Handbuch des Gesellschaftsrechts, Bd. 4 Aktiengesellschaft, § 19, Rn. 12; *Grunewald*, Gesellschaftsrecht, 2.C., Rn. 43; *Fleischer*, ZIP 2003, 1; zum Vergleich der Kompetenzen von Vorstand und Leitungsorgan Abschnitt B.IV. Zusammenfassung und Vergleich mit der dualistisch verfassten SE.

48 I SE-VO[306] auf die Zustimmung des Aufsichtsorgans angewiesen ist[307]. Damit ist der Regelungsgegenstand des Art. 48 I SE-VO mit dem des § 111 IV S. 2 n.F. AktG vergleichbar[308]. Während § 111 IV S. 2 n.F. AktG jedoch eindeutig eine Pflicht der Hauptversammlung bzw. des Aufsichtsrats normiert, bestimmte Maßnahmen an die Zustimmung des Aufsichtsrats zu binden, ist Art. 48 I SE-VO in seinem Wortlaut weniger eindeutig, was in den folgenden Abschnitten näher beleuchtet wird.

Vor dem Hintergrund des Art. 48 I SE-VO sollen nun zwei Argumente untersucht werden, die gegen die Gründung einer dualistisch verfassten SE sprechen könnten:

Gegen das dualistische SE-Modell könnte zunächst die oftmals geäußerte Kritik an der Zurückhaltung des Aufsichtsrats bei der Ausübung seines Ermessens i.S.d. § 111 IV S. 2 a.F. AktG sprechen[309]. Auch von Seiten der Literatur, die sich rechtsvergleichend mit dem deutschen und dem angelsächsischen Recht befasst, wird die fehlende Motivation des Aufsichtsrats, seiner Überwachungsaufgabe durch den Erlass von Zustimmungsvorbehalten nachzukommen, als Argument gegen eine dualistisch verfasste Gesellschaft angeführt[310].

---

[306] Welche Arten von Geschäften von Art. 48 I SE-VO erfasst werden, ist seinem Wortlaut nicht zu entnehmen. Nach bislang unbestrittener Auffassung ist aber davon ausgehen, dass dem Zustimmungsvorbehalt nicht sämtliche Geschäfte, sondern in Anlehnung an § 111 IV S. 2 n.F. AktG nur Maßnahmen von *grundlegender* Bedeutung unterworfen werden können, *Hommelhoff*, AG 2001, 279, 283; *Hirte*, NZG 2001, 1, 6; *Neye/Teichmann*, AG 2003, 169, 176; *Schwarz*, ZIP 2001, 1847, 1856; *Lange*, EuZW 2003, 301, 305; *Artmann*, wbl 2002, 189, 192; *Bungert/Beier*, EWS 2002, 1, 3. Zu der Definition der „grundlegenden" Geschäfte i.S.d. § 111 IV S. 2 n.F. AktG siehe Abschnitt B.III.2.b)aa) Bestimmbarkeit der „bestimmten Arten von Geschäften" i.S.d. § 111 IV S. 2 n.F. AktG.

[307] Zu der Flexibilität des Vorstands als Voraussetzungen für eine erfolgreiche Geschäftsführung *Dauner-Lieb*, in: FS Röhricht 2005, S. 83, 90; *Ludwig*, Leitungsgremien und Aufsichtsräte im Konzern, S. 184 f; zu diesem „Regel-Ausnahme-Verhältnis" der Leitungskompetenz einerseits und der Überwachungskompetenz andererseits *Fleischer*, ZIP 2003, 1.

[308] Siehe dazu bereits die Feststellungen in Abschnitt B.IV. Zusammenfassung und Vergleich mit der dualistisch verfassten SE.

[309] Dazu u.a. *Kropff*, NZG 1998, 613, 615; *Lutter*, AG 1991, 249, 254; *Gaulke*, Der Klub der Kontrolleure – Das Versagen der deutschen Aufsichtsräte, S. 122; *Hofmann*, Corporate Governance, S. 180; *Röller*, AG 1994, 333; siehe dazu auch die Ausführungen in Abschnitt B.III.2.a) Gründe für die Neufassung des § 111 IV S. 2 AktG.

[310] *Chmielewicz*, Harmonisierung der europäischen Unternehmensverfassung aus betriebswirtschaftlicher Sicht, in: Chmielewicz/Forster (Hrsg.), Unternehmensverfassung und Rechnungslegung in der EG, ZfbF 1991, Sonderheft 29, S. 15, 32; *Davies*, ZGR 2001, 268, 286; *Theisen*, AG 1989, 161, 167; zum Teil wurde sogar die – wohl etwas übertriebene – Auffassung vertreten, der Aufsichtsrat habe sich zu einem geschlossenen System entwickelt, in dem seine Mitglieder nur auf solche Weise arbeiteten, um ihre eigenen Nebeneinkünfte zu sichern, statt um eine effektive Überwachung der Geschäftsführung bemüht zu sein, vgl. *Schneider-Lenné*, Oxford Review of Economic Policy 1992, 11, 19.

Diese Kritik ließe sich auf das dualistische SE-Modell übertragen, wenn weder die Satzung der SE einen Katalog zustimmungsbedürftiger Geschäfte enthalten *muss*, noch das Aufsichtsorgan selbst *verpflichtet* ist, Maßnahmen der Geschäftsführung an seine Zustimmung zu binden.

Im Hinblick auf das Erfordernis einer flexiblen und handlungsfähigen Geschäftsführung ist aber ein ganz anderes Argument für die Entscheidung i.S.d. Art. 38 lit. b SE-VO von wesentlich größerem Gewicht: Gegen die Gründung einer dualistisch verfassten SE könnte die in diesem Kapitel dargestellte Kritik an der Neufassung des § 111 IV S. 2 AktG sprechen[311]. Es wurde festgestellt, dass der Aufsichtsrat aus präventiven Gründen nun auch solche Geschäfte dem Zustimmungsvorbehalt unterwerfen wird, die aus objektiver Sicht nicht von den Voraussetzungen des § 111 IV S. 2 n.F. AktG gedeckt sind[312]. Unterlassen es nämlich die Mitglieder des Aufsichtsrats pflichtwidrig, eine Maßnahme der Geschäftsführung an die Zustimmung des Aufsichtsrats zu binden und entsteht der Gesellschaft dadurch ein Schaden, droht ihnen die Haftung aus §§ 116, 93 II S. 1, 111 IV S. 2 n.F. AktG[313]. Durch einen überdehnten Zustimmungskatalog wird jedoch der Vorstand in seinem Recht eingeschränkt, die Geschäfte der AG in *eigener* Verantwortung zu führen, § 76 I AktG. Durch die Neufassung des § 111 IV S. 2 AktG wird die Geschäftsführung einer AG also in erheblichem Maße an Flexibilität einbüßen[314]. Diese Kritik ließe sich als Argument gegen die Gründung einer dualistisch verfassten SE anführen, wenn auch das Aufsichtsorgan zum Erlass eines Katalogs zustimmungsbedürftiger Geschäfte *verpflichtet* wäre. In diesem Falle bestünde auch in der dualistisch verfassten SE die Gefahr, dass die Mitglieder des Aufsichtsorgans den Katalog von zustimmungsbedürftigen Geschäften überdehnen und damit das Leitungsorgan in seiner Handlungsfähigkeit einschränken; denn die Mitglieder des Aufsichtsorgans haften wie die Mitglieder des Aufsichtsrats gem. §§ 116 I, 93 II S. 1 AktG, Art. 51, 9 I lit. c, ii SE-VO.

---

[311] Dazu ausführlich B.III.2.b) Folgen der Neufassung des § 111 IV S. 2 AktG.

[312] Dazu B.III.2.b)cc) Konsequenzen der mangelnden Bestimmbarkeit und der Häufung von Zustimmungsvorbehalten; zu den Anforderungen an die Geschäfte i.S.d. § 111 IV S. 2 n.F. AktG im Einzelnen *Lutter/Krieger*, Rechte und Pflichten des Aufsichtsrats, 4. Aufl. 2002, § 3, Rn. 109; *Hüffer*, AktG, 6. Aufl. 2004, § 111, Rn. 17; *Götz*, NZG 2002, 599, 602; *Hoffmann/Preu*, Der Aufsichtsrat, Rn. 304; *Geßler*/Hefermehl/Eckardt/Kropff, AktG, § 111, Rn. 67 sowie die Ausführungen in Abschnitt B.III.2.b)aa) Bestimmbarkeit der „bestimmten Arten von Geschäften" i.S.d. § 111 IV S. 2 n.F. AktG.

[313] LG Bielefeld, ZIP 2000, 20, 25 („Balsam AG").

[314] *Götz*, NZG 2002, 599, 603; *Lange*, DStR 2003, 376, 378; *Berrar*, DB 2001, 2181, 2183.

a) Pflicht zur satzungsmäßigen Vorgabe von Zustimmungsvorbehalten?

Zunächst stellt sich die Frage, ob Art. 48 I Unterabs. 1 SE-VO eine Pflicht[315] normiert, zustimmungsbedürftige Maßnahmen in der Satzung aufzuführen, oder ob es sich bei Art. 48 I Unterabs. 1 SE-VO lediglich um eine Ermessensvorschrift[316] handelt.

Für die zweite Alternative spricht die Tatsache, dass der Wortlaut des Art. 48 I Unterabs. 1 SE-VO nicht so eindeutig ist, dass daraus zwingend auf eine Pflicht zu schließen ist. Gem. Art. 48 I Unterabs. 1 SE-VO *werden* die Arten von Geschäften in der Satzung aufgeführt, für die das Aufsichtsorgan seine Zustimmung erteilen muss. Hätte es tatsächlich dem Willen des Verordnungsgebers entsprochen, dass eine dem § 111 IV S. 2 n.F. AktG entsprechende Pflicht auch für die Hauptversammlung[317] der SE gelten soll, so hätte er dies auch eindeutig formulieren können.

Die besseren Argumente sprechen jedoch dafür, dass die Satzung der SE bestimmte Arten von Geschäften beinhalten *muss*, die das Leitungsorgan nicht ohne die Zustimmung des Aufsichtsorgans vornehmen kann. Als Argument kann zum einen die Regelung in Art. 48 II SE-VO angeführt werden. Danach haben die Mitgliedstaaten die Möglichkeit, einen Katalog von einzelnen Geschäften zu normieren, die „...auf jeden Fall..." in der Satzung aufzuführen sind[318]. Daraus ist zu schließen, dass die Satzung auch selbst bestimmte Geschäfte beinhalten *muss*, die sich im Übrigen jedoch individuell nach dem Gegenstand des Unternehmens richten[319].

---

[315] Vgl. *Habersack*, Europäisches Gesellschaftsrecht, Rn. 411; *Hommelhoff*, AG 2001, 279, 284; *Nagel*, NZG 2004, 833, 836; *Hirte*, NZG 2001, 1, 6; *Schwarz*, ZIP 2001, 1847, 1856; *Bungert/Beier*, EWS 2002, 1, 3; *Artmann*, wbl 2002, 189, 192.

[316] *Lange*, EuZW 2003, 301, 305, jedoch ohne nähere Begründung; dieser Auffassung ist auch der *DAV*, NZG 2004, 75, 81, der seinen Standpunkt mit dem Wortlaut der Option gem. Art. 48 I Unterabs. 2 SE-VO begründet. Zu dieser Option Punkt b) Pflicht des Aufsichtsorgans zur Bestimmung zustimmungsbedürftiger Geschäfte?

[317] Die Hauptversammlung der SE ist, wie auch die Hauptversammlung der AG, für die Änderung der Satzung zuständig, Art. 52 II SE-VO i.V.m. § 119 I Nr. 5 AktG (vgl. Art. 9 I lit. c, ii SE-VO).

[318] Zu diesem Katalog i.S.d. Art. 48 II SE-VO *Hirte*, NZG 2001, 1, 6; *Lange*, EuZW 2003, 301, 305.

[319] Von einem solchen Katalog sieht das SEAG zu Recht ab. Die Einführung eines gesetzlich vorgegebenen „Mindestkatalogs" wurde auch im Rahmen der Neufassung des § 111 IV S. 2 AktG erwogen (dazu *Seibert*, NZG 2002, 608, 610), ist jedoch zu Recht unterblieben. Denn letztlich kann die Frage, welche Geschäfte für eine Gesellschaft von grundlegender Bedeutung sind, nur vor dem Hintergrund individueller Unternehmensmerkmale beantwortet werden, *Baums (Hrsg.)*, Bericht der Regierungskommission Corporate Governance, Rn. 34; ebenso *Lutter/Krieger*, Rechte und Pflichten des Aufsichtsrats, 4. Aufl. 2002, § 3, Rn. 104; *Lange*, DStR 2003, 376, 379; *Seibert*, NZG 2002, 608, 610; *Götz*, NZG 2002, 599, 602.

Zum anderen ergibt sich aus Art. 48 I Unterabs. 2 SE-VO, der in dem folgenden Abschnitt untersucht wird, dass der Verordnungsgeber durchaus in der Lage ist, eine Ermessensvorschrift zu formulieren[320].

Somit ist als Zwischenergebnis festzuhalten, dass es sich bei Art. 48 I Unterabs. 1 SE-VO um zwingendes Recht handelt. Die Satzung der SE muss bestimmte Maßnahmen der Geschäftsführung aufführen, die das Leitungsorgan nur unter „Beteiligung" des Aufsichtsorgans vornehmen kann[321].

b) Pflicht des Aufsichtsorgans zur Bestimmung zustimmungsbedürftiger Geschäfte?

Damit ist jedoch noch nicht die Frage beantwortet, ob auch das Aufsichtsorgan selbst bestimmte Geschäfte an seine Zustimmung binden *muss*. Bemerkenswert ist, dass gem. Art. 48 I Unterabs. 2 SE-VO die Mitgliedstaaten lediglich dazu ermächtigt werden, eine Vorschrift zu schaffen, wonach das Aufsichtsorgan bestimmte Arten von Geschäften an seine Zustimmung binden *kann*[322].

Von dieser Ermächtigung hat der deutsche Ausführungsgesetzgeber auch Gebrauch gemacht. In § 19 SEAG wird bestimmt, dass das Aufsichtsorgan bestimmte Maßnahmen der Geschäftsführung an seine Zustimmung binden *kann*. Aus der Vorgabe des Art. 48 I SE-VO i.V.m. § 19 SEAG ergibt sich also eine Besonderheit gegenüber dem deutschen Recht. Während nach § 111 IV S. 2 n.F. AktG die Satzung einen Katalog von zustimmungspflichtigen Geschäften beinhalten *muss* und auch der Aufsichtsrat *verpflichtet* ist, bestimmte Geschäfte an seine Zustimmung zu binden, ist nach der SE-VO und dem SEAG zu differenzieren. Lediglich die Hauptversammlung[323] der SE trifft eine entsprechende Pflicht, nicht aber das Aufsichtsorgan selbst.

Aufgrund dieser Uneinheitlichkeit des deutschen und des europäischen Rechts wird zum Teil vertreten, dass es sich bei der Option i.S.d. Art. 48 I Unterabs. 2 SE-VO schlicht um ein Versehen handele, weil die SE-VO vor

---

[320] Die Verfasser des DAV-Beitrages in *DAV*, NZG 2004, 75, 81, sind aber der Auffassung, dass es sich bei Art. 48 I Unterabs. 1 SE-VO um eine Ermessensvorschrift handele. Begründet wird dieser Standpunkt mit der Option i.S.d. Art. 48 I Unterabs. 2 SE-VO, wobei es sich nach dem ausdrücklichen Wortlaut lediglich um eine mitgliedstaatliche Option, nicht aber um eine Pflicht handelt.

[321] Im Ergebnis ebenso *Habersack*, Europäisches Gesellschaftsrecht, Rn. 411; *Hommelhoff*, AG 2001, 279, 284; *Nagel*, NZG 2004, 833, 836; *Hirte*, NZG 2001, 1, 6; *Schwarz*, ZIP 2001, 1847, 1856; *Bungert/Beier*, EWS 2002, 1, 3; *Artmann*, wbl 2002, 189, 192.

[322] Dazu *Hirte*, DStR 2005, 653, 656; *Schwarz*, ZIP 2001, 1847, 1856.

[323] Vgl. Art. 52 II SE-VO i.V.m. § 119 I Nr. 5 AktG.

dem Erlass des TransPuG[324] beschlossen worden sei[325]. An diese Argumentation ließe sich die Frage anknüpfen, ob der deutsche Ausführungsgesetzgeber deshalb über die Option i.S.d. Art. 48 I Unterabs 2 SE-VO hinausgehen darf und auch das Aufsichtsorgan einer SE zum Erlass zustimmungsbedürftiger Geschäfte *verpflichten* sollte[326].

Teilweise wird auch die Auffassung vertreten, dass der deutsche Ausführungsgesetzgeber nun selbst einen Katalog von zustimmungspflichtigen Geschäften erstellen müsse (Art. 48 II SE-VO), um eine ausreichende Einbindung des Aufsichtsorgans in die Geschäftsführung des Leitungsorgans zu gewährleisten und den „Rückfall" des Art. 48 I Unterabs. 2 SE-VO vor das Transparenz- und Publizitätsgesetz auszugleichen[327].

Jedoch ist keiner dieser Vorschläge überzeugend. Zunächst ist es äußerst fraglich, ob der deutsche Ausführungsgesetzgeber überhaupt über die Option i.S.d. Art. 48 I Unterabs. 2 SE-VO hinausgehen darf, mithin auch das Aufsichtsorgan zum Erlass von zustimmungsbedürftigen Geschäften verpflichten kann[328]. Es trifft zwar zu, dass die SE-VO vor der Neufassung des § 111 IV S. 2 AktG verabschiedet wurde[329]. Allein daraus kann jedoch noch nicht gefolgert werden, dass es sich bei der Option i.S.d. Art. 48 I Unterabs 2 SE-VO um ein Versehen des SE-Verordnungsgebers handelt. Die Problematik, dass der Aufsichtsrat einer AG von seinem Recht aus § 111 IV S. 2 a.F. AktG bislang in eher zurückhaltender Weise Gebrauch machte, wurde in Deutschland seit Jahren heftig diskutiert[330]. Aus diesem Grunde ist vielmehr davon auszugehen, dass es der Verordnungsgeber in Kenntnis dieser Diskussion bewusst

---

[324] Die Änderung des § 111 IV S. 2 AktG ist gem. Art. 1 Nr. 9 TransPuG mit Wirkung zum 19. Juli 2002 in Kraft getreten.

[325] So *Köstler*, ZGR 2003, 800, 805.

[326] Dafür *Teichmann*, ZIP 2002, 1109, 1115; a.A.: *Brandt*, NZG 2002, 991, 993 (dort Fn. 24).

[327] *Köstler*, ZGR 2003, 800, 805; a.A.: *Teichmann*, ZIP 2002, 1109, 1115, der aber lediglich als Begründung das Erfordernis des Gleichlaufs des Aktienrechts mit dem Recht der SE anführt.

[328] *Brandt*, NZG 2002, 991, 993, geht zutreffend davon aus, dass bei Überschreiten einer Ermächtigungsnorm der SE-VO (hier: Art. 48 I Unterabs. 2 SE-VO) die mitgliedstaatliche Norm nicht verordnungskonform und damit unwirksam wäre.

[329] Die SE-VO trat am 8. Oktober 2001 in Kraft; die Änderung des § 111 IV S. 2 AktG wurde erst mit der Verabschiedung des TransPuG am 19. Juli 2002 wirksam.

[330] Vgl. u.a. die Beiträge von *Lutter*, AG 1991, 249, 254; *Kropff*, NZG 1998, 613, 615; *Gaulke*, Der Klub der Kontrolleure – Das Versagen der deutschen Aufsichtsräte, S. 122; *Hofmann*, Corporate Governance, S. 180; *Röller*, AG 1994, 333; aus der rechtsvergleichenden Literatur *Chmielewicz*, Harmonisierung der europäischen Unternehmensverfassung aus betriebswirtschaftlicher Sicht, in: Chmielewicz/Forster (Hrsg.), Unternehmensverfassung und Rechnungslegung in der EG, ZfbF 1991, Sonderheft 29, S. 15, 32; *Davies*, ZGR 2001, 268, 286; *Theisen*, AG 1989, 161, 167.

unterlassen hat, den Mitgliedstaaten eine Verpflichtung des Aufsichtsorgans zu ermöglichen. Eine Änderung des SEAG (§ 19 SEAG) etwa dahingehend, auch das Aufsichtsorgan einer dualistisch verfassten SE zum Erlass von zustimmungsbedürftigen Geschäften zu *verpflichten*, würde also dem Willen des Verordnungsgebers widersprechen. Zudem sprechen die in diesem Kapitel aufgeführten Argumente gegen die Neufassung des § 111 IV S. 2 AktG ganz eindeutig gegen eine entsprechende Pflicht des Aufsichtsorgans[331].

Gegen einen von Gesetzes wegen vorgeschriebenen Katalog von zustimmungsbedürftigen Geschäften (Art. 48 II SE-VO) sprechen ebenfalls die Untersuchungen der vorangegangenen Abschnitte[332]. Es wurde festgestellt, dass es bei der Frage, welche Geschäfte für die Gesellschaft von grundlegender Bedeutung sind, maßgeblich auf die individuellen Merkmale der Gesellschaft (z.B. Größe und Brachenzugehörigkeit) ankommt – eine gesetzliche Vorgabe einzelner Grundlagengeschäfte kann also gar nicht abschließend und allgemeingültig erfolgen[333].

Somit ist festzuhalten, dass das Aufsichtsorgan einer dualistisch verfassten SE nicht zum Erlass eines Katalogs zustimmungspflichtiger Geschäfte verpflichtet ist, Art. 48 I Unterabs. 2 SE-VO i.V.m. § 19 SEAG. Eine Änderung des § 19 SEAG wäre nicht nur unzweckmäßig, sondern unter Berücksichtigung des Willens des Verordnungsgebers auch unzulässig.

c) Fazit

Im Vergleich zu der strengen Regelung des § 111 IV S. 2 n.F. AktG beschreiten die Regelungen Art. 48 I SE-VO i.V.m. § 19 SEAG also einen Mittelweg. Einerseits kann der Gefahr begegnet werden, dass sich das Aufsichtsorgan gänzlich seiner Überwachungsaufgabe entzieht. Die Satzung der SE *muss* bestimmte Arten von Geschäften aufführen, an deren Zustandekommen sich das Aufsichtsorgan „beteiligen" muss[334].

---

[331] Dazu ausführlich Abschnitt B.III.2.b)cc) Konsequenzen der mangelnden Bestimmbarkeit und der Häufung von Zustimmungsvorbehalten.

[332] Vgl. dazu bereits die Ausführungen in Abschnitt B.III.2.b)aa) Bestimmbarkeit der „bestimmten Arten von Geschäften" i.S.d. § 111 IV S. 2 n.F. AktG.

[333] *Baums (Hrsg.)*, Bericht der Regierungskommission Corporate Governance, Rn. 34; ebenso *Lutter/Krieger*, Rechte und Pflichten des Aufsichtsrats, 4. Aufl. 2002, § 3, Rn. 104; *Lange*, DStR 2003, 376, 379; *Seibert*, NZG 2002, 608, 610; *Götz*, NZG 2002, 599, 602.

[334] *Habersack*, Europäisches Gesellschaftsrecht, Rn. 411; *Hommelhoff*, AG 2001, 279, 284; *Nagel*, NZG 2004, 833, 836; *Hirte*, NZG 2001, 1, 6; *Schwarz*, ZIP 2001, 1847, 1856; *Bungert/Beier*, EWS 2002, 1, 3; *Artmann*, wbl 2002, 189, 192; a.A.: *Lange*, EuZW 2003, 301, 305; *DAV*, NZG 2004, 75, 81.

Andererseits ist das Aufsichtsorgan selbst nicht verpflichtet, bestimmte Maßnahmen des Leitungsorgans an seine Zustimmung zu binden. Die in den vorangegangenen Abschnitten herausgearbeiteten Nachteile, die aus der Neufassung des § 111 IV S. 2 AktG resultieren, bestehen für die dualistisch verfasste SE also nicht[335]. Folglich spricht für die Wahl des dualistischen SE-Modells die Tatsache, dass aufgrund der Eigenverantwortlichkeit des Leitungsorgans[336] die Voraussetzungen für eine flexible und kreative Geschäftsführung gegeben sind.

2. Nichtgeschäftsführende Direktoren – „Manager" oder „Überwacher" der monistisch verfassten SE?

Die Kompetenzen von Geschäftsführung und Überwachung sind in der monistisch verfassten SE anders verteilt als in der dualistisch verfassten SE[337].

Die geschäftsführenden Direktoren sind, anders als das Leitungsorgan einer dualistisch verfassten SE, ausschließlich für das operative Geschäft der Gesellschaft zuständig[338]. Die nichtgeschäftsführenden Direktoren haben hingegen eine doppelte Funktion. Einerseits nehmen sie einen Teil der Aufgaben wahr, die in der dualistisch verfassten SE in den Kompetenzbereich des Leitungsorgans fallen[339], namentlich die strategische Planung des Unternehmens[340]. Andererseits sind die Aufgaben der nichtgeschäftsführenden Direkto-

---

335 Diese Differenzierung zwischen der Pflicht der Hauptversammlung und dem Ermessen des Aufsichtsorgans nimmt auch *Nagel*, NZG 2004, 833, 836 vor, der den Unterschied zu § 111 IV S.2 n.F. AktG jedoch als geringfügig einschätzt und dabei verkennt, dass die durch § 111 IV S. 2 n.F. AktG bestehende Abgrenzungsproblematik durch die Regelung Art. 48 I SE-VO gerade nicht entstehen wird.

336 Vgl. Art. 39 I S. 1 SE-VO.

337 Zum Vergleich der Kompetenzen von Geschäftsführung und Überwachung in der dualistisch und der monistisch verfassten SE nach den Vorschriften der SE-VO und des SEAG Kapitel Zwei, D.III. Zusammenfassung und Fazit.

338 § 40 II S. 1 SEAG; zu den Kompetenzen der geschäftsführenden Direktoren *Hirte*, DStR 2005, 700, 701; *Horn*, DB 2005, 147, 150; *Kallmeyer*, ZIP 2003, 1531, 1532 f; *Eder*, NZG 2004, 544, 545; *Reichert/Brandes*, ZGR 2003, 767, 791 sowie ausführlich Kapitel Zwei, D.I.2.a) Abgrenzung der „laufenden Geschäfte" von der „Bestimmung der Grundlinien" der Gesellschaft.

339 Ebenso *Merkt*, ZGR 2003, 650, 658; *Kallmeyer*, ZIP 2003, 1531, 1532; *Neye/Teichmann*, AG 2003, 169, 177.

340 Vgl. § 22 I SEAG; zu den nichtgeschäftsführenden Direktoren als die Verantwortlichen für die „Oberleitung der monistisch verfassten SE" *Hirte*, DStR 2005, 700, 701; *Horn*, DB 2005, 147, 150; *Neye/Teichmann*, AG 2003, 169, 177; *Teichmann*, BB 2004, 53; *Gruber/Weller*, NZG 2003, 297, 298; *Eder*, NZG 2004, 544, 545; *Kallmeyer*, ZIP 2003, 1531, 1532.

ren aber auch mit der Funktion eines Aufsichtsorgans vergleichbar, weil ihnen die Überwachung der laufenden Geschäfte obliegt[341].

Damit stellt sich jedoch die Frage, welche dieser beiden Funktionen den Schwerpunkt bilden – sind die nichtgeschäftsführenden Direktoren in erster Linie „Manager" der Gesellschaft, weil sie die Grundlagen der Geschäftspolitik bestimmen, oder liegt der Schwerpunkt ihrer Aufgaben in der Überwachung der Geschäftsführung?

Möglicherweise sind aufgrund dieser „Doppelfunktion" Zweifel an der Flexibilität der Geschäftsführung einer monistisch verfassten SE berechtigt, was in den folgenden Abschnitten näher untersucht wird. Zudem soll kritisch hinterfragt werden, ob die nichtgeschäftsführenden Direktoren in ihrer Funktion als Manager *und* Überwacher dazu in der Lage sind, die geschäftsführenden Direktoren effektiv zu beaufsichtigen.

a) Flexibilität der Geschäftsführung

Gem. § 40 II S. 1 SEAG führen die geschäftsführenden Direktoren die laufenden Geschäfte der SE[342]. Diese handeln jedoch nicht in eigener Verantwortung, sondern unterliegen den Weisungen der nichtgeschäftsführenden Direktoren, § 44 II SEAG[343]. Vor dem Hintergrund des Erfordernisses einer möglichst flexiblen und handlungsfähigen Geschäftsführung erscheint diese Weisungsgebundenheit jedoch problematisch. Grund dafür ist die gleichzeitige Überwachungs- *und* Leitungsverantwortung der nichtgeschäftsführenden Direktoren und das damit einhergehende Haftungsrisiko[344].

Die nichtgeschäftsführenden Direktoren leiten die Gesellschaft und bestimmen die Grundlinien ihrer Tätigkeit, § 22 I SEAG[345]. Die zentrale Planungs- und Steuerungsverantwortung liegt also bei den nichtgeschäftsführenden Direkto-

---

[341] § 22 I a.E., III S. 2 SEAG; *Reichert/Brandes*, ZGR 2003, 767, 795; *Gruber/Weller*, NZG 2003, 297, 300.

[342] Der Begriff der *laufenden* Geschäfte stammt aus der Entwurfsbegründung zu § 40 SEAG. Der Referentenentwurf des SEEG (SEAG und SEBG) ist – nebst Begründung – im Internet abrufbar unter www.bmwa.bund.de/Navigation/Service/Gesetz/gesetze-von-a-z,did= 32804.html.

[343] Dazu *Nagel*, NZG 2004, 833, 836, der die geschäftsführenden Direktoren aufgrund ihrer Weisungsgebundenheit mit den Geschäftsführern einer GmbH vergleicht; ebenso *Hirte*, DStR 2005, 700, 701 und *Neye/Teichmann*, AG 2003, 169, 179.

[344] Darauf wird in den folgenden Abschnitten nochmals ausführlich eingegangen, E.III.2. Haftungsrisiko der nichtgeschäftsführenden Direktoren.

[345] Zu den Kompetenzen der nichtgeschäftsführenden Direktoren Kapitel Zwei, D.I.2.a) Abgrenzung der „laufenden Geschäfte" von der „Bestimmung der Grundlinien" der Gesellschaft.

ren[346]. Daran ändert auch die Delegation der laufenden Geschäfte an die geschäftsführenden Direktoren (§ 40 I S. 1 SEAG) nichts[347]. Gleichzeitig sind die nichtgeschäftsführenden Direktoren für die Überwachung der laufenden Geschäfte verantwortlich[348]. Für die ordnungsgemäße Erfüllung beider Aufgaben, der Leitungs- sowie der Überwachungsaufgabe, haften die nichtgeschäftsführenden Direktoren nach Maßgabe des § 39 SEAG i.V.m. § 93 II S. 1 AktG[349].

Aufgrund dieses Haftungsrisikos stellt sich jedoch folgendes Problem: Erblicken die nichtgeschäftsführenden Direktoren den Schwerpunkt ihrer Aufgaben in der Überwachung der Geschäftsführung, so könnten diese vor dem Hintergrund ihres Haftungsrisikos aus „übersteigerter Vorsicht" nicht selten der Versuchung unterliegen, in die laufenden Geschäfte der Gesellschaft korrigierend einzugreifen[350]. Je größer aber die Vorsicht der nichtgeschäftsführenden Direktoren ist, desto weniger sind die geschäftsführenden Direktoren zu einer flexiblen und handlungsfähigen Führung der laufenden Geschäfte in der Lage. Die Voraussetzungen für eine möglichst flexible und handlungsfähige werden also gerade nicht durch gesetzliche Regelungen geschaffen[351] – vielmehr liegt es allein im Ermessen der nichtgeschäftsführenden Direktoren, ob sie die geschäftsführenden Direktoren trotz des damit verbundenen Haftungsrisikos von etwaigen Weisungen frei stellen und ihnen die Möglichkeit einräumen, die Geschäfte der SE mit der nötigen Flexibilität und „Eigenverantwortlichkeit" zu führen[352].

b) Effektive Überwachung der geschäftsführenden Direktoren?

Die „doppelte Funktion" der nichtgeschäftsführenden Direktoren kann auch aus dem entgegengesetzten Blickwinkel kritisch betrachtet werden: Erblicken

---

346 *Hirte*, DStR 2005, 700, 701; *Horn*, DB 2005, 147, 150; *Kallmeyer*, ZIP 2003, 1531, 1532; *Teichmann*, BB 2004, 53; *Gruber/Weller*, NZG 2003, 297, 298; *Eder*, NZG 2004, 544, 545; *Neye/Teichmann*, AG 2003, 167, 177.

347 *Neye/Teichmann*, AG 2003, 169, 177.

348 Vgl. § 22 I a.E., III S. 2 SEAG; *Reichert/Brandes*, ZGR 2003, 767, 795.

349 Dazu ausführlich *Merkt*, ZGR 2003, 650, 671; *Kallmeyer*, ZIP 2003, 1531, 1534.

350 Die nichtgeschäftsführenden Direktoren haben die Kompetenz, Maßnahmen der Geschäftsführung zu initiieren, zu modifizieren oder schlicht zu untersagen, *Merkt*, ZGR 2003, 650, 663; *Eder*, NZG 2004, 544, 545; *Teichmann*, BB 2004, 53.

351 Die geschäftsführenden Direktoren handeln, anders als das Leitungsorgan der dualistisch verfassten SE (vgl. Art 39 I S. 1 SE-VO), gerade nicht in *eigener* Verantwortung.

352 In diesem Sinne auch *Merkt*, ZGR 2003, 650, 662.

nämlich die nichtgeschäftsführenden Direktoren den Schwerpunkt ihrer Aufgaben in der Managementfunktion, weil sie die strategischen Leitungsentscheidungen des Unternehmens treffen, so könnte dies zu einer Vernachlässigung ihrer Überwachungsaufgabe führen[353].

Diese Bedenken, die häufig in der angelsächsischen Literatur geäußert werden[354], lassen sich auf die folgende Argumentation stützen: Die strategischen Leitungsentscheidungen der nichtgeschäftsführenden Direktoren bilden die Grundlage und sind richtungweisend für die Maßnahmen des operativen Geschäfts[355]. Aus diesem Grunde ist zweifelhaft, ob die nichtgeschäftsführenden Direktoren dazu in der Lage sind, die Maßnahmen der Geschäftsführung kritisch, unbefangen und distanziert zu überwachen, wenn diese Maßnahmen auf ihren eigenen unternehmensplanerischen Entscheidungen beruhen[356].

Diese Argumentation lässt sich auch noch weiter zuspitzen, denn letztlich verfolgen die geschäftsführenden wie nichtgeschäftsführenden Direktoren ein und dasselbe Ziel, nämlich die Führung der laufenden Geschäfte im Sinne der Leitungsentscheidungen der nichtgeschäftsführenden Direktoren[357].

Aufgrund dieses „Interessengleichlaufs“ besteht in der monistisch verfassten SE potenziell die Gefahr, dass es zwischen den „Managern des Tagesge-

---

[353] Dies wird von *Kallmeyer*, ZIP 2003, 1531, 1533 angedeutet, der von „...zwei Herzen, die in einer Brust schlagen...“ spricht; in diesem Sinne auch *Fleischer*, AcP 204 (2004), 502, 527: „Die nichtgeschäftsführenden Direktoren changieren zwischen Entscheidungsteilhabe und Überwachung“.

[354] Aus der britischen Literatur *Ezzamel/Watson*, Wearing two Hats: The Conflicting Control and Management Role of Non-Executive Directors, in: Keasy/Thompson/Wright (Hrsg.), Corporate Governance: Economic Management and Financial Issues, S. 54, 64; *Binder*, Non-Executive Directors – Watchdogs or Advisers?, S. 11; *Cadman*, Non-Executive Directors: Are they truly Independent?, S. 149; *Esen*, Control by the General Meeting through the Powers to appoint and remove Directors, S. 143 f; aus der US-amerikanischen Literatur *Bainbridge*, 55th Vand.L.Rev. 2002, 1, 5; *Byrd/Hickman*, 32nd J.Fin.Econ. 1992, 195; *Finch*, 55th Minn.L.Rev. 1992, 179; *Vagts*, 80th Harv.L.Rev. 1966, 23; *Connard*, 82th Mich.L.Rev. 1984, 1459, 1461; *Roe*, 102nd Yale L.J. 1993, 1927, 1995; rechtsvergleichend *Bleicher/Paul*, DBW 46 (1986), 263, 265. Zu den Kompetenzen der Non-Executive Directors (GB) und den Independent Directors (USA), die mit den Leitungskompetenzen der nichtgeschäftsführenden Direktoren einer monistisch verfassten SE vergleichbar sind, ausführlich Abschnitt C.IV. Zusammenfassung und Vergleich mit der monistisch verfassten SE sowie D.V. Zusammenfassung und Vergleich mit der monistisch verfassten SE.

[355] „Die nichtgeschäftsführenden Direktoren geben die Richtung an“, *Kallmeyer*, ZIP 2003, 1531, 1533; zustimmend *Eder*, NZG 2004, 544, 545.

[356] *Ezzamel/Watson*, Wearing two Hats: The Conflicting Control and Management Role of Non-Executive Directors, in: Keasy/Thompson/Wright (Hrsg.), Corporate Governance: Economic Management and Financial Issues, S. 54, 65; *Bainbridge*, 55th Vand.L.Rev. 2002, 1, 5; andeutend *Kallmeyer*, ZIP 2003, 1531, 1533, der von „...zwei Herzen, die in einer Brust schlagen...“ spricht; ähnlich *Horn*, DB 2005, 147, 150.

[357] *Esen*, Control by the General Meeting through the Powers to appoint and remove Directors, S. 143; *Binder*, Non-Executive Directors – Watchdogs or Advisers?, S. 11.

schäfts" und den „Managern der Unternehmensplanung" zu einer Solidarisierung und zu einem „falsch verstandenen Wir-Gefühl" kommt[358], wodurch die nichtgeschäftsführenden Direktoren ihre Überwachungsaufgabe leicht aus den Augen verlieren können[359].

Somit kann festgehalten werden, dass im Hinblick auf eine effektive Überwachung der Geschäftsführung in der monistisch verfassten SE ebenfalls keine allgemeingültigen Aussagen getroffen werden können. Es hängt vom Einzelfall ab, inwieweit die nichtgeschäftsführenden Direktoren dazu in der Lage sind, sich bei der Überwachung der geschäftsführenden Direktoren von ihren eigenen, dem operativen Geschäft zugrunde liegenden, Leitungsentscheidungen zu distanzieren.

c) Fazit

Folglich ist zu konstatieren, dass das monistische SE-Modell weder für eine flexible Geschäftsführung noch für eine effektive Überwachung der Geschäftsführung einen Garant bietet. Es liegt im Ermessen der nichtgeschäftsführenden Direktoren, inwieweit sie den geschäftsführenden Direktoren die Möglichkeit einräumen, ihre Aufgaben mit einer gewissen Flexibilität und Handlungsfähigkeit zu erfüllen[360]. Gleichzeitig hängt es von den jeweiligen Fähigkeiten der nichtgeschäftsführenden Direktoren ab, sich von den eigenen Leitungsentscheidungen immer wieder kritisch zu distanzieren und diese im Rahmen der Überwachung der Geschäftsführung ggf. erneut zu hinterfragen[361]. Fest steht, dass sich die nichtgeschäftsführenden Direktoren einer monistisch verfassten SE aufgrund ihres Haftungsrisikos in einer Zwangslage befinden[362]. Sie tragen die Verantwortung für die Richtigkeit ihrer strategischen Entscheidungen, die

---

[358] Eingehend bereits *Connard*, 82th Mich.L.Rev. 1984, 1459; ebenso *Lutter*, Das dualistische System der Unternehmensverwaltung, in: Scheffler (Hrsg.), Corporate Governance, S. 5, 17, nach dessen zutreffender Auffassung diese Gefahr in der dualistisch verfassten SE nicht besteht: Aufgrund des „Spannungsverhältnisses" der eigenverantwortlichen Geschäftsführung des Leitungsorgans einerseits und den gesetzlich vorgegebenen Überwachungskompetenzen des Aufsichtsorgans andererseits können sich die Mitglieder des Aufsichtsorgans als ein mit eigenen Rechten und Pflichten ausgestattetes Widerlager begreifen und auch entsprechend handeln.

[359] *Bainbridge*, 55th Vand.L.Rev. 2002, 1, 5; *Cadman*, Non-Executive Directors: Are they truly Independent?, S. 149; *Finch*, 55th Minn.L.Rev. 1992, 179.

[360] Zu diesem Ermessen *Merkt*, ZGR 2003, 650, 662.

[361] *Bainbridge*, 55th Vand.L.Rev. 2002, 1, 5; *Esen*, Control by the General Meeting through the Powers to appoint and remove Directors, S. 144; *Binder*, Non-Executive Directors – Watchdogs or Advisers?, S. 11; *Roe*, 102nd Yale L.J. 1993, 1927, 1995.

[362] Eingehend *Merkt*, ZGR 2003, 650, 671.

aber die Grundlage für die Maßnahmen der Geschäftsführung bilden[363]. Deshalb bestehen wiederum Zweifel an einer unbefangenen und effektiven Überwachung der geschäftsführenden Direktoren[364], für deren sorgfältige Wahrnehmung die nichtgeschäftsführenden Direktoren ebenfalls haften[365].

II. Informationsfluss zwischen Geschäftsführung und Überwachung

Ein Vorteil der monistischen Unternehmensstruktur könnte in einem gegenüber dem dualistischen System konstanteren und zuverlässigeren Informationsfluss zwischen den geschäftsführenden und den nichtgeschäftsführenden Direktoren liegen[366]. Diese These ist häufig der Literatur zu entnehmen, die sich rechtsvergleichend mit dem deutschen und dem angelsächsischen Gesellschaftsrecht befasst[367].

In den folgenden Abschnitten soll deshalb der Informationsaustausch zwischen den Direktoren einer monistisch verfassten SE einerseits und dem Leitungs- und dem Aufsichtsorgan einer dualistisch verfassten SE andererseits näher beleuchtet werden. Dabei werden die Probleme, die bereits in diesem und dem vorangegangenen Kapitel angedeutet wurden, aufgegriffen: In Kapitel Zwei wurde festgestellt, dass dem Wortlaut des Art. 44 I SE-VO nicht eindeutig entnommen werden kann, über welche Belange der Unternehmensleitung die geschäftsführenden und nichtgeschäftsführenden Direktoren im Rahmen ihrer gemeinsamen Sitzungen beraten müssen[368]. Für das dualis-

---

[363] §§ 39, 22 I SEAG i.V.m. § 93 I S. 1, II S. 1 AktG; *Reichert/Brandes*, ZGR 2003, 767, 789; *Kallmeyer*, ZIP 2003, 1531, 1534; *Gruber/Weller*, NZG 2003, 297, 299.

[364] *Ezzamel/Watson*, Wearing two Hats: The Conflicting Control and Management Role of Non-Executive Directors, in: Keasy/Thompson/Wright (Hrsg.), Corporate Governance: Economic Management and Financial Issues, S. 54, 65; *Finch*, 55th Minn.L.Rev. 1992, 179.

[365] §§ 39, 22 I a.E., III S. 2 SEAG i.V.m. § 93 I S. 1, II S. 1 AktG; *Reichert/Brandes*, ZGR 2003, 767, 789; *Merkt*, ZGR 2003, 650, 671; in diesem Sinne auch *Fleischer*, AcP 204 (2004), 502, 527: „Die nichtgeschäftsführenden Direktoren changieren zwischen Entscheidungsteilhabe und Überwachung". Dieser Interessenkonflikt wird aber zum Teil dadurch als ausgeglichen betrachtet, dass das monistische Modell einen zuverlässigeren Informationsfluss zwischen Geschäftsführung und Überwachung gewährleiste als das dualistische Modell, so *Davies*, ZGR 2001, 268, 285. Dazu ausführlich die Ausführungen der folgenden Abschnitte.

[366] *Henssler*, in: FS Ulmer 2003, 193, 209; *Gruber/Weller*, NZG 2003, 297, 300; *Reichert/Brandes*, ZGR 2003, 767, 793.

[367] Zuletzt *Leyens*, RabelsZ 67 (2003), 57, 92; *Schneider-Lenné*, Das anglo-amerikanische Board-System, in: Scheffler (Hrsg.), Corporate Governance, S. 27, 34; *Davies*, ZGR 2001, 269, 284; *Roe*, 102nd Yale L.J. 1993, 1927, 1943.

[368] Dazu Kapitel Zwei, D.II.2.b) Gemeinsame Beratungen über den Gang der Geschäfte i.S.d. Art. 44 I SE-VO.

tische SE-Modell wurde anhand des Vergleichs mit den Berichtspflichten des Vorstands der AG festgestellt, dass der SE-VO eine dem § 90 I S. 1 Nr. 1 AktG entsprechende Regelung fehlt[369].

1. Informationsfluss zwischen geschäftsführenden und nichtgeschäftsführenden Direktoren

In einer britischen Public Company sowie in einer US-amerikanischen Corporation werden sämtliche Belange der Unternehmensleitung im Rahmen der Board-Sitzungen erörtert, an denen sowohl die geschäftsführenden als auch die nichtgeschäftsführenden Direktoren teilnehmen[370]. Dies gilt sowohl für die Maßnahmen, die die Geschäftsführung der EDs bzw. EOs betreffen, als auch für die Maßnahmen, die sich auf die strategischen Leitungsentscheidungen beziehen und damit in den Kompetenzbereich der NEDs bzw. IDs fallen[371]. Dadurch findet zwischen den Executives und den NEDs bzw. IDs einer angelsächsischen Gesellschaft stets ein konstanter und zuverlässiger Informationsaustausch statt[372].

Wie in Kapitel Zwei festgestellt wurde, lässt sich für die Sitzungen des Verwaltungsorgans einer monistisch verfassten SE aber nicht abschließend klären, ob in diesem Rahmen lediglich das operative Geschäft oder auch die Fragen der Unternehmensplanung erörtert werden müssen[373]. Der Wortlaut der Vorschriften Art. 44 I SE-VO („...*Gang der Geschäfte...*") und § 40 II S. 1 SEAG

---

369 Zu dieser Feststellung ausführlich Abschnitt B.IV. Zusammenfassung und Vergleich mit der dualistisch verfassten SE.

370 Vgl. dazu die Untersuchungen in diesem Kapitel in Abschnitt C.II.3. Abgrenzung der Kompetenzen von Executive Directors und Non-Executive Directors (PLC) sowie in Abschnitt D.III.3. Abgrenzung der Kompetenzen von Executive Officers und Independent Directors (Corp.).

371 Zu den Board-Sitzungen der britischen PLCs vgl. Combined Code Section 1, A.1.1.; ferner *Mayson/French/Ryan*, Company Law, S. 457 f; *Esen*, Control by the General Meeting through the Powers to appoint and remove Directors, S. 48; *Schneider-Lenné*, Das anglo-amerikanische Board-System, in: Scheffler (Hrsg.), Corporate Governance, S. 27, 34; *Davies*, ZGR 2001, 268, 284; zu den Sitzungen des Boards einer US-amerikanischen Corporation vgl. die Empfehlungen des ALI in § 3.02(a)(3) ALI-Principles; ferner *Gevurtz*, Corporation Law, S. 190; *Bainbridge*, 55th Vand.L.Rev. 2002, 1, 5; *Schneider-Lenné*, Das anglo-amerikanische Board-System, in: Scheffler (Hrsg.), Corporate Governance, S. 27, 37; *Turcon/Zimmer (Hrsg.)*, Grundlagen des US-amerikanischen Gesellschafts-, Wirtschafts-, Steuer- und Fremdenrechts, S. 11.

372 *Leyens*, RabelsZ 67 (2003), 57, 92; *Schneider-Lenné*, Das anglo-amerikanische Board-System, in: Scheffler (Hrsg.), Corporate Governance, S. 27, 34; *Davies*, ZGR 2001, 269, 284; *Roe*, 102nd Yale L.J. 1993, 1927, 1943.

373 Kapitel Zwei, D.II.2.b) Gemeinsame Beratungen über den Gang der Geschäfte i.S.d. Art. 44 I SE-VO.

(„...*laufende*[374] *Geschäfte*...") deuten darauf hin, dass die geschäftsführenden und nichtgeschäftsführenden Direktoren gem. Art. 44 I SE-VO lediglich dazu verpflichtet sind, über das operative Geschäft der Gesellschaft, nicht aber auch über die strategische Unternehmensplanung zu beraten[375]. Davon ausgehend würden die geschäftsführenden Direktoren im Rahmen der Sitzungen des Verwaltungsorgans also lediglich über die laufenden Geschäfte der Gesellschaft „befragt"; ein Informationsfluss wäre nur in eine Richtung, mithin in Richtung der nichtgeschäftsführenden Direktoren gewährleistet[376].

Ungeachtet des Wortlauts des Art. 44 I SE-VO ist den SE-interessierten Unternehmen aber dringend zu empfehlen, nach angelsächsischem Vorbild die Belange des operativen Geschäfts sowie die Fragen der Unternehmensplanung gemeinsam zu erörtern.

Denn die nichtgeschäftsführenden Direktoren benötigen für ihre strategischen Leitungsentscheidungen sowie für die Überwachung der Geschäftsführung Informationen über die laufenden Geschäfte der Gesellschaft; umgekehrt benötigen die geschäftsführenden Direktoren für die Wahrnehmung der laufenden Geschäfte Informationen darüber, welche strategischen Ziele mit diesen Maßnahmen verfolgt werden sollen[377].

Die Kompetenzen der nichtgeschäftsführenden Direktoren (Unternehmensleitung) und der geschäftsführenden Direktoren (Führung der laufenden Geschäfte) sind also untrennbar miteinander verzahnt, woraus sich – zumindest faktisch – das Erfordernis ergibt, über *beide* Aufgabenbereiche im Rahmen der Sitzungen des Verwaltungsorgans zu beraten[378].

---

374 Der Begriff der *laufenden* Geschäfte stammt aus der Entwurfsbegründung zu § 40 SEAG.

375 Das SEAG, das terminologisch zwischen den *laufenden* Geschäften (§ 40 II S. 1 i.V.m. der Begründung zu § 40 SEAG) und der *Unternehmensleitung* (§ 22 I SEAG) unterscheidet, sieht keine klarstellende Regelung vor, wonach im Rahmen der Sitzungen der geschäftsführenden und nichtgeschäftsführenden Direktoren i.S.d. Art. 44 I SE-VO auch die strategischen Leitungsentscheidungen beraten werden sollen, vgl. dazu die Ausführungen in Kapitel Zwei, D.II.2.b) Gemeinsame Beratungen über den Gang der Geschäfte i.S.d. Art. 44 I SE-VO.

376 *Merkt*, ZGR 2003, 650, 657, geht von dem umgekehrten Fall aus, nämlich dass im Rahmen der Beratungen gem. Art. 44 I SE-VO lediglich über die Unternehmensplanung, nicht aber über das operative Geschäft zu beraten sei. A.A.: *Gruber/Weller*, NZG 2003, 297, 300, die von einer gemeinsamen Beratung des operativen Geschäfts und der Unternehmensplanung ausgehen.

377 Ebenso *Kallmeyer*, ZIP 2003, 1531, 1532, der davon ausgeht, dass Geschäftsführung und Unternehmensleitung in zahlreichen Bereichen untrennbar miteinander verbunden sind; ferner *Teichmann*, BB 2004, 53, 57.

378 In diesem Sinne auch *Gruber/Weller*, NZG 2003, 297, 300; *Kallmeyer*, ZIP 2003, 1531, 1532; *Teichmann*, BB 2004, 53, 57; *Henssler*, in: FS Ulmer 2003, S. 193, 209 spricht von einer engen Zusammenarbeit der unterschiedlichen Direktoren; a.A.: *Merkt*, ZGR 2003, 650, 657.

In diesem Zusammenhang stellt sich allerdings die Frage, ob alle Belange der laufenden Geschäfte und der Unternehmensplanung gleichermaßen sorgfältig erörtert werden können, wenn eine Beratung im Rahmen des mit einer Vielzahl von Mitgliedern besetzten und deshalb trägen Verwaltungsorgans stattfindet[379]. Tritt das Verwaltungsorgan entsprechend den Mindestanforderungen des Art. 44 I SE-VO lediglich alle drei Monate zusammen, ist dies aufgrund der Komplexität der zu erörternden Fragen zu bezweifeln[380].

Jedoch können auch hier die angelsächsischen Gesellschaften als Vorbild dienen, die ihre Sitzungen durchschnittlich acht-[381] bzw. neunmal[382] pro Jahr abhalten[383].

Somit kann als Zwischenergebnis Folgendes festgehalten werden: Da die nichtgeschäftsführenden Direktoren die Grundlinien der Gesellschaft bestimmen und dies nicht ohne regelmäßige Beratungen mit den geschäftsführenden Direktoren sinnvoll bzw. möglich ist, wird ihnen auch gleichzeitig die Wahrnehmung ihrer Überwachungsaufgabe erleichtert[384]. Gleichzeitig werden die geschäftsführenden Direktoren regelmäßig und umfassend über die Grundlagen der Unternehmensplanung informiert. Ein Vorteil der monistischen SE-Struktur liegt also in einem konstanten Informationsfluss zwischen den geschäftsführenden und den nichtgeschäftsführenden Direktoren[385].

Fraglich ist jedoch, ob das monistische SE-Modell aus diesem Grunde gegenüber dem dualistischen Modell vorzugswürdig ist.

---

[379] Es wird bereits für den Aufsichtsrat einer deutschen AG, der ja lediglich über die Überwachung der Geschäftsführung berät und nicht auch gleichzeitig die Fragen der Unternehmensplanung erörtern muss, diskutiert, ob dieser nicht über eine viel zu hohe Mitgliederzahl verfüge. Zu dem Problem der „zu großen Aufsichtsräte" z.B. *Lutter*, AG 1994, 176; *Baums*, ZIP 1995, 11, 17 f; *Hopt*, in: Handbuch Corporate Governance, S. 29, 44; *Claussen*, DB 1998, 182; *Bender/Vater*, DStR 2003, 1807, 1809.

[380] Ebenso *Gruber/Weller*, NZG 2003, 297, 300.

[381] *Smerdon*, A Practical Guide to Corporate Governance, 2001, S. 24; *Schneider-Lenné*, Das anglo-amerikanische Board-System, in: Scheffler (Hrsg.), Corporate Governance, S. 27, 34.

[382] *Charkham*, Keeping Good Company – A study of Corporate Governance in five Countries, S. 190; *Schneider-Lenné*, Das anglo-amerikanische Board-System, in: Scheffler (Hrsg.), Corporate Governance, S. 27, 37.

[383] Dazu Abschnitt C.II.3. Abgrenzung der Kompetenzen von Executive Directors und Non-Executive Directors (PLC) sowie Abschnitt D.III.3. Abgrenzung der Kompetenzen von Executive Officers und Independent Directors (Corp.).

[384] So *Davies*, ZGR 2001, 269, 284; 289 für die Überwachung in der britischen PLC.

[385] Ebenso *Henssler*, in: FS Ulmer 2003, 193, 209; *Gruber/Weller*, NZG 2003, 297, 300; *Reichert/Brandes*, ZGR 2003, 767, 793; *Neye/Teichmann*, AG 2003, 169, 179.

2. Informationsversorgung des Aufsichtsorgans

Um diese Frage zu beantworten, wird in den folgenden Abschnitten schließlich darauf eingegangen, ob die Mitglieder des Aufsichtsorgans einer dualistisch verfassten SE ebenso gründlich mit Informationen versorgt werden wie die nichtgeschäftsführenden Direktoren einer monistisch verfassten SE.

Dabei ist zu beachten, dass sich die Mitglieder des Aufsichtsorgans aufgrund der gesetzlich vorgegebenen Eigenverantwortlichkeit des Leitungsorgans[386] in einer gewissen „Entscheidungsferne" zu den Maßnahmen der Unternehmensleitung befinden[387]. Die Mitglieder des Aufsichtsorgans benötigen deshalb ebenso gesetzlich vorgegebene Rechte, um von dem Leitungsorgan über die Belange der Geschäftsführung informiert zu werden[388]. Ohne hinreichende Informationen des Leitungsorgans wäre das Aufsichtsorgan einer dualistisch verfassten SE „taub und blind" und deshalb kaum in der Lage, seiner Überwachungsaufgabe gerecht zu werden[389].

a) „Ex-Ante-Überwachung" des Leitungsorgans?

In diesem Zusammenhang stellt sich zunächst das Problem, dass der SE-VO eine dem § 90 I S. 1 Nr. 1 AktG entsprechende Regelung fehlt[390]. Für die Überwachung des Vorstands einer AG stellt § 90 I S. 1 Nr. 1 AktG klar, dass sich die Berichte des Vorstands nicht nur auf vergangene und gegenwärtige Prozesse der Geschäftsführung beziehen[391]. Vielmehr müssen die Mitglieder

---

[386] Vgl. Art. 39 I S. 1 SE-VO.

[387] Zu dem Begriff „Entscheidungsferne" des Aufsichtrats einer AG *Lutter*, Das dualistische System der Unternehmensverwaltung, S. 5, 18.

[388] Zu der eigenverantwortlichen Geschäftsführung des Leitungsorgans und den Informationsrechten des Aufsichtsorgans Kapitel Zwei, D. Die Geschäftsführung und ihre Überwachung in der dualistisch und der monistisch verfassten SE.

[389] Zu der eigenverantwortlichen Geschäftsführung des Vorstands einerseits und dem daraus resultierenden Erfordernis hinreichender Informationsrechte des Aufsichtsrats andererseits *Lutter*, Das dualistische System der Unternehmensverwaltung, S. 5, 18; eingehend *ders.*, Information und Vertraulichkeit im Aufsichtsrat, 2. Aufl. 1984; *Lutter/Krieger*, Rechte und Pflichten des Aufsichtsrats, 4. Aufl. 2002, § 6, Rn. 191.

[390] Zu dieser Feststellung Abschnitt B.IV. Zusammenfassung und Vergleich mit der dualistisch verfassten SE.

[391] § 90 I S. 1 Nr. 1 AktG wurde durch das KonTraG neugefasst. Dadurch hat der Gesetzgeber einerseits klargestellt, dass allein dem Vorstand die Unternehmensplanung obliegt (*Lutter/Krieger*, Rechte und Pflichten des Aufsichtsrats, 4. Aufl. 2002, § 6, Rn. 199). Andererseits wurde klargestellt, dass der Aufsichtsrat den Vorstand nicht nur „ex-post" kontrolliert, sondern auch „ex-ante" überwacht; eingehend *Hommelhoff/Mattheus*, AG 1998, 249, 253; *Berrar*, DB 2001, 2181 f.

des Vorstands auch über die für die Zukunft geplanten strategischen Leitungsentscheidungen berichten[392].

Art. 41 SE-VO, der die Berichtspflichten des Leitungsorgans einer dualistisch verfassten SE regelt, sieht hingegen lediglich vor, dass das Leitungsorgan über den Gang der Geschäfte und deren voraussichtliche Entwicklung berichten muss, Art. 41 I SE-VO. Begriffe wie die „beabsichtigte Geschäftspolitik" oder die „grundlegenden Fragen der Unternehmensplanung" (vgl. § 90 I S. 1 Nr. 1 AktG) sind in Art. 41 SE-VO nicht enthalten[393].

Aufgrund dieser Tatsache können SE-interessierte Unternehmen den Eindruck gewinnen, dass das Leitungsorgan lediglich über die abgeschlossenen und gegenwärtigen Maßnahmen der Geschäftsführung berichten muss. Dafür spricht der Wortlaut des Art. 41 I SE-VO („*...Gang der Geschäfte...*"). Für eine solche Auslegung spricht auch der Umstand, dass zwar in Art. 40 I S. 1 SE-VO die Aufgabe des Aufsichtorgans normiert ist, das Leitungsorgan zu „überwachen"; in Art. 41 III ist jedoch von der „Kontrolle" des Leitungsorgans die Rede[394]. Die Überwachung des Leitungsorgans würde sich damit im Wesentlichen auf eine nachgeschaltete „Ex-Post-*Kontrolle*" beschränken. Eine „Ex-Ante-*Überwachung*" würde nach dem Wortlaut des Art. 41 I SE-VO nur insoweit stattfinden, als das Leitungsorgan dem Aufsichtsorgan seine subjektive Einschätzung über Maßnahmen der Geschäftsführung mitteilt („*...voraussichtliche Entwicklung...*", Art. 41 I SE-VO)[395]. Über die mittel- und langfristigen Ziele der Gesellschaft, die das Leitungsorgan festzulegen *beabsichtigt*, ist das Aufsichtsorgan streng nach dem Wortlaut des Art. 41 I SE-VO jedenfalls nicht zu unterrichten.

Damit stellt sich die Frage, ob eine analoge Anwendung des § 90 I S. 1 Nr. 1 AktG auf das dualistische SE-Modell möglich ist[396]. Das Fehlen einer dem § 90 I S. 1 Nr. 1 AktG entsprechenden Regelung kann vor dem Hintergrund

---

392 Bereits im Jahre 1991 hat der BGH zwischen „Ex-Post-Kontrolle" und „Ex-Ante-Überwachung" differenziert, BGH AG 1991, S. 312; zur Differenzierung dieser Begriffe *Hofmann*, Corporate Governance, S. 104.

393 Zu den Informationsrechten des Aufsichtsorgans ausführlich Kapitel Zwei, D.I.2. Das Aufsichtsorgan als Überwachungsorgan der dualistisch verfassten SE.

394 Dabei könnte es sich jedoch auch schlicht um ein redaktionelles Versehen handeln, weil noch nach der SE-VO 1991 (ABl. Nr.C 176/1 v. 08.07.1991) einheitlich von der „Kontrollaufgabe" des Aufsichtsorgans die Rede war.

395 Zu der Differenzierung der Begriffe einer „nachgeschalteten Ex-Post-Kontrolle" und einer „zukunftsbezogenen Ex-Ante-Überwachung" *Hofmann*, Corporate Governance, S. 104.

396 Das SEAG enthält diesbezüglich keine klarstellende Regelung, vgl. dazu die einzigen Ausführungsvorschriften für das dualistische SE-Modell in den §§ 15-19 SEAG.

des Art. 9 SE-VO, der das Verhältnis der SE-VO zu dem mitgliedstaatlichen Aktienrecht regelt, zweierlei bedeuten.

Bei Art. 41 I SE-VO könnte es sich nach dem Willen des Verordnungsgebers um eine abschließende Regelung handeln[397]. Dafür spricht die Tatsache, dass Art. 41 SE-VO im Verhältnis zu anderen Regelungsbereichen der SE-VO vergleichsweise detailliert ausgestaltet ist[398]. Sollte es sich bei Art. 41 SE-VO um eine abschließende Regelung handeln, wäre eine analoge Anwendung des § 90 I S. 1 Nr. 1 AktG gem. Art. 9 I lit. a SE-VO ausgeschlossen[399].

Naheliegender ist jedoch, dass der Verordnungsgeber die in Art. 41 SE-VO verwendeten Rechtsbegriffe bewusst unbestimmt formuliert hat, um einerseits Raum für eine ergänzende Anwendung mitgliedstaatlicher Vorschriften zuzulassen, aber andererseits den mitgliedstaatlichen Unternehmen, denen das dualistische Modell bislang fremd ist, ein Mindestmaß an Informationsrechten des Aufsichtsorgans vorzugeben[400]. Dieser Argumentation folgend wäre eine analoge Anwendung des § 90 I S. 1 Nr. 1 AktG auf eine dualistisch verfasste SE mit Sitz in Deutschland möglich, Art. 9 I lit. c, ii SE-VO. Für eine analoge Anwendung des § 90 I S. 1 Nr. 1 AktG spricht auch der Erwägungsgrund Nr. 14 zur SE-Verordnung. Danach entspricht es der Absicht des Verordnungsgebers, für eine effektive Überwachung der Geschäftsführung zu sorgen[401]. Eine Berichterstattungspflicht des Leitungsorgans bezüglich der beabsichtigten Geschäftspolitik und der grundlegenden Fragen der Unternehmensplanung hat freilich ein „Mehr" an Überwachung zur Folge als die bloße Unterrichtung des Aufsichtsorgans bezogen auf den vergangenen und den gegenwärtigen Gang der Geschäfte streng nach dem Wortlaut des Art. 41 I SE-VO.

Somit kann festgehalten werden, dass sich die Berichtspflichten des Leitungsorgans nicht nur auf den „Gang der Geschäfte und deren voraussichtliche Entwicklung" beziehen, Art. 41 I SE-VO, sondern auch die „beabsichtigte

---

[397] Dieser Auffassung sind offenbar *Bungert/Beier*, EWS 2002, 1, 3, die im Zusammenhang mit Art. 41 SE-VO von einem umfassenden und effektiven Informationsfluss zwischen Leitungs- und Aufsichtsorgan sprechen.

[398] Einen Überblick über die ergänzungs- und ausgestaltungsbedürftigen Regelungsbereiche der SE-VO bietet *Teichmann*, ZIP 2002, 1109.

[399] Zu dem Rangverhältnis von SE-VO, SEEG und AktG ausführlich Kapitel Zwei, B. Anzuwendendes Recht.

[400] Zu der „bewussten Lückenhaftigkeit" der SE-VO *Brandt/Scheifele*, DStR 2002, 547, 551.

[401] Ausdrücklich Erwägungsgrund Nr. 14 zur SE-VO.

Geschäftspolitik“ und die „grundlegenden Fragen der Unternehmensplanung“ erfasst werden, § 90 I S. 1 Nr. 1 AktG analog, Art. 9 I lit. c, ii SE-VO[402].

b) Durchsetzung von Informationsrechten – Persönliche Motivation als Voraussetzung für umfassende Informationen

Neben den Berichtspflichten des Leitungsorgans gem. Art. 41 I, II SE-VO und § 90 I S. 1 Nr. 1 AktG analog haben die Mitglieder des Aufsichtsorgans gem. Art. 41 III SE-VO das Recht, von dem Leitungsorgan jegliche Informationen zu verlangen, die für die Überwachung der Geschäftsführung erforderlich sind[403]. Damit setzt eine konstante und zuverlässige Informationsversorgung des Aufsichtsorgans aber voraus, dass der Anspruch i.S.d. Art. 41 III SE-VO auch tatsächlich durchgesetzt wird; die Mitglieder des Aufsichtsorgans müssen also, falls erforderlich, von sich aus aktiv werden[404].

Darin besteht ein grundlegender Unterschied zu der Informationsversorgung der nichtgeschäftsführenden Direktoren einer monistisch verfassten SE. Eine effektive Überwachung des Leitungsorgans setzt aus der „entfernten Situation“ des Aufsichtsorgans wesentlich mehr Motivation und Aktivität seiner Mitglieder voraus als die regelmäßige Teilnahme der nichtgeschäftsführenden Direktoren an den Sitzungen des Verwaltungsorgans[405].

---

402 Im Ergebnis ebenso *Teichmann*, ZIP 2002, 1109, 1113, der einen Gleichlauf der Informationsrechte des Aufsichtsorgans und des Aufsichtsrats für unabdingbar hält.

403 Zu dem Anspruch der Mitglieder des Aufsichtsorgans gem. Art. 41 III SE-VO Kapitel Zwei, D.I.2. Das Aufsichtsorgan als Überwachungsorgan der dualistisch verfassten SE, sowie im Vergleich zu § 90 III AktG Punkt B.IV. Zusammenfassung und Vergleich mit der dualistisch verfassten SE.

404 In diesem Zusammenhang könnte wiederum diskutiert werden, ob die Durchsetzung des Anspruchs aus Art. 41 III SE-VO stets erforderlich ist, weil die Berichtspflichten des Leitungsorgans i.S.d. Art. 41 SE-VO i.V.m. § 90 I S. 1 Nr. 1 AktG analog unzureichend sind (so Geßler/*Hefermehl*/Eckardt/Kropff, AktG, § 90, Rn. 17 für die Berichte des Vorstands gem. § 90 AktG). Nach zutreffender Auffassung von *Lutter*/*Krieger*, Rechte und Pflichten des Aufsichtsrats, 4. Aufl. 2002, § 6, Rn. 212, sind die Berichte i.S.d. § 90 I AktG bzw. hier nach Art. 41 SE-VO bei richtiger Handhabung durch den Vorstand bzw. das Leitungsorgan aber ausreichend. § 90 III AktG bzw. hier Art. 41 III SE-VO ist vielmehr deshalb erforderlich, weil zwischen Leitungsorgan und Aufsichtsorgan im Einzelfall unterschiedliche Auffassungen über die Gewichtung der auszuwählenden Informationen bestehen können. Zu den Informationsrechten von Aufsichtsrat und Aufsichtsorgan, die abgesehen von § 90 I S. 1 Nr. 1 AktG identisch sind, Abschnitt B.IV. Zusammenfassung und Vergleich mit der dualistisch verfassten SE.

405 Zu dem Erfordernis der Bereitschaft der Aufsichtsratsmitglieder *Hofmann*, Corporate Governance, S. 108; ebenso *Lutter*, Das dualistische System der Unternehmensverwaltung, S. 5, 19: Der Aufsichtsrat muss von sich aus aktiv werden, um z.B. den Informationsanspruch aus § 90 III S. 1 AktG durchzusetzen; in einer monistisch verfassten Gesellschaft sind die mit der Überwachung betrauten Personen durch gemeinsame Beratungen im Rahmen der Verwaltungsratssitzungen per se in die Belange der Geschäftsführung eingeweiht.

Freilich kann aus diesem Umstand nicht pauschal ein Nachteil der dualistischen Struktur gefolgert werden. Persönliche Mängel wie mangelnde Professionalität und Bequemlichkeit wirken sich bei der Aufsicht in der dualistisch verfassten SE im Einzelfall jedoch wesentlich stärker aus als in der monistisch verfassten SE[406].

c) Fazit

Es bleibt festzuhalten, dass die monistische SE-Struktur den Vorteil eines konstanten und unmittelbaren Informationsaustausches zwischen Geschäftsführung und Überwachung bietet[407]. Bei diesem Vorteil handelt es sich jedoch entgegen der o.g. Auffassung[408] nicht um ein Unikum der monistischen Gesellschaftsstruktur. Auf Grundlage der Berichte des Leitungsorgans gem. Art. 41 SE-VO und – der oben dargestellten Auslegungsmöglichkeit folgend – gem. § 90 I S. 1 Nr. 1 AktG analog kann das Aufsichtsorgan seiner Überwachungsaufgabe durchaus sinnvoll und effektiv nachkommen[409]. Neben diesen Berichten stehen den Mitgliedern des Aufsichtsorgans jedenfalls die rechtlichen Mittel zur Verfügung, um sich ausreichende und ordnungsgemäß aufbereitete Informationen zu beschaffen (Art. 41 III SE-VO)[410]. Inwiefern die Mitglieder des Aufsichtsorgans motiviert sind, diese Ansprüche auch durchzusetzen, hängt freilich vom Einzelfall ab[411] und kann nicht pauschal als Argument für oder gegen die dualistisch oder monistisch verfasste SE angeführt werden.

---

406 *Lutter*, Das dualistische System der Unternehmensverwaltung, S. 5, 19.

407 ...soweit die Sitzungen des Verwaltungsorgans häufiger als vierteljährlich (vgl. Art. 44 I SE-VO) stattfinden.

408 So z.B. *Leyens*, RabelsZ 67 (2003), 57, 92; *Schneider-Lenné*, Das anglo-amerikanische Board-System, in: Scheffler (Hrsg.), Corporate Governance, S. 27, 34; *Davies*, ZGR 2001, 269, 284; *Roe*, 102nd Yale L.J. 1993, 1927, 1943.

409 Vgl. *Lutter/Krieger*, Rechte und Pflichten des Aufsichtsrats, 4. Aufl. 2002, § 6, Rn. 246 zum Aufsichtsrat der AG.

410 Vgl. *Lutter/Krieger*, Rechte und Pflichten des Aufsichtsrats, 4. Aufl. 2002, § 6, Rn. 246 zum Aufsichtsrat der AG.

411 Gerade dann, wenn sich der Vorstand in einer erfolgreichen Phase befindet, haben erfahrene Aufsichtsräte Hemmungen, diesen allzu kritisch und unangenehm zu befragen, so *Dauner-Lieb*, in: FS Röhricht 2005, S. 83, 90.

III. Haftung der Mitglieder der SE-Organe

Ein weiterer Gesichtspunkt, der bei der Ausübung des Wahlrechts i.S.d. Art. 38 lit. b SE-VO beachtet werden muss, ist die Haftung der Mitglieder der jeweiligen SE-Organe[412].

Im Zusammenhang mit der Haftung der Organmitglieder einer dualistisch verfassten SE ergeben sich „aus deutscher Sicht" keine außergewöhnlichen Schwierigkeiten, denn die Mitglieder des Leitungs- und des Aufsichtsorgans haften in gewohnter Weise, nämlich wie die Mitglieder des Vorstands und des Aufsichtsrats einer AG, Art. 51 SE-VO[413]. Einschlägig sind also § 93 II S. 1 AktG bzw. §§ 116 I, 93 II S. 1 AktG[414].

Die geschäftsführenden und nichtgeschäftsführenden Direktoren einer monistisch verfassten SE haften ebenfalls nach Maßgabe des § 93 II S. 1 AktG. Dies ergibt sich aus der Rechtsgrundverweisung des § 40 VIII SEAG bzw. des § 39 SEAG[415]. Aufgrund der gegenüber dem dualistischen Modell eigentümlichen Kompetenzzuweisung sind für die Haftung in der monistisch verfassten SE jedoch einige Besonderheiten zu beachten.

Dies hat sich in den vorangegangenen Untersuchungen bereits angedeutet[416] und soll in den folgenden Abschnitten näher beleuchtet werden.

---

[412] *Hirte*, NZG 2001, 1, 5; *Bungert/Beier*, EWS 2002, 1, 3.

[413] *Lutter*, BB 2002, 1, 5; *Hirte*, NZG 2001, 1, 5; *Hommelhoff*, AG 2001, 279, 283 f. Die Haftung gegenüber Dritten ist in der SE-VO hingegen nicht geregelt, womit gem. Art. 9 I lit. c, ii SE-VO mitgliedstaatliches Recht Anwendung findet, ebenso *Hirte*, NZG 2001, 1, 5. Noch nach dem SE-Entwurf von 1991 (ABl. Nr.C 176/1 v. 08.07.1991) war eine gesamtschuldnerische Haftung aller Organmitglieder einer dualistisch oder monistisch verfassten SE für eigenes und fremdes Fehlverhalten vorgesehen, dazu kritisch *Hommelhoff*, AG 1990, 422, 428; *Fleischer*, ZGR 2004, 437, 439 f.

[414] Zu der Haftung der Vorstands- und Aufsichtsratsmitglieder eingehend statt vieler *Hopt*, in: GroßKommAktG, § 93; *Lutter/Krieger*, Rechte und Pflichten des Aufsichtsrats, 4. Aufl. 2002, § 11, Rn. 821 ff; *Thümmel*, Persönliche Haftung von Managern und Aufsichtsräten, 3. Aufl., Stuttgart 2003. In diesem Zusammenhang ist zu beachten, dass die Mitglieder des Aufsichtsorgans einem wesentlich geringeren Haftungsrisiko ausgesetzt sind als die Mitglieder des Aufsichtsrats, denn das Aufsichtsorgan ist nicht zum Erlass eines Katalogs von zustimmungsbedürftigen Geschäften verpflichtet, Art. 48 I Unterabs. 1 SE-VO i.V.m. § 19 SEAG; so auch *Lange*, EuZW 2003, 301, 3045; dazu ausführlich E.I.1. „Zurückhaltung oder Übereifer des Aufsichtsorgans?" – Zustimmungsvorbehalte in der dualistisch verfassten SE.

[415] *Merkt*, ZGR 2003, 650, 671; *Kallmeyer*, ZIP 2003, 1531, 1534; *Reichert/Brandes*, ZGR 2003, 767, 789.

[416] Zu dem Haftungsrisiko der nichtgeschäftsführenden Direktoren siehe bereits Abschnitt E.I.2.a) Flexibilität der Geschäftsführung.

1. Abgrenzungsprobleme in Haftungsfällen

Möglicherweise kann es in der monistisch verfassten SE zu Abgrenzungsschwierigkeiten kommen, wenn es um die Feststellung der Haftung von geschäftsführenden und nichtgeschäftsführenden Direktoren geht[417].

Zunächst stellt sich das Problem, dass die Haftung der geschäftsführenden Direktoren für die ordnungsgemäße Führung der laufenden Geschäfte[418] von der Verantwortung der nichtgeschäftsführenden Direktoren für die Unternehmensleitung[419] abgegrenzt werden muss[420]. Dabei ist problematisch, dass die strategischen Leitungsentscheidungen der nichtgeschäftsführenden Direktoren grundlegend und richtungweisend für die Maßnahmen des operativen Geschäfts sind[421]. Daher wird es im Einzelfall nur schwer möglich sein festzustellen, ob eine Fehlentscheidung im Rahmen des operativen Geschäfts getroffen wurde – in diesem Fall kommt eine Haftung der geschäftsführenden Direktoren in Betracht – oder ob die in Rede stehende Maßnahme des operativen Geschäfts in einem kausalen Zusammenhang mit einer strategischen Fehlentscheidung steht; in diesem Fall kommt (auch) eine Haftung der nichtgeschäftsführenden Direktoren in Betracht[422].

Diese Abgrenzungsproblematik wird noch erheblich kompliziert, wenn eine rechtswidrige Maßnahme der geschäftsführenden Direktoren durch eine Weisung der nichtgeschäftsführenden Direktoren hätte verhindert werden können und dies von den nichtgeschäftsführenden Direktoren pflichtwidrig versäumt wurde[423].

Aus § 44 II SEAG, der die Weisungsbefugnis der nichtgeschäftsführenden Direktoren regelt, ergibt sich zwar nicht ausdrücklich, dass die nichtgeschäftsführenden Direktoren auch zu der Erteilung von Weisungen *verpflichtet* sind. Jedoch liegt die zentrale Planungs- und Steuerungsverantwortung bei den nichtgeschäftsführenden Direktoren[424]. Zudem sind diese zu einer sorgfältigen

---

[417] Einen Abgrenzungsversuch unternimmt *Merkt*, ZGR 2003, 650, 671, in dem er eine Exkulpationsmöglichkeit der nichtgeschäftsführenden Direktoren i.S.d. § 831 I S. 2 BGB für die Bestellung der geschäftsführenden Direktoren untersucht.

[418] §§ 40 VIII, 40 II S. 1 SEAG i.V.m. § 93 II S. 1 AktG.

[419] §§ 39, 22 I SEAG i.V.m. § 93 II S. 1 AktG.

[420] *Merkt*, ZGR 2003, 650, 671.

[421] „Die nichtgeschäftsführenden Direktoren geben die Richtung an", *Kallmeyer*, ZIP 2003, 1531, 1533; zustimmend *Eder*, NZG 2004, 544, 545.

[422] *Merkt*, ZGR 2003, 650, 671.

[423] Zu einer solchen Weisungspflicht *Kallmeyer*, ZIP 2003, 1531, 1532.

[424] *Teichmann*, BB 2004, 53; *Gruber/Weller*, NZG 2003, 297, 298; *Eder*, NZG 2004, 544, 545.

Überwachung der geschäftsführenden Direktoren verpflichtet[425]. Damit ist im Falle der Haftung der geschäftsführenden Direktoren stets zu überprüfen, ob sich die Weisungs*befugnis* der nichtgeschäftsführenden Direktoren i.S.d. § 44 II SEAG wegen ihrer umfassenden Leitungs- und Überwachungsaufgabe zu einer Weisungs*pflicht* verdichtet hat[426]. Haben es die nichtgeschäftsführenden Direktoren in diesem Falle pflichtwidrig versäumt, ihrer Weisungs*pflicht* nachzukommen, so tritt neben die Haftung der geschäftsführenden Direktoren stets auch eine Haftung der nichtgeschäftsführenden Direktoren[427].

Somit kann festgehalten werden, dass die besondere Kompetenzzuweisung von Leitung und Überwachung einerseits und der Führung der laufenden Geschäfte andererseits in der monistisch verfassten SE zu haftungsrelevanten Abgrenzungsschwierigkeiten führt[428].

2. Haftungsrisiko der nichtgeschäftsführenden Direktoren

Bei der Ausübung des Wahlrechts i.S.d. Art. 38 lit. b SE-VO ist neben den oben geschilderten Abgrenzungsproblemen auch zu beachten, dass die nichtgeschäftsführenden Direktoren einem außerordentlich großen Haftungsrisiko ausgesetzt sind[429]. Denn die nichtgeschäftsführenden Direktoren nehmen nicht nur eine doppelte Funktion wahr (Unternehmensplanung und Überwachung der Geschäftsführung), sie haften folgerichtig auch in zweierlei Hinsicht gem. § 39 SEAG i.V.m. § 93 II S. 1 AktG.

Zunächst müssen sie für eine pflichtgemäße Erfüllung ihrer Aufgabe, die strategischen Ziele der Gesellschaft zu bestimmen, einstehen[430]. Das Haftungsrisiko für die Unternehmensplanung sollte aber nicht unterschätzt werden[431]. Wie bereits erwähnt, bilden die strategischen Leitungsentscheidungen

---

425 §§ 39, 22 I a.E., III S. 2 SEAG i.V.m. § 93 II S. 1 AktG; *Reichert/Brandes*, ZGR 2003, 767, 789 und 795.

426 Zur Weisungs*pflicht* *Kallmeyer*, ZIP 2003, 1531, 1534.

427 Diese Problematik erinnert an die oben erläuterten Abgrenzungsschwierigkeiten, die nunmehr durch die Neufassung des § 111 IV S. 2 n.F. AktG für die Haftung von Vorstand und Aufsichtsrat bestehen, vgl. dazu die Untersuchungen in Abschnitt B.III.2.b)cc) Konsequenzen der mangelnden Bestimmbarkeit und der Häufung von Zustimmungsvorbehalten sowie die Beiträge von *Dietrich*, DStR 2003, 1577, 1578; *Lange*, DStR 2003, 376, 377; *Götz*, NZG 2002, 599, 603.

428 Im Ergebnis ebenso *Merkt*, ZGR 2003, 650, 672.

429 *Merkt*, ZGR 2003, 650, 671; *Gruber/Weller*, NZG 2003, 297, 299; *Bungert/Beier*, EWS 2002, 1, 4; *Teichmann*, BB 2004, 53, 57 f; *Reichert/Brandes*, ZGR 2003, 767, 774; *Kallmeyer*, ZIP 2003, 1531, 1534.

430 §§ 39, 22 I SEAG i.V.m. § 93 II S. 1 AktG.

431 *Gruber/Weller*, NZG 2003, 297, 299.

die Grundlage für sämtliche Maßnahmen des operativen Geschäfts[432]. Eine Fehleinschätzung im Rahmen der Unternehmensplanung kann somit weit reichende Folgen für die Gesellschaft und damit für eine Haftung der nichtgeschäftsführenden Direktoren haben[433].

Überdies haften die nichtgeschäftsführenden Direktoren auch für eine sorgfältige Überwachung der Geschäftsführung[434]. Von der Haftung für die Überwachung der geschäftsführenden Direktoren kann, wie oben festgestellt, auch das pflichtwidrige Unterlassen einer Weisung erfasst sein, mit Hilfe derer eine rechtswidrige Maßnahme der Geschäftsführung ggf. hätte verhindert werden können[435].

Für deutsche Aktiengesellschaften, die die Gründung einer monistisch verfassten SE beabsichtigen und die Posten der nichtgeschäftsführenden Direktoren mit den Mitgliedern ihres Aufsichtsrats besetzen wollen, ergibt sich damit folgende Konsequenz: Die (bisherigen) Mitglieder des Aufsichtsrats werden einem noch größeren Haftungsrisiko ausgesetzt sein, als sie es durch die Neufassung des § 111 IV S. 2 AktG ohnehin schon sind[436]. Auf dieses Haftungsrisiko sollten deutsche Rechtsberater, die mit einer Eruierung etwaiger Vor- und Nachteile der beiden SE-Modelle betraut wurden, ihre auftraggebenden Unternehmen unbedingt hinweisen.

Schließlich hat dieses Haftungsrisiko auch Konsequenzen für die Mitbestimmung[437]. Eine Besetzung der Posten der nichtgeschäftsführenden Direktoren mit Arbeitnehmervertretern hat folgerichtig auch eine entsprechende Haftung

---

432 *Teichmann*, BB 2004, 53, 57; *Kallmeyer*, ZIP 2003, 1531, 1533: „Die nichtgeschäftsführenden Direktoren geben die Richtung an"; zustimmend *Eder*, NZG 2004, 544, 545.

433 *Gruber/Weller*, NZG 2003, 297, 299; *Teichmann*, BB 2004, 53, 57. Zu beachten ist, dass nach Maßgabe des § 39 SEAG i.V.m. § 93 II S. 1 AktG jeder einzelne nichtgeschäftsführende Direktor für Kollegialentscheidungen des Verwaltungsorgans haften muss; zur Haftung der Vorstandsmitglieder gem. § 93 II S. 1 AktG für Kollegialentscheidungen *Fleischer*, BB 2004, 2645.

434 §§ 39, 22 I a.E., III S. 2 SEAG i.V.m. § 93 II S. 1 AktG.

435 Vgl. *Kallmeyer*, ZIP 2003, 1531, 1532.

436 Zu dem nunmehr erhöhten Haftungsrisiko der Aufsichtsratsmitglieder gem. §§ 116 I, 93 II S. 1, 111 IV S. 2 n.F. AktG *Dietrich*, DStR 2003, 1577, 1578; *Lange*, DStR 2003, 376, 377; *Götz*, NZG 2002, 599, 603 sowie die Untersuchungen in Abschnitt B.III.2.b)cc) Konsequenzen der mangelnden Bestimmbarkeit und der Häufung von Zustimmungsvorbehalten.

437 Zur unternehmerischen Mitbestimmung in der dualistisch und der monistisch verfassten SE ausführlich Kapitel Vier, Unternehmerische Mitbestimmung einer „deutschen" SE.

der Arbeitnehmervertreter gem. § 39 SEAG i.V.m. § 93 II S. 1 AktG zur Konsequenz[438].

3. Fazit

Somit ist zu konstatieren, dass im Falle der Haftung von geschäftsführenden und/oder nichtgeschäftsführenden Direktoren einer monistisch verfassten SE erhebliche Abgrenzungsprobleme bestehen. Ob ein Schaden der Gesellschaft durch eine rechtswidrige Maßnahme des operativen Geschäfts entstanden ist oder aber (auch) auf eine strategische Fehlentscheidung zurückzuführen ist, wird im Einzelfall nur schwer festzustellen sein[439]. Zudem ist im Falle der Haftung der geschäftsführenden Direktoren stets zu überprüfen, ob es die nichtgeschäftsführenden Direktoren pflichtwidrig unterlassen haben, von ihrer Weisungsbefugnis i.S.d. § 44 II SEAG Gebrauch zu machen[440].

Schließlich sollten Rechtberater, die mit einer Ausarbeitung der Vor- und Nachteile der beiden SE-Modelle betraut wurden, ihre auftraggebenden Unternehmen unbedingt auf das außerordentlich hohe Haftungsrisiko der nichtgeschäftsführenden Direktoren hinweisen – nicht zuletzt deshalb, weil auch die Arbeitnehmervertreter in der monistisch verfassten SE diesem Haftungsrisiko ausgesetzt sind[441].

IV. „Combined Code“ und „Sarbanes-Oxley-Act“ als Argumente gegen die monistisch verfasste SE?

Abschließend soll in dem vorliegenden Abschnitt die Frage beantwortet werden, ob sich aus den Entwicklungen in Großbritannien und den USA – aus denMotiven für die Empfehlungen des Combined Code[442] sowie aus den

[438] Darauf weisen auch *Gruber/Weller*, NZG 2003, 297, 299; *Reichert/Brandes*, ZGR 2003, 767, 774 sowie *Kallmeyer*, ZIP 2003, 1531, 1534 hin; in Kapitel Vier dieser Arbeit wird auf diese Problematik nochmals eingegangen und untersucht, ob ein solches Haftungsrisiko der Arbeitnehmervertreter vermieden werden kann.

[439] Im Ergebnis ebenso *Merkt*, ZGR 2003, 650, 672.

[440] Zu der Weisungsbefugnis gem. § 44 II SEAG, die sich im Einzelfall zu einer Weisungspflicht verdichten kann, *Kallmeyer*, ZIP 2003, 1531, 1532.

[441] *Krause*, BB 2005, 1221, 1228; *Gruber/Weller*, NZG 2003, 297, 299; *Reichert/Brandes*, ZGR 2003, 767, 774; *Kallmeyer*, ZIP 2003, 1531. Zu der Frage, wie ein solches Haftungsrisiko der nichtgeschäftsführenden Direktoren vermieden werden kann Kapitel Vier, Unternehmerische Mitbestimmung einer „deutschen“ SE.

[442] Vgl. dazu Combined Code, Preamble Section 7; *Black*, 55th Business Lawyer 2000, 1565; *Davies*, ZGR 2001, 269, 273.

Gründenzur Verabschiedung des Sarbanes-Oxley-Act[443] – Argumente gegen die Gründung einer monistisch verfassten SE herleiten lassen[444].

Die Entwicklungen in den beiden angelsächsischen Ländern könnten aus den folgenden Gründen einen Einfluss auf die Ausübung des Wahlrechts i.S.d. Art. 38 lit. b SE-VO haben:

Das Verwaltungsorgan einer monistisch verfassten SE hat die Pflicht, geeignete Mechanismen zur Überwachung der Geschäftsführung einzurichten[445]. In welcher Form derartige Mechanismen ausgestaltet werden, liegt jedoch im Ermessen des Verwaltungsorgans[446]. Es hat dabei die Möglichkeit, etwa nach angelsächsischem Vorbild bestimmte Ausschüsse zur Überwachung der Geschäftsführung (Audit Committees[447]) einzurichten[448]; eine entsprechende Pflicht dazu besteht hingegen nicht[449]. Ebenso wenig regelt das SEAG die personelle Besetzung der Ausschüsse des Verwaltungsorgans[450]. Diese Rechtslage entspricht dem Ermessen, welches auch die Boards einer PLC bzw. Corporation vor der Aufnahme des Combined Code in die Listing Rules der London Stock Exchange[451] und der Verabschiedung des Sarbanes-Oxley-

---

[443] Zu dem Zweck des SOA, das Vertrauen der Anleger in den US-amerikanischen Kapitalmarkt wiederherzustellen, vgl. die Stellungnahme der US-Regierung, im Internet abrufbar unter www.access.gpo.gov/nara/nara005.html.: „An Act to protect investors by improving to accuracy an reliability of corporate disclosures made pursuant to the securities laws, and for other purposes...".

[444] Vgl. dazu die Untersuchungen in den vorangegangenen Abschnitten C.I. Der sog. „Combined Code": Empfehlungen von Cadbury und Hampel; D.II. Verabschiedung des „Sarbanes-Oxley-Act".

[445] § 22 III S. 2 SEAG.

[446] Vgl. § 22 III S. 2 SEAG.

[447] Zu diesen Prüfungsausschüssen ausführlich Abschnitt C.III. „Audit Committees" of the Board (GB) sowie Abschnitt IV. „Audit Committees" of the Board (USA).

[448] Vgl. § 34 IV S. 1 SEAG.

[449] Vgl. § 34 IV SEAG.

[450] Vgl. § 34 IV SEAG; damit bestünde theoretisch die Möglichkeit, Überwachungsausschüsse nicht nur mit nichtgeschäftsführenden Direktoren, sondern auch mit geschäftsführenden Direktoren zu besetzen, womit es zu einer Selbstüberwachung der Geschäftsführung käme.

[451] Die London Stock Exchange hat die Empfehlungen des Combined Code in ihre Börsenzulassungsregelungen aufgenommen, Combined Code, Preamble Section 2; Financial Service Authority (FSA), The Listing Rules 2000, para. 12.43 A (a). Dazu Abschnitt C.I. Der sog. „Combined Code": Empfehlungen von Cadbury und Hampel.

Acts hatten[452]. Sprechen die Entwicklungen in Großbritannien und den USA also gegen die Wahl des monistischen SE-Modells?

Betrachtet man die Argumente, die die London Stock Exchange und den US-amerikanischen Gesetzgeber dazu bewegt haben, die Implementierung sowie die personelle Besetzung der sog. Audit Committees zwingend vorzugeben, könnte diese Frage bejaht werden. Mit der Verpflichtung zur Bestellung von Audit Committees[453], mit der Vorgabe ihrer Kompetenzen[454] sowie mit den strengen Anforderungen an die Unabhängigkeit ihrer Mitglieder[455] verfolgen die London Stock Exchange sowie der US-amerikanische Gesetzgeber ein und dasselbe Ziel – die Stärkung des Vertrauens der Kapitalanleger in die Funktionsfähigkeit und Unabhängigkeit der Unternehmensüberwachung[456]. Audit Committees sollen also den Mangel des monistischen Systems ausgleichen, dass es kein von dem Board gesondertes und mit ausschließlich nicht-geschäftsführenden Personen besetztes Überwachungsorgan gibt[457].

Daraus könnten deutsche SE-interessierte Unternehmen folgenden Rückschluss ziehen: Nämlich dass es einer monistisch verfassten Gesellschaft (SE), für die eine Implementierung von Audit Committees nicht obligatorisch ist, auch nicht gelingen kann, finanzkräftige Investoren für ihr Unternehmen zu

---

[452] Die US-Regierung hat anlässlich der Zusammenbrüche von Enron und Worldcom im Jahre 2002 das Sarbanes-Oxley-Act verabschiedet. Dazu ausführlich Abschnitt D.II. Verabschiedung des „Sarbanes-Oxley-Act". Zu der Satzungsautonomie einer britischen PLC, bevor die London Stock Exchange die Vorgaben des Combined Code in ihre Börsenzulassungsregeln aufgenommen hat *Sheikh/Chatterjee*, Perspectives on Corporate Governance, in: Sheikh/Rees (Hrsg.), Corporate Governance, Corporate Control, S. 5; *Davies*, ZGR 2001, 269, 276. Zu der Satzungsautonomie der US-amerikanischen Corporations vor Erlass des SOA *Bhagat/Black*, 54th Bus.Law. 1999, 921, 955; *Fisch*, Cardozo L.Rev. 1997, 265, 284; *Lattin*, The Law of Corporations, S. 239.

[453] Vgl. Section 1, C.3.1. Combined Code (GB); Sec. 301 SOA (USA).

[454] Vgl. Section C.1.-C.3. Combined Code (GB); Sec. 401-404 SOA (USA).

[455] Vgl. Section 3.1. Combined Code (GB); Sec. 301 SOA (USA).

[456] Zu den Zielen des Combined Code, nämlich den Schutz von Investoren und die Werbung weiterer Investoren vgl. Combined Code, Preamble Section 7; *Black*, 55th Business Lawyer 2000, 1565; *Davies*, ZGR 2001, 269, 273. Die gleichen Ziele verfolgte bereits das Cadbury Committee, dessen Empfehlungen die Grundlage für den Combined Code bilden, dazu ausführlich *Esen*, Control by the General Meeting through the Powers to appoint and remove Directors, S. 46; *Short*, Non-Executive Directors, Corporate Governance and the Cadbury-Report, A Review of the Issues and Evidence, S. 124. Zu dem Zweck des SOA, das Vertrauen der Anleger in den US-amerikanischen Kapitalmarkt wiederherzustellen, vgl. die Stellungnahme der US-Regierung, im Internet abrufbar unter www.access.gpo.gov/nara/nara005.html.: „An Act to protect investors by improving to accuracy an reliability of corporate disclosures made pursuant to the securities laws, and for other purposes...".

[457] So die Formulierung von *Lück*, DB 1999, 441; ebenso *Theisen/Wenz*, Die Europäische Aktiengesellschaft, S. 282.

gewinnen[458]. Eine dementsprechende Skepsis wird durch die aktuellen Bemühungen der Europäischen Kommission noch bestärkt[459]. Nach dem „Entwurf einer Empfehlung der Europäischen Kommission zu den Aufgaben der nichtgeschäftsführenden Direktoren sowie zu den Ausschüssen des Verwaltungsorgans" (kurz: Kommissionsempfehlung)[460] werden die Mitgliedstaaten zur Schaffung von Gesetzen[461] aufgefordert, die eine Pflicht zur Implementierung von Audit Committees[462], zwingende Regelungen über ihre personelle Besetzung[463] sowie einzelne Kompetenzen der Audit Committees[464] enthalten sollen. Diese Empfehlungen erinnern stark an die oben erläuterten Regelungen des Sarbanes-Oxley-Acts[465]. Eine solche Ähnlichkeit nimmt auch nicht Wunder, wenn man den Erwägungsgrund Nr. 3 zur Kommissionsempfehlung betrachtet. Dort heißt es, die Kommissionsempfehlungen stellen eine Reaktion auf das dringende Erfordernis dar, das Vertrauen der Investoren in die *internationalen* Finanzmärkte wiederherzustellen[466].

---

[458] Dies wird von *Donald*, WM 2003, 705, 713 angedeutet, der auf die nunmehr in Deutschland bestehende Möglichkeit hinweist, durch die Gründung einer SE einen Wechsel zum monistischen System zu vollziehen. Nach Auffassung von *Donald*, a.a.O., sollte dies aber nicht ohne die Implementierung eines Audit Committees nach dem Vorbild des Sarbanes-Oxley-Act erfolgen.

[459] Zu den aktuellen Reformbemühungen der Europäischen Union auf der Ebene des Gesellschaftsrechts und der Corporate Governance www.europa.eu.int/comm/internal_market/company/index_de.htm; vgl. dazu auch den Beitrag von *Hopt*, Handelsblatt v. 21.02.2002, S. 8: „Die Europäer müssen Lehren aus dem Zusammenbruch des US-Konzerns „Enron" ziehen".

[460] Die Kommissionsempfehlungen sind im Internet abrufbar unter www.europa.eu.int/comm/internal market/company/docs/independence/2004recommendation_de.pdf; die Kommissionsempfehlungen sind wiederum auf die Kommissionsmitteilung zur „Modernisierung des Gesellschaftsrechts und Verbesserung der Corporate Governance in der Europäischen Union – Aktionsplan" (KOM [2003] 284; sog. „Aktionsplan – Winter II") zurückzuführen (Erwägungsgrund 1 zur Kommissionsempfehlung). Zu dem Aktionsplan der EU-Kommission (KOM [2003] 284; sog. „Aktionsplan – Winter II") eingehend statt vieler *Habersack*, NZG 2004, 1.

[461] Die Kommission empfiehlt den Erlass von formellen Gesetzen oder die Schaffung von „Comply-or-Explain-Regelungen", die auf börsennotierte europäische Unternehmen Anwendung finden sollen, Abschnitt I, 1.1.1. Kommissionsempfehlung.

[462] Abschnitt II, 5. Kommissionsempfehlung.

[463] Abschnitt III, 11.2. Kommissionsempfehlung.

[464] Abschnitt II, 5. Kommissionsempfehlung.

[465] Zu der Implementierungspflicht, den Kompetenzen und der personellen Besetzung der Audit Committees nach dem SOA Abschnitt D.IV. „Audit Committees" of the Board.

[466] Erwägungsgrund Nr. 3 zur Kommissionsempfehlung; vgl. dazu auch *Hopt*, Handelsblatt v. 21.02.2002, S. 8: „Die Europäer müssen Lehren aus dem Zusammenbruch des US-Konzerns „Enron" ziehen"; zur Anziehungskraft und Vorbildfunktion des US-amerikanischen Gesellschaftsrechts für Deutschland und Europa Fleischer, in: Gedächtnisschrift Heinze 2005, S. 177, 185 f; *ders.*, NZG 2004, 1129, 1136.

Gegen die hier geschilderte Skepsis gegenüber einer monistischen Gesellschaftsform (SE), für die eine Bestellung von Audit Committees noch[467] nicht obligatorisch ist, lassen sich jedoch einige praktische Argumente anführen, für die es freilich keine rechtstatsächlichen Nachweise gibt.

Solange ein Unternehmen floriert, sei es dualistisch, sei es monistisch verfasst, werden Investoren nur wenig Interesse daran haben, wie streng die Unternehmensleitung durch einen Aufsichtsrat bzw. ein Aufsichtsorgan oder aber ein in dieser Funktion vergleichbares Audit Committee überwacht wird[468]. Es wäre vermessen anzunehmen, dass jede Unternehmenskrise durch eine noch strengere und noch transparentere Überwachung der Geschäftsführung vermieden werden kann[469]. Es sei an dieser Stelle nochmals betont, dass die Überwachung der Geschäftsführung zwecks Vermeidung rechtswidrigen Handelns nur einen Teilbereich unternehmerischer Tätigkeit darstellt. Dieser Teilbereich wird immer dann – in keinem Verhältnis zu seiner Bedeutung stehend – in den Vordergrund gerückt, wenn Unternehmen wie Holzmann[470], Enron[471] oder Worldcom[472] auf spektakuläre Weise untergehen[473]. Der wirtschaftliche Erfolg, mithin die „schwarzen Zahlen“ eines Unternehmens, werden aber nicht durch eine strenge Überwachung, sondern durch eine kreative,

[467] Wie weit die Mitgliedstaaten den Empfehlungen der Kommission folgen, bleibt freilich abzuwarten. Die Kommission fordert die Mitgliedstaaten auf, sich mit den erforderlichen Maßnahmen um die Umsetzung der Kommissionsempfehlungen bis zum 30.06.2006 zu bemühen, Abschnitt IV, 14. Kommissionsempfehlung.

[468] In diesem Sinne auch *Dauner-Lieb*, in: FS Röhricht 2005, S. 83, 90: „Nichts ist erfolgreicher als der Erfolg“.

[469] Ebenso *Götz*, NZG 2002, 599, 600 im Zusammenhang mit der Neufassung des § 111 IV S. 2 n.F. AktG.

[470] Zu der Krise des Bauunternehmens Phillip Holzmann AG *Fucker*, Die Holzmann-Krise – Ein Lehrstück, im Internet abrufbar unter www.geistesleben.com/diedrei/drei012000/holz/html.

[471] Zu dem Zusammenbruch der US-amerikanischen Enron Corp. siehe Report of Investigation by the Special Investigative Committee of the Board of Directors of Enron Corp. v. 01.02.2002, http://news.findlaw.com/ hdocs/docs/enron/sicreport/index.html.

[472] Zu dem Bilanzbetrugsskandal im Zusammenhang mit der US-amerikanischen Worldcom Inc. vgl. den Report of Investigation by the Special Investigative Committee of the Board of Directors of Worldcom Inc. v. 31.03.2003, im Internet abrufbar unter www.edgar-online.com/bin/irsec/finSys_main.asp?dcn=0000931763-03-001862&x=118&y=17.

[473] *Dauner-Lieb*, in: FS Röhricht 2005, S. 83, 88: „Rechtswissenschaftliche und rechtspolitische Diskussionen entzünden sich im Gesellschafts- und Kapitalmarktrecht häufig an spektakulären unternehmerischen Misserfolgen“; ähnlich *Coffee*, Yale L.J. 2001, 1, 64: „Ein Börsenaufschwung vergrößert die Zahl der Anleger, Unternehmenspleiten und damit verbundene Kurseinbrüche sorgen hingegen für die Motivation, Maßnahmen zur Vermeidung weiterer Verluste zu ergreifen.“

handlungsfähige und schließlich erfolgreiche Unternehmensleitung geschrieben[474].

Es kann also festgehalten werden, dass weder die Beweggründe der London Stock Exchange, die Empfehlungen des Combined Code in ihre Börsenzulassungsregelungen aufzunehmen, noch die Motive des US-amerikanischen Gesetzgebers zur Verabschiedung des Sarbanes-Oxley-Act mit den entsprechenden Reaktionen der Europäischen Kommission deutsche Unternehmen davon abhalten sollten, eine monistisch verfasste SE zu gründen.

F. Zusammenfassung und Schlussfolgerung

Die Ergebnisse der vorangegangenen Untersuchungen lassen sich wie folgt zusammenfassen:

Das dualistische SE-Modell bietet den Vorzug, dass bereits qua Gesetz die Voraussetzungen für eine handlungsfähige und flexible Geschäftsführung gegeben sind: Das Leitungsorgan führt die Geschäfte der SE. Diese Aufgabe nehmen die Mitglieder des Leitungsorgans grds. unter Ausschluss der Mitglieder des Aufsichtsorgans, nämlich eigenverantwortlich i.S.d. Art. 39 I S. 1 SE-VO wahr[475]. Will das Leitungsorgan hingegen ein Geschäft von grundlegender Bedeutung vornehmen, so ist es nach Maßgabe des Art. 48 I SE-VO auf die Zustimmung des Aufsichtsorgans angewiesen[476]. Im Vergleich zu der strengen Regelung des § 111 IV S. 2 n.F. AktG beschreiten die Bestimmungen in Art. 48 I Unterabs. 2 SE-VO i.V.m. § 19 SEAG aber erfreulicherweise einen Mittelweg. Einerseits ist das Aufsichtsorgan selbst nicht verpflichtet, bestimmte Maßnahmen des Leitungsorgans an seine Zustimmung zu binden[477]. Die Gefahr, dass das Aufsichtsorgan aus präventiven Gründen[478] den Maßnahmenkatalog i.S.d. Art. 48 I SE-VO überdehnen und damit das Leitungsorgan in seiner Handlungsfähigkeit einschränken wird, besteht in der dualistisch ver-

---

474 In diesem Sinne auch *Dauner-Lieb*, in: FS Röhricht 2005, S. 83, 90; zu der Eigenverantwortlichkeit der Geschäftsführung des Vorstands unter Effizienzgesichtspunkten *Ludwig*, Leitungsgremien und Aufsichtsräte im Konzern, S. 184.

475 Zu diesem „Regel-Ausnahme-Verhältnis" in der deutschen AG *Fleischer*, ZIP 2003, 1.

476 Die Geschäfte i.S.d. Art. 48 I SE-VO sind mit den Geschäften i.S.d. § 111 IV S. 2 AktG identisch, vgl. Kapitel Zwei, D.I.3.b) „Relativierung" dieses Grundsatzes gem. Art. 48 I SE-VO. Zu den Geschäften i.S.d. § 111 IV S. 2 n.F. AktG Punkt B.III.2.b)aa) Bestimmbarkeit der „bestimmten Arten von Geschäften" i.S.d. § 111 IV S. 2 n.F. AktG.

477 Eine Änderung des § 19 SEAG wäre nicht nur unzweckmäßig, sondern auch unzulässig; a.A.: *Teichmann*, ZIP 2002, 1109, 1115; zurückhaltender *Köstler*, ZGR 2003, 800, 805.

478 Um einer Haftung aus Art. 51 SE-VO, §§ 116 I, 93 II S. 1 zu entgehen.

fassten SE also nicht[479]. Andererseits kann der Gefahr begegnet werden, dass sich das Aufsichtsorgan gänzlich seiner Überwachungsaufgabe entzieht[480]. Denn die Satzung der SE *muss* bestimmte Arten von Geschäften aufführen, an deren Zustandekommen sich das Aufsichtsorgan zu „beteiligen" hat[481].

Ob in der monistisch verfassten SE eine ebenso flexible Geschäftsführung möglich ist wie in der dualistisch verfassten SE, kann mangels gesetzlich geregelter Eigenverantwortlichkeit der geschäftsführenden Direktoren nicht per se bejaht werden. Für das Verhältnis von Geschäftsführung und Überwachung in der monistisch verfassten SE besteht das Problem, dass die nichtgeschäftsführenden Direktoren einerseits für die Überwachung der Geschäftsführung und andererseits für die strategische Planung des Unternehmens zuständig sind[482]. Es lässt sich nicht klären, worin der Schwerpunkt ihrer Aufgaben besteht. Will man die nichtgeschäftsführenden in erster Linie als „Überwacher" der Gesellschaft begreifen, liegt es nahe, dass diese aufgrund ihres Haftungsrisikos gem. § 39 SEAG i.V.m. § 93 II S. 1 AktG häufig in die laufenden Geschäfte ihrer „ausführenden Kollegen" eingreifen. Damit hängt es vom Einzelfall, mithin vom Plazet der nichtgeschäftsführenden Direktoren ab, inwieweit sie von der Ausübung ihres Weisungsrechts gem. § 44 II SEAG absehen und den geschäftsführenden Direktoren damit die Möglichkeit zu einer flexiblen und eigenständigen Führung der Geschäfte einräumen[483].

Die „Doppelfunktion" der nichtgeschäftsführenden Direktoren – die gleichzeitige Bewältigung der Leitungs- und der Überwachungsaufgabe – kann auch aus dem entgegengesetzten Blickwinkel betrachtet werden. Will man die nichtgeschäftsführenden Direktoren in erster Linie als „Manager" der Gesellschaft begreifen, so ist stark zu bezweifeln, ob diese zu einer effektiven Überwachung der geschäftsführenden Direktoren in der Lage sind. Schließlich führen die geschäftsführenden Direktoren das Tagesgeschäft auf Grundlage der von den nichtgeschäftsführenden Direktoren bestimmten Geschäftspolitik. Es

---

479 Zu diesem Problem in der deutschen AG vgl. B.III.2.b) Folgen der Neufassung des § 111 IV S. 2 AktG.

480 Zu der Kritik, der Aufsichtsrat habe von seinem Recht aus § 111 IV S. 2 a.F. AktG nur zurückhaltend Gebrauch gemacht u.a. *Kropff*, NZG 1998, 613, 615; *Lutter*, AG 1991, 249, 254; *Gaulke*, Der Klub der Kontrolleure – Das Versagen der deutschen Aufsichtsräte, S. 122; *Hofmann*, Corporate Governance, S. 180; *Röller*, AG 1994, 333.

481 So die zutreffende Auffassung von *Habersack*, Europäisches Gesellschaftsrecht, Rn. 411; *Hommelhoff*, AG 2001, 279, 284; *Nagel*, NZG 2004, 833, 836; *Hirte*, NZG 2001, 1, 6; *Schwarz*, ZIP 2001, 1847, 1856; *Bungert/Beier*, EWS 2002, 1, 3; *Artmann*, wbl 2002, 189, 192; a.A.: *Lange*, EuZW 2003, 301, 305; *DAV*, NZG 2004, 75, 81.

482 Zu den Kompetenzen der nichtgeschäftsführenden Direktoren eingehend Kapitel Zwei, D.II.2.a) Abgrenzung der „laufenden Geschäfte" von der „Bestimmung der Grundlinien" der Gesellschaft.

483 Zu diesem Ermessen der nichtgeschäftsführenden Direktoren *Merkt*, ZGR 2003, 650, 662.

bedarf also besonderer Fähigkeiten der nichtgeschäftsführenden Direktoren, sich im Rahmen der Überwachung der Geschäftsführung stets von ihren eigenen, dem operativen Geschäft zugrunde liegenden Leitungsentscheidungen zu distanzieren[484].

Folglich können für das monistische SE-Modell weder über die Flexibilität der Geschäftsführung noch über eine effektive Überwachung der Geschäftsführung allgemeingültige Aussagen getroffen werden. Fest steht jedenfalls, dass sich die nichtgeschäftsführenden Direktoren potenziell in einem Interessenkonflikt befinden, weil sie zwischen zwei Pflichten changieren (Unternehmensplanung und Überwachung der Geschäftsführung), für deren sorgfältige Erfüllung sie jeweils haften.

Daran anknüpfend lässt sich eine weitere Schwäche des monistischen SE-Modells herausarbeiten. Aufgrund der dem monistischen Modell eigentümlichen Kompetenzverteilung kommt es zu erheblichen haftungsrelevanten Abgrenzungsschwierigkeiten. Um eine Sorgfaltswidrigkeit der jeweiligen Direktoren festzustellen, müssen Fehlentscheidungen im Rahmen des operativen Geschäfts von strategischen Fehlentscheidungen unterschieden werden[485]. Dies ist aber kaum möglich, weil die strategischen Leitungsentscheidungen die Grundlage des operativen Geschäfts bilden und die Übergänge fließend sind. Diese Abgrenzungsprobleme komplizieren sich durch die Weisungsbefugnis der nichtgeschäftsführenden Direktoren. Diese Befugnis wird sich aufgrund der umfassenden Leitungs- und Überwachungspflicht der nichtgeschäftsführenden Direktoren häufig zu einer Pflicht verdichten[486]. Steht also eine Haftung der geschäftsführenden Direktoren in Rede, wird stets auch die Frage zu beantworten sein, ob die Maßnahme der Geschäftsführung durch eine entsprechende Weisung der nichtgeschäftsführenden Direktoren hätte verhindert werden können.

Daran schließt sich wiederum das Problem an, dass die nichtgeschäftsführenden Direktoren einem außerordentlich großen Haftungsrisiko ausgesetzt sind[487]. Zunächst haften sie für eine sorgfältige Überwachung der Geschäfts-

---

[484] Überspitzt ausgedrückt kann es zwischen den geschäftsführenden und den nichtgeschäftsführenden Direktoren zu einem falsch verstandenen „Wir-Gefühl", mithin zu einer Solidarisierung der geschäftsführenden und der nichtgeschäftsführenden Direktoren kommen, wodurch die nichtgeschäftsführenden Direktoren ihre Überwachungsaufgabe gänzlich vernachlässigen könnten, *Lutter*, Das dualistische System der Unternehmensverwaltung, S. 5, 17.

[485] *Merkt*, ZGR 2003, 650, 671.

[486] *Kallmeyer*, ZIP 2003, 1531, 1532.

[487] *Merkt*, ZGR 2003, 650, 671; *Gruber/Weller*, NZG 2003, 297, 299; *Bungert/Beier*, EWS 2002, 1, 4; *Teichmann*, BB 2004, 53, 57 f; *Reichert/Brandes*, ZGR 2003, 767, 774; *Kallmeyer*, ZIP 2003, 1531, 1534.

führung[488]. Überdies sind die nichtgeschäftsführenden Direktoren für die strategischen Leitungsentscheidungen verantwortlich – das damit einhergehende Haftungsrisiko sollte nicht unterschätzt werden[489]. Denn schließlich werden im Planungsstadium Entscheidungen getroffen, die für den Bestand des Unternehmens von elementarer Bedeutung sein können. Dieses Haftungsrisiko sollte von deutschen Unternehmen bei der Ausübung des Wahlrechts i.S.d. Art. 38 lit. b SE-VO berücksichtigt werden. Nicht zuletzt ergeben sich daraus auch Konsequenzen für die Mitbestimmung, was in dem folgenden Kapitel nochmals aufgegriffen wird[490].

Das monistische SE-Modell bietet aber auch gewisse Vorzüge. Die nichtgeschäftsführenden Direktoren sind per se enger in die Belange der laufenden Geschäfte eingebunden als die Mitglieder des Aufsichtsorgans einer dualistisch verfassten SE. Grund dafür sind die gemeinsamen Beratungen der geschäftsführenden und nichtgeschäftsführenden Direktoren im Rahmen der Sitzungen des Verwaltungsorgans. Im Rahmen dieser Beratungen werden nicht nur die Belange der Geschäftsführung, sondern auch die Fragen der Unternehmensplanung erörtert[491]. Damit besteht zwischen den geschäftsführenden und den nichtgeschäftsführenden Direktoren stets ein konstanter und zuverlässiger Informationsfluss[492].

Im Hinblick auf die Informationsversorgung des Aufsichtsorgans einer dualistisch verfassten SE bereiten Wortlaut und Systematik des Art. 41 SE-VO Auslegungsschwierigkeiten. Nach dem oben dargestellten Auslegungsvorschlag ist aber davon auszugehen, dass es sich bei Art. 41 SE-VO nicht um eine abschließende Regelung handelt.

Aus diesem Grunde ist eine analoge Anwendung des § 90 I S. 1 Nr. 1 AktG möglich, vgl. Art. 9 I lit. c, ii SE-VO. Die Berichtspflichten des Leitungsorgans beziehen sich damit nicht nur auf vergangene und gegenwärtige Prozesse der

---

[488] *Reichert/Brandes*, ZGR 2003, 767, 790.

[489] *Gruber/Weller*, NZG 2003, 297, 299.

[490] Zur unternehmerischen Mitbestimmung in der dualistisch und der monistisch verfassten SE ausführlich Kapitel Vier, Unternehmerische Mitbestimmung einer „deutschen" SE.

[491] Zu diesem Erfordernis, dass sich zwar nicht eindeutig aus dem Wortlaut des Art. 44 I SE-VO, jedoch „faktisch" daraus ergibt, dass das operative Geschäft und die Unternehmensplanung untrennbar zusammenhängen, Punkt E.II. Informationsfluss zwischen Geschäftsführung und Überwachung.

[492] *Henssler*, in: FS Ulmer 2003, 193, 209; *Gruber/Weller*, NZG 2003, 297, 300; *Reichert/Brandes*, ZGR 2003, 767, 793. Aufgrund der Komplexität der zu erörternden Fragen ist den SE-interessierten Unternehmen dringend zu empfehlen, über das Mindestmaß an Sitzungen i.S.d. Art. 44 I SE-VO hinauszugehen und die Beratungen i.S.d. Art. 44 I SE-VO nach angelsächsischem Vorbild mindestens achtmal pro Jahr abzuhalten.

Geschäftsführung, wie es streng nach dem Wortlaut des Art. 41 I SE-VO der Fall wäre, sondern in analoger Anwendung des § 90 I S. 1 Nr. 1 AktG auch auf die grundlegenden Fragen der Unternehmensplanung und die beabsichtigte Geschäftspolitik. Auf Grundlage dieser Berichte können die Mitglieder des Aufsichtsorgans ihrer Überwachungsaufgabe durchaus effektiv nachkommen. Ein wesentlicher Unterschied zu dem monistischen SE-Modell besteht aber darin, dass die Mitglieder des Aufsichtsorgans ggf. selbst aktiv werden müssen, um ihre Informationsansprüche gegen das Leitungsorgan durchzusetzen[493]. Eine gründliche und umfassende Information des Aufsichtsorgans setzt also tendenziell mehr Motivation seiner Mitglieder voraus, als es für eine regelmäßige Teilnahme an den Beratungen des Verwaltungsorgans erforderlich ist[494]. Inwiefern die Mitglieder des Aufsichtsorgans motiviert sind, diese Ansprüche auch durchzusetzen, hängt freilich wiederum vom Einzelfall ab und kann nicht pauschal als Argument für oder gegen die dualistisch verfasste SE angeführt werden.

Schließlich ist zu konstatieren, dass sich deutsche Unternehmen aufgrund der Erfahrungen, die in den angelsächsischen Ländern mit dem monistischen Gesellschaftsmodell gemacht wurden, nicht von der Gründung einer monistisch verfassten SE „abschrecken" lassen sollten. Für eine gewisse Skepsis sprechen zwar die Ziele, die die London Stock Exchange, der US-amerikanische Gesetzgeber und nun auch die Europäische Kommission mit ihren entsprechenden Bemühungen verfolgen: Die Pflicht zur Einrichtung von Audit Committees, die Vorgabe ihrer personellen Besetzung sowie die detaillierten Bestimmungen über die Kompetenzen dieser Prüfungsausschüsse sollen dazu beitragen, das Vertrauen der Kapitalanleger in die Funktionsfähigkeit der Unternehmensüberwachung zu stärken[495]. Daraus kann aber nicht zwingend gefolgert werden, dass es einer monistisch verfassten SE, für die eine entsprechende Verpflichtung bislang nicht gilt, nicht ebenso gelingen kann, finanzkräftige Investoren zu werben. In erster Linie werden Anleger ihre Entscheidung, sich in einer Gesellschaft zu engagieren, von dem Ertrag des

---

[493] Vgl. Art. 41 III SE-VO.

[494] Vgl. *Lutter*, Das dualistische System der Unternehmensverwaltung, S. 5, 19, sowie *Hofmann*, Corporate Governance, S. 108 zur Informationsversorgung des Aufsichtsrats der AG.

[495] Zu den Zielen des Combined Code und der London Stock Exchange Combined Code, Preamble Section 7; *Black*, 55th Business Lawyer 2000, 1565; *Davies*, ZGR 2001, 269, 273; zu den Zielen, die der US-amerikanische Gesetzgeber mit der Verabschiedung des Sarbanes-Oxley-Act verfolgte, vgl. die Stellungnahme unter www.access.gpo.gov/nara/nara005.html.: „An Act to protect investors by improving to accuracy an reliability of corporate disclosures made pursuant to the securities laws, and for other purposes...".; zu den Beweggründen der Europäischen Kommission Erwägungsgrund Nr. 3 zum Kommissionsvorschlag, im Internet abrufbar unter www.europa.eu.int/comm/internal_market/company/docs/independence/2004-recommendation_de.pdf.

Unternehmens und nicht davon abhängig machen, wie drakonisch die Geschäftsführung überwacht wird.

Nach alledem kann als Fazit festgehalten werden, dass jedes der beiden SE-Modelle bestimmte Vorzüge bietet, aber auch gewisse Nachteile hat. Die Untersuchungen der vorangegangenen Abschnitte haben gezeigt, dass es bei der Frage, ob eines der beiden Modelle vorzugswürdig ist, häufig auf „den Einzelfall", mithin auf persönliche Merkmale, Motivationen und Qualifikationen der Mitglieder der SE-Organe ankommt. Aus diesem Grunde wird an dieser Stelle bewusst darauf verzichtet, ein bestimmtes SE-Modell abstrakt zu favorisieren.

Letztlich kann eine Entscheidung nur einzelfallabhängig und in Relation zu den individuellen Bedürfnissen der SE-interessierten Unternehmen erfolgen. Die hier herausgearbeiteten Merkmale der beiden SE-Modelle sollen für eine entsprechende Abwägung den Ausgangspunkt bilden.

Kapitel Vier

Unternehmerische Mitbestimmung einer „deutschen“ SE

A. Einleitung

Aus den Untersuchungen der vorangegangenen Kapitel hat sich ergeben, dass sich die beiden SE-Modelle im Hinblick auf die Geschäftsführung und die Überwachung der Geschäftsführung grundlegend voneinander unterscheiden[1]. Ob eines der beiden Modelle vorzugswürdig ist, kann letztlich nur einzelfallabhängig und in Relation zu den individuellen Bedürfnissen der SE-interessierten Unternehmen beurteilt werden. Die Untersuchungen des dritten Kapitels sollen für eine solche Beurteilung die Grundlage bilden[2].

Die Ausübung des Wahlrechts i.S.d. Art. 38 lit. b SE-VO wird sich für deutsche SE-interessierte Unternehmen aber noch ganz erheblich komplizieren. Die Gründe dafür liegen in der unternehmerischen Mitbestimmung[3] nach deutschem Recht und in den Anforderungen der SE-RiLi i.V.m. den Vorschriften des SEBG[4], diese Mitbestimmungsrechte auf die Europäische Gesellschaft zu übertragen.

Wie in Kapitel Zwei festgestellt wurde, gilt im Falle der Umwandlung einer deutschen AG in eine SE der bislang bestehende Mitbestimmungsstandard fort, Art. 3 IV Unterabs. 1 SE-RiLi i.V.m. § 15 V SEBG[5]. Soll die SE durch eine Fusion mehrerer europäischer Unternehmen gegründet werden, richtet sich das Maß der zu übertragenden Mitbestimmung nach dem höchsten Mitbestimmungsstandard, der sich aus einem Vergleich aller an der SE-Gründung

---

[1] Zu diesen Unterschieden Kapitel Zwei, D. Die Geschäftsführung und ihre Überwachung in der dualistisch und der monistisch verfassten SE.

[2] Zu den „Vor- und Nachteilen“ der beiden Modelle Kapitel Drei, E. Konsequenzen für die Ausübung des Wahlrechts i.S.d. Art. 38 lit. b SE-VO.

[3] Davon strikt zu trennen ist die Mitbestimmung nach dem BetrVG 1972. Danach findet die Arbeitnehmerbeteiligung auf der Ebene des Betriebsrates statt. Zu dem Unterschied zwischen betrieblicher und unternehmerischer Mitbestimmung ausführlich *Lieb*, Arbeitsrecht, § 9, Rn. 897 ff.

[4] Das Gesetz zur Einführung der Europäischen Gesellschaft (SEEG) setzt sich aus zwei Artikeln zusammen. Art. 1 SEEG beinhaltet das Gesetz zur Ausführung der Verordnung (EG) Nr. 2157/2001 des Rates vom 8. Oktober 2001 über das Statut der Europäischen Gesellschaft (SE) – (SE-Ausführungsgesetz – SEAG). Art. 2 SEEG enthält das Gesetz über die Beteiligung der Arbeitnehmer in einer Europäischen Gesellschaft – (SE-Beteiligungsgesetz – SEBG). Das SEEG ist am 22.12.2004 in Kraft getreten und kann im Internet unter www.bmj.bund.de/media/archive/837.pdf abgerufen werden.

[5] Vgl. Kapitel Zwei, E.II. Die sog. „Auffanglösung“.

beteiligten Unternehmen ergibt, Art. 7 II lit. b SE-RiLi i.V.m. §§ 34 II, 35 II SEBG[6].

Das deutsche Mitbestimmungsrecht ist im Verhältnis zu den übrigen mitgliedstaatlichen Rechtssystemen der EU aber vergleichsweise stark ausgeprägt[7]. Daraus folgt, dass sich die Mitbestimmung in der SE regelmäßig auch dann an den Vorgaben des deutschen Rechts orientieren wird, wenn die SE durch die Verschmelzung einer deutschen AG mit Unternehmen anderer EU-Mitgliedstaaten gegründet wird[8]. Theoretisch besteht zwar im Falle der SE-Gründung durch Verschmelzung die Möglichkeit, ein niedrigeres als das deutsche Mitbestimmungsniveau auszuhandeln, vgl. Art. 3 IV Unterabs. 1, S. 2, Alt. 1 SE-RiLi i.V.m. § 15 III Nr. 1 SEBG. Nach allgemeiner Literaturmeinung[9] wird die Chance der Gründungsunternehmen, ihre Arbeitnehmer von einem Verzicht auf die deutschen Mitbestimmungsrechte zu überzeugen, jedoch als äußerst gering eingeschätzt[10].

Deutsche Unternehmen und ihre Rechtsberater werden sich damit die Frage stellen, inwiefern sich das Erfordernis der Übertragung der deutschen Mitbestimmungsrechte – sei es im Falle der Umwandlung einer AG, sei es im Falle der Verschmelzung einer AG mit anderen mitgliedstaatlichen Unternehmen – auf die Wahl des SE-Modells i.S.d. Art. 38 lit. b SE-VO auswirkt. Eignen sich das dualistische und das monistische SE-Modell gleichermaßen für eine unternehmerische Mitbestimmung nach deutschem Recht? Das Ziel des vorliegenden Kapitels besteht darin, diese Frage zu beantworten.

In den folgenden Abschnitten werden deshalb zunächst die Voraussetzungen der unternehmerischen Mitbestimmung nach deutschem Recht untersucht[11].

---

[6] Vgl. Kapitel Zwei, E.II. Die sog. „Auffanglösung".

[7] Deutschland ist der einzige Mitgliedstaat, dessen Unternehmen bereits ab einer Beschäftigtenzahl von 500 Arbeitnehmern (drittelparitätisch) mitbestimmt sind. Die paritätische Mitbestimmung nach dem MitbestG 1976 sucht im europäischen Vergleich ebenfalls ihresgleichen; zu dem deutschen Mitbestimmungsrecht im Vergleich zu den übrigen mitgliedstaatlichen „Mitbestimmungsgepflogenheiten" statt vieler *Wiesner*, AG 1996, 390.

[8] Ebenso *Lutter*, BB 2002, 1, 6; *Hirte*, NZG 2001, 1, 7; *Blaurock*, ZEuP 1998, 460, 478.

[9] *Lutter*, BB 2002, 1, 6; *Reichert/Brandes*, ZGR 2003, 767, 774; *Herfs-Röttgen*, NZA 2001, 424, 426; kritisch zum Vorentwurf *Heinze*, AG 1997, 289, 291.

[10] Dabei sind die strengen Voraussetzungen zu beachten, nach denen eine Unterschreitung des bislang gültigen Mitbestimmungsstandards möglich ist. Gem. Art. 3 IV Unterabs. 1, S. 2, Alt. 1 SE-RiLi i.V.m. § 15 III Nr. 1 SEBG ist eine Zwei-Drittel-Mehrheit des Verhandlungsgremiums erforderlich, wobei wiederum zwei Drittel dieser Stimmen von den Vertretern der Arbeitnehmer abgegeben werden müssen; dazu ausführlich *Krause*, BB 2005, 1221, 1226 sowie Kapitel Zwei, E.II. Die sog. „Auffanglösung".

[11] B. Die „paritätische Mitbestimmung" nach dem Mitbestimmungsgesetz 1976.

Die nachfolgenden Darstellungen beschränken sich auf die „paritätische Mitbestimmung“ nach dem Mitbestimmungsgesetz von 1976 (MitbestG 1976). Grund dafür ist die Tatsache, dass seinerzeit verfassungsrechtliche Bedenken gegen das MitbestG 1976 geäußert wurden[12], weil die von den Arbeitnehmern gewählten Vertreter immerhin „hälftig“ an den Kompetenzen des Aufsichtsrats partizipieren[13]. Die nachstehenden Untersuchungen werden zeigen, dass bei einer Übertragung der paritätischen Mitbestimmung auf das monistische SE-Modell erneut verfassungsrechtliche Probleme entstehen[14].

Sodann wird auf die Frage eingegangen, ob die beiden SE-Modelle i.S.d. Art. 38 lit. b SE-VO gleichermaßen für die paritätische Mitbestimmung geeignet sind[15]. Freilich bietet sich zunächst die Wahl des dualistischen SE-Modells an, da das deutsche Mitbestimmungsrecht auf eine dualistisch verfasste Gesellschaft, mithin auf die Aktiengesellschaft zugeschnitten ist[16]. Darauf soll in diesem Kapitel kurz eingegangen werden[17].

Ein ebenso großes Interesse kann aber auch an der Gründung einer monistisch verfassten SE bestehen. Möglicherweise geben die in Kapitel Drei dargestellten Wesensmerkmale des monistischen Modells für deutsche Unternehmen den Ausschlag, im Zuge der Umwandlung einer AG in eine SE einen Wechsel zum monistischen System vorzunehmen[18]. Ein gesteigertes Interesse kann auch deshalb an der Wahl des monistischen Modells bestehen, weil die SE durch Verschmelzung z.B. mit einer britischen PLC gegründet werden

---

[12] Abschnitt B.II. Verfassungsmäßigkeit der paritätischen Mitbestimmung.

[13] B.I. Anwendungsbereich des MitbestG 1976 und Kompetenzen der Arbeitnehmervertreter.

[14] C.II.2.b) Verletzung der Anteilseignerrechte aus Art. 14 I GG; zudem dürfte die Gründung einer SE gerade für paritätisch mitbestimmte Aktiengesellschaften von besonderem Interesse sein (*Gruber/Weller*, NZG 2003, 297, 298). Dies erscheint jedenfalls in Anbetracht der Tatsache wahrscheinlich, dass die SE-Gründung vorrangig für solche Unternehmen in Betracht kommt, die mitgliedstaatenübergreifend, wenn nicht sogar weltweit tätig sind (so *Hommelhoff*, AG 2001, 279, 287) und deshalb auf eine gewisse Größe und Beschäftigtenzahl des Unternehmens geschlossen werden kann.

[15] C. Übertragung der paritätischen Mitbestimmung auf die SE-Modelle.

[16] So auch *Kallmeyer*, ZIP 2003, 1531.

[17] C.I. Paritätische Mitbestimmung in der dualistisch verfassten SE.

[18] Zu den „Vor- und Nachteilen“ der beiden Modelle Kapitel Drei, E. Konsequenzen für die Ausübung des Wahlrechts i.S.d. Art. 38 lit. b SE-VO.

soll und sich die beteiligten Unternehmen auf die den britischen Partnern vertraute monistische Unternehmensstruktur einigen wollen[19].

Die Übertragung der paritätischen Mitbestimmung auf das monistische SE-Modell gestaltet sich aber äußerst problematisch:

Zunächst werden sich die Unternehmen und ihre Rechtsberater die Frage stellen müssen, ob das gesamte Verwaltungsorgan hälftig mit Vertretern der Arbeitnehmer zu besetzen ist oder ob sich die Parität nur auf die Posten der nichtgeschäftsführenden Direktoren beziehen muss[20].

Jedoch ergeben sich auch bei einer Beschränkung der Parität auf die Posten der nichtgeschäftsführenden Direktoren noch einige erhebliche Schwierigkeiten. Denn möglicherweise sind die Kompetenzen der nichtgeschäftsführenden Direktoren mit den Kompetenzen der Mitglieder des Aufsichtsrats – auch nach der Neufassung des § 111 IV S. 2 AktG – nur zum Teil kongruent[21]. Aus diesem Grunde könnte es bei einer Übertragung der paritätischen Mitbestimmung zu einem Machtzuwachs der Arbeitnehmervertreter kommen, woran sich wiederum zahlreiche Probleme für die SE-gründenden Unternehmen anschließen könnten[22].

In den letzten Abschnitten dieses Kapitels wird deshalb untersucht, wie die Kompetenzstruktur innerhalb des Verwaltungsorgans ausgestaltet werden kann, um einen Machtzuwachs der Arbeitnehmervertreter zu verhindern, ohne dabei gleichzeitig gegen die Vorgaben der SE-VO und die Bestimmungen der SE-RiLi i.V.m. dem SEBG zu verstoßen[23]. Die in dem letzten Teil dieses Kapitels vorgeschlagene Ausgestaltung der Binnenstruktur des Verwaltungsorgans richtet sich unmittelbar an die SE-interessierten Unternehmen und ihre Rechtsberater. Ihnen obliegt es, die Kompetenzen der SE-Direktoren durch Satzungsbestimmungen so zu definieren, dass die in den folgenden Abschnit-

---

[19] Zu der monistischen Struktur der britischen PLC, die mit der monistisch verfassten SE weitestgehend identisch ist, siehe Kapitel Drei, C.IV. Zusammenfassung und Vergleich mit der monistisch verfassten SE. Gerade in diesem Falle muss die deutsche paritätische Mitbestimmung auf die zu gründende SE übertragen werden, da es in Großbritannien überhaupt keine Mitbestimmung gibt, die mit der deutschen Mitbestimmung in irgendeiner Form vergleichbar wäre, dazu ausführlich *Bullock, Alan (Hrsg.)*, Report of the Committee of Inquiry on industrial Democracy, London 1977; *Brannen/Batstone/Fatchett/White*, The Worker Directors: A Sociology of Participation, S. 39 ff; *Charkham*, Keeping Good Company – A study of Corporate Governance in five Countries, S. 271 ff.

[20] Zur Beantwortung dieser Frage Abschnitt C.II.1. Arbeitnehmervertretung im Verwaltungsorgan.

[21] Vgl. dazu die Untersuchungen in Abschnitt C.II.2.a) Erweiterung des Status Quo der Mitbestimmungsrechte.

[22] C.II.2. „Machtzuwachs" der Arbeitnehmervertreter, Abschnitte b), c) und d).

[23] Dazu C.II.3. Möglichkeiten zur Vermeidung einer Erweiterung der Mitbestimmungsrechte

ten dargestellten Nachteile einer Übertragung der Mitbestimmung auf das monistische SE-Modell vermieden werden können.

B. Die „paritätische Mitbestimmung“ nach dem Mitbestimmungsgesetz 1976

Bevor die Übertragbarkeit der paritätischen Mitbestimmung auf die Modelle der Europäischen Gesellschaft erläutert wird, soll in den folgenden Abschnitten die unternehmerische Mitbestimmung nach dem Mitbestimmungsgesetz 1976 (MitbestG 1976) dargestellt werden.

Besondere Aufmerksamkeit wird dabei der Darstellung der Grundsätze des BVerfG[24] zur Verfassungsmäßigkeit des MitbestG 1976 gewidmet. Diese Darstellung ist für die Beurteilung der Übertragbarkeit der paritätischen Mitbestimmung auf das monistische Modell von besonderer Bedeutung. Möglicherweise können sich die verfassungsrechtlichen Probleme, die seinerzeit das BVerfG zu beurteilen hatte, bei einer Übertragung der paritätischen Mitbestimmung auf das monistische SE-Modell potenzieren[25].

In den folgenden Abschnitten wird zunächst der Anwendungsbereich des MitbestG 1976 erläutert und veranschaulicht, worauf sich die unternehmerische Mitbestimmung bezieht, nämlich auf die Wahrnehmung der Kompetenzen des Aufsichtsrats. Sodann wird auf die Begründung des BVerfG zu der Verfassungsmäßigkeit des MitbestG 1976 im Hinblick auf die Rechte der Anteilseigner aus Art. 14 I GG eingegangen.

I. Anwendungsbereich des MitbestG 1976 und Kompetenzen der Arbeitnehmervertreter

Das Mitbestimmungsgesetz 1976 (MitbestG 1976) ist die gegenüber dem Drittelbeteiligungsgesetz speziellere Regelung[26]. Es findet Anwendung auf

---

[24] BVerfG 50, 290.

[25] Vgl. dazu Abschnitt C.II.2. b) Verletzung der Anteilseignerrechte aus Art. 14 I GG.

[26] Dies stellt § 1 II Nr. 1 DrittelbG klar; das Drittelbeteiligungsgesetz (DrittelbG) hat mit Wirkung zum 1. Juli 2004 die Vorschrift § 76 I, II BetrVG 1952 abgelöst. Der Anwendungsbereich der „Ein-Drittel-Mitbestimmung“ wird durch das DrittelbG jedoch nicht verändert: In allen Aktiengesellschaften, die mehr als 500 Arbeitnehmer beschäftigen und nicht als sog. „Tendenzunternehmen“ einzustufen sind, ist ein Aufsichtsrat zu bilden, dessen Mitglieder zu einem Drittel von den Arbeitnehmern der Gesellschaft gewählt werden, § 4 I DrittelbG. Zu dem neuen DrittelbG und seinen Wirkungen im Einzelnen *Seibt*, NZA 2004, 767.

Aktiengesellschaften, die mehr als 2000 Arbeitnehmer beschäftigen, § 1 I MitbestG 1976[27].

Nach dem MitbestG 1976 setzt sich der Aufsichtsrat zu einer Hälfte aus Vertretern der Anteilseigner und zur anderen Hälfte aus Vertretern der Arbeitnehmer, mithin paritätisch zusammen, § 7 I MitbestG 1976.

Da eine Mitbestimmung „lediglich" auf der Ebene des Aufsichtsrats erfolgt, erscheint die Wirkung der paritätischen Mitbestimmung zunächst gering[28]. Dieser Anschein trügt jedoch. Denn es ist zu bedenken, dass der Aufsichtsrat für die Bestellung und Abberufung des Vorstands zuständig ist, § 84 I AktG. Des Weiteren hat der Aufsichtsrat das Recht und die Pflicht, die Geschäftsführung des Vorstands zu überwachen[29]. Zur Wahrnehmung dieser Aufgabe räumt das Aktiengesetz dem Aufsichtsrat eine Reihe von Informationsrechten ein[30]. Darüber hinaus hat der Aufsichtsrat durch den Vorbehalt der Zustimmung i.S.d. § 111 IV S. 2 n.F. AktG einen nicht unerheblichen Einfluss auf die Geschäftsführung der Gesellschaft[31]. Auf diese Kompetenzen des Aufsichtsrats erstreckt sich die unternehmerische Mitbestimmung[32].

II. Verfassungsmäßigkeit der paritätischen Mitbestimmung

Das Bundesverfassungsgericht hatte sich im Jahre 1979 u.a. mit der Frage zu befassen, ob das MitbestG 1976 vor dem Hintergrund der Anteilseignerrechte aus Art. 14 I GG mit dem Grundgesetz vereinbar ist[33]. Denn die paritätische

---

[27] Zum Anwendungsbereich des MitbestG 1976 näher *Grunewald*, Gesellschaftsrecht, 2.C., Rn. 59; MünchKommAktG-*Semler*, § 96, Rn. 9.

[28] *Lieb*, Arbeitsrecht, § 9, Rn. 918.

[29] Dazu Kapitel Drei, B.II. Der Aufsichtsrat als Überwachungsorgan der Aktiengesellschaft.

[30] Dazu ausführlich Kapitel Drei, B.II. Der Aufsichtsrat als Überwachungsorgan der Aktiengesellschaft.

[31] Mit der Neufassung des § 111 IV S. 2 n.F. AktG hat sich diese „materielle Beteiligung" des Aufsichtsrats einer deutschen AG an der Geschäftsführung des Vorstands zudem erheblich erhöht; siehe dazu bereits die Untersuchungen in Kapitel Drei, B.III.2.b) Folgen der Neufassung des § 111 IV S. 2 AktG.

[32] Zu alledem ausführlich *Lieb*, Arbeitsrecht, § 9, Rn. 918.

[33] BVerfG 50, 290; daneben hatte das BVerfG einen möglichen Verstoß gegen Art. 9 I GG zu überprüfen, eingehend *Lieb*, Arbeitsrecht, § 5, Rn. 469 ff.

Mitbestimmung stellt einen Eingriff in das Recht der Anteilseigner aus Art. 14 I GG dar[34]:

Mit der Aktie an einer Gesellschaft haben sich die Aktionäre das Recht erkauft[35], gem. § 119 I Nr. 1 AktG die Mitglieder des Aufsichtsrats zu bestellen. Der Aufsichtsrat nimmt wiederum durch die Bestellung, Abberufung und Überwachung des Vorstands sowie durch den Vorbehalt der Zustimmung i.S.d. § 111 IV S. 2 AktG einen entscheidenden Einfluss auf die Unternehmensleitung und damit letztlich auf das Schicksal des von den Aktionären angelegten Kapitals[36]. Das Recht der Aktionäre, die Mitglieder des Aufsichtsrats zu bestellen und damit mittelbar einen Einfluss auf das Schicksal ihres angelegten Vermögens zu nehmen, wird durch das Recht der Arbeitnehmer, die Hälfte der Mitglieder des Aufsichtsrats zu bestellen, in nicht unerheblichem Maße berührt[37].

Das BVerfG ging jedoch von der Rechtmäßigkeit eines solchen Eingriffs aus, da die Mitbestimmung nach dem MitbestG 1976 streng genommen nicht zu einer paritätischen Wahrnehmung der Rechte des Aufsichtsrats durch die Arbeitnehmervertreter führt[38]. Kommt es nämlich im Rahmen der Abstimmungen des Aufsichtsrats zu einer Stimmengleichheit (Pattsituation), so hat der Aufsichtsratsvorsitzende gem. § 29 II MitbestG 1976 ein doppeltes Stimmrecht (Stichentscheid)[39]. Der Aufsichtsratsvorsitzende wird aber, und darin liegt ein entscheidendes Kriterium für die Verfassungsmäßigkeit des MitbestG 1976,

---

[34] Damit ist freilich nicht gemeint, dass dieser Eingriff unstreitig gerechtfertigt ist. Zur verfassungsrechtlichen Rechtfertigung des Eingriffs in die Rechte aus Art. 14 I GG und zur Bedeutung des „Mitbestimmungs-Urteils" aus damaliger Sicht *Ulmer*, BB 1979, 398; *Martens*, ZGR 1979, 511; *Wendeling-Schröder/Spieker*, NJW 1981, 145; noch im Jahre 1994 kritisch zum Mitbestimmungsurteil *Zöllner*, AG 1994, 336, 338.

[35] Eine vermögenswerte Position ist dann von Art. 14 I GG geschützt, wenn sie das Äquivalent eigener Leistung darstellt, *Pieroth/Schlink*, Grundrechte Staatsrecht II, § 23, Rn. 908.

[36] BVerfG 50, 290, 323.

[37] BVerfG 50, 290, 323.

[38] BVerfG 50, 290, 322.

[39] BVerfG 50, 290, 324; eine andere Form der „Pattauflösung" sieht das Montanmitbestimmungsgesetz vor. Dieses Gesetz aus dem Jahre 1951 erfasst Gesellschaften, die mehr als 1000 Arbeitnehmer beschäftigen und mindestens 50 % ihres Umsatzes aus Kohle und Stahl, also der Montanindustrie erwirtschaften, § 1 II MontanMitbestG (zum Anwendungsbereich des MontanMitbestG *Lieb*, Arbeitsrecht, § 9, Rn. 897 sowie MünchKommAktG-*Semler*, § 96, Rn. 17). Nach dem sog. „21-Mann-Modell" besteht der Aufsichtsrat aus zehn Arbeitnehmervertretern, zehn Vertreter von Anteilseignern, § 4 MontanMitbestG, und einem sog. „Pattauflöser" gem. § 8 MontanMitbestG. Zu dem Verhältnis zwischen dem MitbestG 1976 und dem MontanMitbestG ausführlich *Lieb*, Arbeitsrecht, § 9, Rn. 909.

von den Vertretern der Anteilseigner bestimmt[40]. Hieraus ergibt sich in Verbindung mit dem Zweitstimmrecht des Aufsichtsratsvorsitzenden bei der Willensbildung des Aufsichtsrats ein leichtes Übergewicht zu Gunsten der Anteilseignerseite[41].

Einen weiteren Grund für die verfassungsrechtliche Rechtfertigung des Eingriffs in Art. 14 I GG sah das BVerfG darin, dass sich die paritätische Mitbestimmung nicht auf alle Organe des Unternehmens, namentlich die Unternehmensleitung bezieht: Das Initiativrecht und die Entscheidungsgewalt über die Maßnahmen der Geschäftsführung liegen bei dem nichtmitbestimmten Vorstand[42].

III. Zusammenfassung

Zusammenfassend lässt sich Folgendes festhalten: Trotz der umfassenden Einflussnahmemöglichkeit der Arbeitnehmervertreter in der deutschen AG ist die paritätische Mitbestimmung nach der Rechtsprechung des BVerfG verfassungsgemäß. Die Gründe dafür liegen zum einen in dem doppelten Stimmrecht des Aufsichtsratsvorsitzenden[43], der ausschließlich von den Anteilseignervertretern bestimmt wird[44]. Zum anderen beschränkt sich die (paritätische) Mitbestimmung auf die Wahrnehmung der Kompetenzen des Aufsichtsrats und erstreckt sich nicht auf das zur Geschäftsführung berufene Organ, den Vorstand[45].

---

[40] Gem. § 27 I MitbestG 1976 wird der Aufsichtsratsvorsitzende aus der Mitte des Aufsichtsrats mit einer Zwei-Drittel-Mehrheit gewählt. Dies gilt auch für seinen Stellvertreter. Kommt diese Mehrheit im ersten Wahlgang aber nicht zustande, wird der Vorsitzende im zweiten Wahlgang von den Vertretern der Anteilseigner bestimmt; die Seite der Arbeitnehmervertreter bestimmt hingegen nur den Vertreter des Aufsichtsratsvorsitzenden, § 27 II MitbestG 1976; dazu *Grunewald*, Gesellschaftsrecht, 2.C., Rn. 59; zu der Stellung des Aufsichtsratsvorsitzenden nach der Verabschiedung des MitbestG 1976 eingehend *Peus*, Der Aufsichtsratsvorsitzende – seine Rechtsstellung nach dem Aktiengesetz und dem Mitbestimmungsgesetz, Köln 1983.

[41] BVerfG 50, 290, 322; dazu *Lieb*, Arbeitsrecht, § 9, Rn. 12.

[42] BVerfG 50, 290, 323.

[43] Vgl. § 29 II MitbestG 1976.

[44] Vgl. § 27 MitbestG 1976; BVerfG 50, 290, 324.

[45] BVerfG 50, 290, 323.

C. Übertragung der paritätischen Mitbestimmung auf die SE-Modelle

Unter Berücksichtigung der oben genannten Gründe für die Verfassungsmäßigkeit der paritätischen Mitbestimmung soll in den nachstehenden Abschnitten überprüft werden, ob sich die beiden SE-Modelle gleichermaßen für eine paritätische Mitbestimmung nach Maßgabe des MitbestG 1976 eignen.

Dabei wird zunächst kurz auf die Übertragung der Parität auf das dualistische SE-Modell eingegangen. Sodann wird ausführlich untersucht, welche Probleme bei der Implementierung der paritätischen Mitbestimmung in das monistische SE-Modell entstehen[46] und schließlich erläutert, wie diese Probleme durch eine entsprechende Ausgestaltung der Direktor-Kompetenzen gelöst werden können[47].

I. Paritätische Mitbestimmung in der dualistisch verfassten SE

Zunächst bietet sich für die Gründung einer SE, die in den Anwendungsbereich der paritätischen Mitbestimmung fällt, die Wahl des dualistischen Modells an[48]. Denn die Kompetenzen des – paritätisch besetzten – Aufsichtsrats sind mit denen des – paritätisch *zu besetzenden* – Aufsichtsorgans identisch[49]: Die unternehmerische Mitbestimmung nach deutschem Recht bezieht sich auf die Bestellung und Abberufung des Vorstands und auf dessen Überwachung durch den mitbestimmten Aufsichtsrat[50].

Für die Bestellung und Abberufung des Leitungsorgans der SE sowie für dessen Überwachung ist ebenfalls das Aufsichtsorgan zuständig[51]. Zudem sind die Vorschriften Art. 42 SE-VO und Art. 50 II SE-VO bemerkenswert.

---

[46] C.II.2. „Machtzuwachs" der Arbeitnehmervertreter.

[47] C.II.3. Möglichkeiten zur Vermeidung einer Erweiterung der Mitbestimmungsrechte

[48] *Kallmeyer*, ZIP 2003, 1531; zum Teil wird sogar vertreten, die deutsche Mitbestimmung lasse sich allein in eine dualistische Gesellschaftsstruktur einfügen, vgl. *Hoffmann*, NZG 1999, 1077, 1085 zu dem Fall „Aventis"; ebenso *Raiser*, in: FS Steindorff 1990, S. 201, 210.

[49] Zum Vergleich der Kompetenzen von Aufsichtsrat und Aufsichtsorgan Kapitel Drei, B.IV. Zusammenfassung und Vergleich mit der dualistisch verfassten SE.

[50] Vgl. dazu bereits die Ausführungen in Abschnitt B.I. Anwendungsbereich des MitbestG 1976 und Kompetenzen der Arbeitnehmervertreter.

[51] Vgl. Art. 39 II SE-VO (Bestellung und Abberufung des Leitungsorgans), Art. 40 I S. 1 SE-VO (Überwachung des Leitungsorgans) sowie Art. 48 I SE-VO (Zustimmungsvorbehalte in der dualistisch verfassten SE); zu den Kompetenzen des Aufsichtsorgans im Einzelnen Kapitel Zwei, D.I.2. Das Aufsichtsorgan als Überwachungsorgan der dualistisch verfassten SE.

Gem. Art. 42 S. 2 SE-VO kann im Falle der paritätischen Mitbestimmung nur ein von den Anteilseignern gewähltes Mitglied das Amt des Aufsichtsorganvorsitzenden bekleiden[52]. Art. 50 II SE-VO bestimmt, dass im Falle der Stimmengleichheit der Vorsitzende des Aufsichtsorgans ein doppeltes Stimmrecht hat[53]. Die Vorschriften Art. 42, 50 II SE-VO stellen damit das nach den Grundsätzen des BVerfG erforderliche „Übergewicht zu Gunsten der Anteilseigner" bei der Willensbildung des Aufsichtsorgans der SE her[54].

Die Implementierung der deutschen Mitbestimmungsrechte in das dualistische SE-Modell bereitet also keine Schwierigkeiten[55].

II. Paritätische Mitbestimmung in der monistisch verfassten SE

Die Übertragung der paritätischen Mitbestimmung auf eine dem deutschen Recht bislang unbekannte monistische Gesellschaftsform wirft jedoch einige grundlegende Fragen auf:

In welchem Verhältnis ist das Verwaltungsorgan mit Vertretern der Arbeitnehmer und der Anteilseigner zu besetzen – gilt das Gebot der Parität für das gesamte Verwaltungsorgan oder nur für die Posten der nichtgeschäftsführenden Direktoren?[56]

Kommt es bei einer paritätischen Mitbestimmung des Verwaltungsorgans zu einem „Machtzuwachs" auf Seiten der Arbeitnehmervertreter?[57]

Führt ein solcher Machtzuwachs zu einer Verletzung der Anteilseignerrechte aus Art. 14 I GG?[58]

Welche weiteren Nachteile drohen einer monistisch verfassten SE, falls ein Machtzuwachs der Arbeitnehmervertreter zu bejahen ist?[59]

---

[52] Dazu *Hirte*, NZG 2001, 1, 6.

[53] Zum „doppelten" Stimmrecht des Vorsitzenden *Bungert/Beier*, EWS 2002, 1, 4.

[54] Vgl. dazu die Ausführung in Abschnitt B.II. Verfassungsmäßigkeit der paritätischen Mitbestimmung.

[55] So auch im Ergebnis *Oetker*, BB 2005, 2, 5; *Hirte*, NZG 2001, 1, 6; *Kallmeyer*, ZIP 2003, 1531; ebenso *Reichert/Brandes*, ZGR 2003, 767, 788.

[56] C.II.1. Arbeitnehmervertretung im Verwaltungsorgan.

[57] C.II.2.a) Erweiterung des Status Quo der Mitbestimmungsrechte.

[58] C.II.2. b) Verletzung der Anteilseignerrechte aus Art. 14 I GG.

[59] Vgl. Punkt C.II.2.c) Zustimmung der Anteilseigner – Werbung neuer Investoren – Haftung der Arbeitnehmervertreter sowie Punkt d) Deutschland – das hässliche Entlein der EU?

Können diese Nachteile durch eine satzungsmäßige Koordinierung der Direktorkompetenzen vermieden werden?[60]

1. Arbeitnehmervertretung im Verwaltungsorgan

Zunächst wird sich den SE-interessierten Unternehmen die Frage stellen, in welchem Verhältnis das Verwaltungsorgan einer SE, die in den Anwendungsbereich der paritätischen Mitbestimmung fällt, mit Arbeitnehmervertretern zu besetzen ist.

Es kommen zwei Möglichkeiten in Betracht: Das gesamte Verwaltungsorgan, bestehend aus geschäftsführenden und nichtgeschäftsführenden Direktoren, könnte hälftig mit Arbeitnehmervertretern und hälftig mit Vertretern der Anteilseigner zu besetzen sein. Denkbar ist aber auch, dass sich die Parität lediglich auf diejenigen Personen beziehen muss, die nicht mit der Führung der laufenden Geschäfte der SE betraut sind (nichtgeschäftsführende Direktoren). Diese Frage wird in der Literatur derzeit kontrovers diskutiert und bedarf deshalb der Klärung.

a) „Schematische" Übertragung der paritätischen Mitbestimmung

Zum Teil wird in der Literatur die Auffassung vertreten, dass sich die Parität i.S.d. § 7 I MitbestG 1976 auf das gesamte Verwaltungsorgan, also auf die geschäftsführenden sowie auf die nichtgeschäftsführenden Direktoren erstrecken muss[61]. Das Verwaltungsorgan einer monistisch verfassten SE, die in den Anwendungsbereich der paritätischen Mitbestimmung fällt, würde also zu 50 % aus Anteilseignervertretern und zu 50 % aus Arbeitnehmervertretern bestehen.

Für diese Auffassung scheint der Wortlaut des § 35 SEBG zu sprechen[62]. § 35 SEBG setzt die Auffanglösung der SE-RiLi i.S.d. Art. 7 II SE-RiLi um[63], wonach sich die Zahl der Arbeitnehmervertreter im Aufsichts- oder Verwaltungsorgan einer SE nach dem höchsten Anteil an Arbeitnehmervertretern bemisst, der in den Organen der Gründungsgesellschaft(en) vor Eintragung der SE

---

[60] C.II.3. Möglichkeiten zur Vermeidung einer Erweiterung der Mitbestimmungsrechte.

[61] *Köstler*, DStR 2005, 745, 748; *ders.*, ZGR 2003, 800, 802 f; *Kallmeyer*, ZIP 2003, 1531, 1534.

[62] *Köstler*, DStR 2005, 745, 748; *ders.*, ZGR 2003, 800, 802; zur Uneindeutigkeit des Wortlauts des § 35 SEBG siehe auch *Horn*, DB 2005, 147, 152.

[63] Dazu ausführlich Kapitel Zwei, E.II. Die sog. „Auffanglösung".

bestanden hat[64]. Nach dem Wortlaut des § 35 SEBG erscheint es also konsequent, den Anteil der Arbeitnehmervertreter des Aufsichtsrats, der nach Maßgabe des MitbestG 1976 die Hälfte der Mitglieder des Aufsichtsrats ausmacht, auf das Verwaltungsorgan zu übertragen[65].

Des Weiteren spricht für eine solche „schematische" Übertragung der Parität auch der Wortlaut des Art. 45 SE-VO[66]. Danach wird die Wahl eines Vorsitzenden des Verwaltungsorgans geregelt, der grundsätzlich von den Mitgliedern des Verwaltungsorgans zu wählen ist, Art. 45 S. 1 SE-VO; ausnahmsweise obliegt die Wahl des Vorsitzenden aber der Hauptversammlung. Dies ist der Fall, wenn das Verwaltungsorgan *zur Hälfte* mit Vertretern der Arbeitnehmer besetzt ist, Art. 45 S. 2 SE-VO[67].

b) „Funktionale" Übertragung der paritätischen Mitbestimmung

Nach anderer und vorzugswürdiger Auffassung[68] setzt die Auffanglösung i.S.d. Art. 7 II SE-RiLi i.V.m. § 35 SEBG voraus, dass sich das Gebot der Parität lediglich auf die Posten der nichtgeschäftsführenden Direktoren bezieht.

Für diese Lösung spricht in erster Linie, dass die Funktionen des Aufsichtsrats nicht mit den Funktionen des Verwaltungsorgans vergleichbar sind[69]. Der Aufsichtsrat hat die Aufgabe, die Geschäftsführung des Vorstands zu überwachen, § 111 I AktG. Das Verwaltungsorgan einer monistisch verfassten SE nimmt hingegen zweierlei Aufgaben wahr: In diesem Organ werden die Aufga-

---

[64] Dies gilt gem. § 35 II SEBG für den Fall, dass die SE durch Verschmelzung mehrerer Unternehmen gegründet wird. § 35 I SEBG legt fest, dass im Falle der Umwandlung der bislang gültige Mitbestimmungsstandard der umzuwandelnden Gesellschaft erhalten bleiben muss.

[65] *Kallmeyer*, ZIP 2003, 1531, 1534; *Köstler*, ZGR 2003, 800, 802.

[66] So *Köstler*, ZGR 2003, 800, 802; a.A.: *Reichert/Brandes*, ZGR 2003, 767, 788; *Henssler*, in: FS Ulmer 2003, 193, 207.

[67] Zu dieser Vorschrift *Hirte*, NZG 2001, 1, 8.

[68] *Henssler*, in: FS Ulmer 2003, 193, 207; *Horn*, DB 2005, 147, 152; zustimmend *Kämmerer/Veil*, ZIP 2005, 369, 376, die dafür jedoch den Wortlaut des § 35 SEBG als zu eng erachten; *Reichert/Brandes*, ZGR 2003, 767, 788; *Gruber/Weller*, NZG 2003, 297, 299; *Eder*, NZG 2004, 544, 545; *Teichmann*, BB 2004, 53, 56; *ders.* ZIP 2002, 1109, 1114. Dieser Auffassung ist auch der Bundesrat, der wegen des uneindeutigen Wortlauts eine Änderung des § 35 SEBG verlangte. Siehe dazu den *Beschluss des Bundesrates vom 26.11.2004* über die Anrufung des Vermittlungsausschusses, Drucksache 850/04, Begründung b), im Internet abrufbar unter www.aus-portal.de/aktuell/gesetze/01/index_1748.htm.

[69] Dazu eingehend C.II.2. b) Verletzung der Anteilseignerrechte aus Art. 14 I GG; *Henssler*, in: FS Ulmer 2003, 193, 207; *Reichert/Brandes*, ZGR 2003, 767, 788; *Gruber/Weller*, NZG 2003, 297, 299.

ben der Geschäftsführung und der Überwachung der Geschäftsführung miteinander vereint[70].

Vor diesem Hintergrund erscheint es äußerst fraglich, ob eine schematische Übertragung der paritätischen Besetzung des Aufsichtsrats auf das Verwaltungsorgan dem Sinn und Zweck der Auffanglösung entspricht. Ihr Zweck besteht darin zu verhindern, dass im Falle des Scheiterns der Verhandlungen[71] die von den Arbeitnehmervertretern bis dato erworbenen Mitbestimmungsrechte unterschritten werden, vgl. Erwägungsgrund Nr. 18 zur SE-RiLi[72]. Eine Übertragung der Parität auch auf die geschäftsführenden Direktoren ist demnach nicht erforderlich, denn schließlich ist auch der Vorstand einer AG, dem die Geschäftsführung der Gesellschaft obliegt, nicht mit Arbeitnehmervertretern besetzt[73].

Zudem kann der Wortlaut des § 35 SEBG entgegen der oben genannten Auffassung auch so verstanden werden, dass sich die Zahl der Arbeitnehmervertreter im Aufsichts- *oder* Verwaltungsorgan einer SE nur dann mit dem bisherigen Anteil an Arbeitnehmervertretern decken muss, wenn diese auch in einem dem gewählten SE-Modell entsprechenden Organ vertreten waren, d.h. wenn die bisherige Organisationsform der mitbestimmten Gründungsgesellschaft(en) mit dem gewählten SE-Modell i.S.d. Art. 38 lit. b SE-VO identisch ist.

Schließlich setzt sich die zuerst dargestellte Auffassung in Widerspruch zu der Option i.S.d. § 40 I S. 3 SEAG. In Kapitel Zwei wurde festgestellt, dass die Posten der geschäftsführenden Direktoren nicht zwingend mit den von der Hauptversammlung bzw. den Arbeitnehmern gewählten Personen besetzt werden müssen[74].

---

[70] Dazu ausführlich Kapitel Zwei, D.II.1. Das Verwaltungsorgan als „doppelfunktionales" Organ der monistisch verfassten SE.

[71] Zur Verhandlungslösung Kapitel Zwei, E.I. Die sog. „Verhandlungslösung".

[72] Sinn und Zweck ist der Schutz *erworbener* Rechte, *Herfs-Röttgen*, NZA 2001, 424, 427; *Grobys*, NZA 2004, 779, 781; *Thoma/Leuering*, NJW 2002, 1449, 1454; *Bezzenberger*, JURA 2003, 229, 230. Geschützt wird also nicht irgendeine quotenmäßige Besetzung eines Organs, welches in seinen Kompetenzen mit dem Verwaltungsorgan überhaupt nicht vergleichbar ist.

[73] So auch *Henssler*, in: FS Ulmer 2003, 193, 207; *Reichert/Brandes*, ZGR 2003, 767, 788; *Gruber/Weller*, NZG 2003, 297, 299; vgl. auch den *Beschluss des Bundesrates vom 26.11.2004*, Drucksache 850/04, Begründung b), im Internet abrufbar unter www.aus-portal.de/aktuell/gesetze/01/index_1748.htm.

[74] Kapitel Zwei, D.II.1. Die geschäftsführenden Direktoren des Verwaltungsorgans. Zur Besetzung der Posten der geschäftsführenden Direktoren mit „Dritten" *Theisen/Wenz (Hrsg.)*, Die Europäische Aktiengesellschaft, S. 277 f sowie *Kallmeyer*, ZIP 2003, 1531, 1532.

Es besteht auch die Möglichkeit, und dies stellt jedenfalls in der angelsächsischen Unternehmenspraxis die Regel dar[75], dass die originär von der Hauptversammlung bestellten Direktoren die Führung der laufenden Geschäfte an dritte Personen delegieren, § 40 I S. 3 SEAG. Wollte man der ersten Meinung folgend das Gebot der Parität konsequent auf alle Direktoren des Verwaltungsorgans beziehen, dann wäre eine Delegation der Geschäftsführung i.S.d. § 40 I S. 3 SEAG teilweise ausgeschlossen. Die Posten der geschäftsführenden Direktoren müssten dann jedenfalls zur Hälfte mit den von den Arbeitnehmern gewählten Mitgliedern des Verwaltungsorgans besetzt werden[76].

Nach alledem ist festzuhalten, dass die Lösung der zuerst dargestellten Meinung dem Sinn und Zweck der Auffanglösung gem. Art. 7 II SE-RiLi i.V.m. § 35 SEBG widerspricht[77]. Die Auffanglösung setzt lediglich voraus, dass sich die Parität auf die nichtgeschäftsführenden Direktoren beziehen muss[78].

Freilich ist damit eine paritätische Besetzung des *gesamten* Verwaltungsorgans nicht per se ausgeschlossen. Denn nach der Verhandlungslösung besteht die Möglichkeit, dass sich die Parteien auf eine Mitbestimmung einigen, die funktional und zahlenmäßig *über* dem bislang gültigen Mitbestimmungsstandard der an der Gründung beteiligten Gesellschaften liegt[79]. Vor diesem Hintergrund lässt sich auch das oben erwähnte Argument im Zusammenhang mit Art. 45 SE-VO entkräften: Aus Art. 45 SE-VO kann nicht gefolgert werden, dass das Verwaltungsorgan zwingend paritätisch besetzt sein muss, wenn eine nach dem MitbestG 1976 mitbestimmte AG an der SE-Gründung beteiligt ist. Vielmehr will Art. 45 SE-VO nur das Übergewicht der Anteilseigner sicherstellen, *falls* es (nach entsprechenden Verhandlungen) zu einer „echten" paritätischen Besetzung des Verwaltungsorgans kommt[80].

---

[75] Im Detail Kapitel Drei, Die SE-Modelle im Vergleich [...].

[76] In diesem Sinne auch *Oetker*, BB 2005, 2, 5; *Kallmeyer*, ZIP 2003, 1531, 1535; ebenso *Teichmann*, BB 2004, 53, 56 f.

[77] Aus diesem Grunde verlangte auch der Bundesrat, den Wortlaut des § 35 SEBG eindeutiger zu gestalten, *Beschluss des Bundesrates vom 26.11.2004*, Drucksache 850/04, Begründung b), im Internet abrufbar unter www.aus-portal.de/aktuell/gesetze/01/index_1748.htm.

[78] *Henssler*, in: FS Ulmer 2003, 193, 207; *Reichert/Brandes*, ZGR 2003, 767, 788; *Gruber/Weller*, NZG 2003, 297, 299; zur Ratio der Auffanglösung Erwägungsgrund Nr. 18 zur SE-RiLi; *Herfs-Röttgen*, NZA 2001, 424, 427; *Grobys*, NZA 2004, 779, 781; *Thoma/Leuering*, NJW 2002, 1449, 1454; *Bezzenberger*, JURA 2003, 229, 230.

[79] Ebenso *Lange*, EuZW 2003, 301, 304; dazu Kapitel Zwei, E. Die unternehmerische Mitbestimmung in der SE.

[80] *Henssler*, in: FS Ulmer 2003, 193, 207; *Reichert/Brandes*, ZGR 2003, 767, 788; a.A.: *Köstler*, DStR 2005, 745, 748; *ders.*, ZGR 2003, 800, 804.

c) Fazit

Im Hinblick auf die Zusammensetzung des Verwaltungsorgans einer monistisch verfassten SE, an deren Gründung eine deutsche mitbestimmte AG beteiligt ist, kann somit Folgendes festgehalten werden: Die Übertragung der paritätischen Mitbestimmung bezieht sich nach Maßgabe der Auffanglösung lediglich auf die Besetzung der Posten der nichtgeschäftsführenden Direktoren. Die schematische Übertragung der Parität auf das Verwaltungsorgan ist zwar möglich. Jedoch wird dies nicht von der Auffanglösung vorausgesetzt, sondern kann allenfalls ein Ergebnis der Verhandlungen der SE-Gründungsunternehmen und ihrer Arbeitnehmer sein.

2. „Machtzuwachs" der Arbeitnehmervertreter[81]

In den folgenden Abschnitten soll überprüft werden, ob es durch die Gründung einer monistisch verfassten SE trotz des Umstandes, dass sich die paritätische Mitbestimmung lediglich auf die Posten der nichtgeschäftsführenden Direktoren beziehen muss, zu einer Erweiterung der Mitbestimmungsrechte kommt.

Um diese Frage zu beantworten, werden zunächst die Kompetenzen des Aufsichtsrats einer AG – nach der Neufassung des § 111 IV S. 2 AktG – mit den Kompetenzen der nichtgeschäftsführenden Direktoren einer monistisch verfassten SE verglichen[82]. Die Beantwortung dieser Frage hat für die SE-interessierten Unternehmen einen ganz erheblichen Einfluss auf die Ausübung des Wahlrechts i.S.d. Art. 38 lit. b SE-VO.

Denn möglicherweise führt eine Erweiterung des Status Quo der Mitbestimmungsrechte zu einer Verletzung der Anteilseignerrechte aus Art. 14 I GG[83]. Bejahendenfalls könnte es den SE-Gründungsunternehmen nur schwer möglich sein, ihre Aktionäre von der Wahl des monistischen SE-Modells zu überzeugen[84].

---

[81] Den Begriff des „Machtzuwachses" verwenden *Gruber/Weller*, NZG 2003, 297, 299.

[82] Dazu C.II.2.a) Erweiterung des Status Quo der Mitbestimmungsrechte.

[83] Dazu die Untersuchungen in Abschnitt C.II.2. b) Verletzung der Anteilseignerrechte aus Art. 14 I GG.

[84] Dabei ist das Erfordernis eines qualifizierten Mehrheitsbeschlusses gem. § 293 I bzw. § 319 II AktG, Art. 9 lit. c, ii SE-VO zu beachten; dazu C.II.2.c) Zustimmung der Anteilseigner – Werbung neuer Investoren – Haftung der Arbeitnehmervertreter.

Des Weiteren ist zu beachten, dass eine Ausweitung der Kompetenzen der Arbeitnehmervertreter auch gleichzeitig zu einer Erweiterung ihres Pflichtenkreises, mithin zu einem höheren Haftungsrisiko führt[85].

Zudem stellt sich die Frage, ob es einer monistisch verfassten SE bei entsprechend ausgeprägten Mitbestimmungsrechten gelingen kann, neue Investoren für die Gesellschaft zu werben[86].

Schließlich ist auf die Frage einzugehen, ob ein deutsches mitbestimmtes Unternehmen überhaupt Fusionspartner für die Gründung einer monistisch verfassten SE finden kann[87].

a) Erweiterung des Status Quo der Mitbestimmungsrechte

Wie bereits in den vorangegangenen Kapiteln festgestellt wurde, hat der Aufsichtsrat die Kompetenz, die Mitglieder des Vorstands zu bestellen und abzuberufen[88]. Des Weiteren hat er den Vorstand zu überwachen[89]. Die nichtgeschäftsführenden Direktoren sind ebenfalls für die Bestellung und Abberufung der geschäftsführenden Direktoren zuständig[90]. Zudem werden die geschäftsführenden Direktoren von den nichtgeschäftsführenden Direktoren überwacht[91]. Insoweit sind die Kompetenzen des Aufsichtsrats und der nichtgeschäftsführenden Direktoren also miteinander vergleichbar.

Der erste wesentliche Unterschied ergibt sich aber aus der Weisungsbefugnis der nichtgeschäftsführenden Direktoren gegenüber den geschäftsführenden

---

[85] Darauf weisen auch *Gruber/Weller*, NZG 2003, 297, 299, *Reichert/Brandes*, ZGR 2003, 767, 774 sowie *Kallmeyer*, ZIP 2003, 1531, 1534 hin; vgl. auch die Feststellungen in Kapitel Drei, E.III.2. Haftungsrisiko der nichtgeschäftsführenden Direktoren.

[86] Dazu C.II.2.c) Zustimmung der Anteilseigner – Werbung neuer Investoren – Haftung der Arbeitnehmervertreter.

[87] Siehe Abschnitt C.II.2.d) Deutschland – das hässliche Entlein der EU?

[88] Vgl. § 84 I, II AktG.

[89] § 111 I AktG; zur Überwachung des Vorstands durch den Aufsichtsrat ausführlich Kapitel Drei, B.II. Der Aufsichtsrat als Überwachungsorgan der Aktiengesellschaft.

[90] Vgl. § 40 I, V SEAG; dazu ausführlich Kapitel Zwei, D.II.1. Die geschäftsführenden Direktoren des Verwaltungsorgans sowie *Theisen/Wenz (Hrsg.)*, Die Europäische Aktiengesellschaft, S. 277 f; *Neye/Teichmann*, AG 2003, 169, 179; *Kallmeyer*, ZIP 2003, 1531, 1532; *Torggler*, ecolex 2001, 533, 534.

[91] Vgl. § 22 I a.E., III S. 2 SEAG; dazu Kapitel Zwei, D.II.2.a) Abgrenzung der „laufenden Geschäfte" von der „Bestimmung der Grundlinien" der Gesellschaft sowie zur Überwachungsaufgabe der nichtgeschäftsführenden Direktoren *Reichert/Brandes*, ZGR 2003, 767, 795; *Gruber/Weller*, NZG 2003, 297, 298.

Direktoren[92]. In Kapitel Zwei wurde festgestellt, dass die nichtgeschäftsführenden Direktoren aufgrund ihrer Weisungsbefugnis eine Reihe von Möglichkeiten haben, um auf die laufenden Geschäfte der SE einzuwirken[93]. Sie können *konkrete Maßnahmen* der Geschäftsführung initiieren und die geschäftsführenden Direktoren anweisen, diese Maßnahmen vorzunehmen[94]. Ebenso besteht die Möglichkeit, die von den geschäftsführenden Direktoren initiierten Maßnahmen zu modifizieren oder schlicht zu untersagen[95]. Schließlich haben die nichtgeschäftsführenden Direktoren die Möglichkeit, bestimmte *Arten von Geschäften* zu definieren, die die geschäftsführenden Direktoren nicht ohne einen ausdrücklichen Beschluss der nichtgeschäftsführenden Direktoren vornehmen können[96].

Bei dieser umfassenden Weisungsbefugnis, von denen die Arbeitnehmervertreter als nichtgeschäftsführende Direktoren partizipieren, handelt es sich um die erste Erweiterung der Mitbestimmungsrechte[97], denn der Vorstand einer AG führt die Geschäfte in eigener Verantwortung und unterliegt damit gerade nicht den Weisungen des (mitbestimmten) Aufsichtsrats[98].

Der zweite Unterschied zwischen den Kompetenzen des Aufsichtsrats und der nichtgeschäftsführenden Direktoren besteht darin, dass die nichtgeschäftsführenden Direktoren für die strategischen Leitungsentscheidungen zuständig sind[99].

---

[92] § 44 II SEAG.

[93] Kapitel Zwei, D.II.2.a) Abgrenzung der „laufenden Geschäfte“ von der „Bestimmung der Grundlinien“ der Gesellschaft.

[94] *Merkt*, ZGR 2003, 650, 663; *Eder*, NZG 2004, 544, 545.

[95] *Merkt*, ZGR 2003, 650, 663.

[96] Wie in Kapitel Zwei festgestellt wurde, ergibt sich diese Möglichkeit aus § 44 II SEAG und nicht aus Art. 48 I SE-VO. Art. 48 I SE-VO normiert lediglich eine Kompetenz der Hauptversammlung, grundlegende Maßnahmen der Geschäftsführung an den Beschluss des gesamten Verwaltungsorgans zu binden, *Merkt*, ZGR 2003, 650, 662; zustimmend *Köstler*, ZGR 2003, 800, 805; ebenso *Neye/Teichmann*, AG 2003, 169, 179.

[97] Diese Erweiterung sehen auch *Reichert/Brandes*, ZGR 2003, 767, 796.

[98] *K.Schmidt*, Gesellschaftsrecht, § 28 II a; *Wiesner*, in: Münchener Handbuch des Gesellschaftsrechts, Bd. 4 Aktiengesellschaft, § 19, Rn. 12; *Grunewald*, Gesellschaftsrecht, 2.C., Rn. 43; *Fleischer*, ZIP 2003, 1; dazu Kapitel Drei, B.I. Der Vorstand als Geschäftsführungsorgan der Aktiengesellschaft.

[99] § 22 I SEAG; dazu ausführlich *Neye/Teichmann*, AG 2003, 169, 177; *Teichmann*, BB 2004, 53; *Gruber/Weller*, NZG 2003, 297, 298; *Eder*, NZG 2004, 544, 545; *Kallmeyer*, ZIP 2003, 1531, 1532 sowie die Ausführungen in Kapitel Zwei, D.II.2.a) Abgrenzung der „laufenden Geschäfte“ von der „Bestimmung der Grundlinien“ der Gesellschaft.

In der dualistisch verfassten AG fällt diese Befugnis jedoch in den Kompetenzbereich des Vorstands[100]. Daran ändert auch die Neufassung des § 111 IV S. 2 AktG nichts:

Erstens werden von dem Zustimmungsvorbehalt i.S.d. § 111 IV S. 2 AktG Maßnahmen erfasst, die für die Gesellschaft von „grundlegender Bedeutung" sind[101]. Dabei muss es sich aber nicht zwingend auch gleichzeitig um solche Maßnahmen handeln, die die grundlegenden strategischen Leitungsentscheidungen des Vorstands, mithin die Fragen der Unternehmensplanung und die beabsichtigte Geschäftspolitik betreffen, vgl. § 90 I S. 1 Nr. 1 AktG[102].

Zweitens hat der Aufsichtsrat auch nach der Neufassung des § 111 IV S. 2 AktG lediglich die Möglichkeit, durch Erteilung oder Verweigerung seiner Zustimmung einen „Einfluss" auf bestimmte Arten von Geschäften zu nehmen. Das Recht, Maßnahmen i.S.d. § 111 IV S. 2 n.F. AktG zu initiieren, mithin in Gang zu setzen, ist aber exklusiv dem Vorstand vorbehalten[103]. Zu einem anderen Ergebnis würde man nur dann gelangen, wenn man mit einem Teil der Literatur davon ausgeht, dass zu den zustimmungsbedürftigen Geschäften i.S.d. § 111 IV S. 2 AktG auch das Unterlassen von Maßnahmen zähle[104]. Diese Auffassung verstößt jedoch, wie in Kapitel Drei bereits konstatiert wurde, eindeutig gegen den Wortlaut der §§ 76 I, 111 IV S. 1 AktG[105]. Die zweite Erweiterung der Mitbestimmungsrechte ergibt sich also daraus, dass die

---

[100] *Lutter/Krieger*, Rechte und Pflichten des Aufsichtsrats, 4. Aufl. 2002, § 6, Rn. 199; *Dose*, Die Rechtstellung der Vorstandsmitglieder einer Aktiengesellschaft, S. 40; *Raiser*, Recht der Kapitalgesellschaften, § 14, Rn. 1; *Fleischer*, ZIP 2003, 1, 3; aus betriebswirtschaftlicher Sicht grundlegend *Gutenberg*, Unternehmensführung. Organisation und Entscheidungen, S. 61; zu der Leitungskompetenz der Vorstands Kapitel Drei, B.I. Der Vorstand als Geschäftsführungsorgan der Aktiengesellschaft.

[101] Zur Inhaltsbestimmung der Geschäfte von „grundlegender Bedeutung" Kapitel Drei, B.III.2.b)aa) Bestimmbarkeit der „bestimmten Arten von Geschäften" i.S.d. § 111 IV S. 2 n.F.

[102] Ebenso *Götz*, NZG 2002, 599, 602. Freilich *können* Maßnahmen von grundlegender Bedeutung i.S.d. § 111 IV S. 2 AktG auch gleichzeitig die „grundlegenden Fragen Unternehmensplanung" betreffen, vgl. dazu bereits *Semler*, ZGR 1983, 1, 21; ebenso *Lutter*, Information und Vertraulichkeit im Aufsichtsrat, S. 68.

[103] Im Ergebnis ebenso *Kämmerer/Veil*, ZIP 2005, 369, 373; *Dietrich*, DStR 2003, 1577, 1578; *Hüffer*, AktG, 6. Aufl. 2004, § 111, Rn. 17; *Lutter/Krieger*, Rechte und Pflichten des Aufsichtsrats, 4. Aufl. 2002, § 3, Rn. 103 sowie *Götz*, NZG 2002, 599 heben hervor, dass dem Aufsichtsrat auch nach der Neufassung des § 111 IV S. 2 AktG nicht das Recht zusteht, Maßnahmen der Geschäftsführung zu initiieren.

[104] *Lange*, DStR 2003, 376, 377.

[105] Dazu Kapitel Drei, B.III.2.b) dd) Unterlassen einer Maßnahme als zustimmungsbedürftiges Geschäft i.S.d. § 111 IV S. 2 n.F. AktG?. Ebenso *Dietrich*, DStR 2003, 1577, 1578.

nichtgeschäftsführenden Arbeitnehmervertreter die strategischen Leitungsentscheidungen der SE (mit)treffen[106].

b) Verletzung der Anteilseignerrechte aus Art. 14 I GG

An die Ergebnisse der vorangegangenen Abschnitte schließt sich somit die Frage an, ob ein entsprechender Machtzuwachs auf Seiten der Arbeitnehmervertreter mit den Rechten der Anteilseigner aus Art. 14 I GG vereinbar ist[107].

Wie bereits in diesem Kapitel festgestellt wurde[108], hat das BVerfG die Verfassungsmäßigkeit der paritätischen Mitbestimmung in erster Linie deshalb bejaht, weil der Anteilseignerseite bei der Willensbildung im Aufsichtsrat ein leichtes Übergewicht zukommt[109]: In einer Pattsituation hat der Aufsichtsratsvorsitzende, der allein von den Anteilseignern gewählt wird[110], ein doppeltes Stimmrecht[111].

Für die Wahrung der Rechte der Anteilseigner einer monistisch verfassten SE erscheint es deshalb zunächst ausreichend, diesen Stichentscheid auf das monistische SE-Modell zu übertragen. Es bietet sich dazu eine analoge Anwendung des Art. 45 S. 2 SE-VO an; danach wählen die Direktoren einen Vorsitzenden des Verwaltungsorgans, der im Falle der paritätischen Mitbestimmung allein von den Anteilseignervertretern zu bestellen ist[112].

---

[106] So auch *Gruber/Weller*, NZG 2003, 297, 299 sowie *Reichert/Brandes*, ZGR 2003, 767, 796.

[107] Zweifel an der Verfassungsmäßigkeit des SEEG (SEAG und SEBG) im Hinblick auf Art. 14 I GG haben auch *Gruber/Weller*, NZG 2003, 297, 299 sowie *Kallmeyer*, ZIP 2003, 1531, 1534; zurückhaltender *Reichert/Brandes*, ZGR 2003, 767, 790.

[108] B.II. Verfassungsmäßigkeit der paritätischen Mitbestimmung.

[109] BVerfG 50, 290, 323.

[110] Vgl. § 27 MitbestG 1976.

[111] Vgl. § 29 II MitbestG 1976; zu der Stellung des Aufsichtsratsvorsitzenden nach der Verabschiedung des MitbestG 1976 eingehend *Peus*, Der Aufsichtsratsvorsitzende – seine Rechtsstellung nach dem Aktiengesetz und dem Mitbestimmungsgesetz, Köln 1983.

[112] Eine Analogie zu Art. 45 S. 2 SE-VO ist deshalb erforderlich, weil nach der hier vertretenen Auffassung die Auffanglösung i.S.d. Art. 7 II SE-RiLi i.V.m. § 35 SEBG gerade keine schematische Übertragung der Parität erfordert (ebenso *Henssler*, in: FS Ulmer 2003, 193, 207; *Reichert/Brandes*, ZGR 2003, 767, 788; *Gruber/Weller*, NZG 2003, 297, 299; *Eder*, NZG 2004, 544, 545; *Teichmann*, BB 2004, 53, 56); Art. 45 S. 2 SE-VO würde in seiner direkten Anwendung (dazu *Hirte*, DStR 2005, 700) aber die paritätische Besetzung des *gesamten* Verwaltungsorgans voraussetzen (so auch *Henssler*, in: FS Ulmer 2003, 193, 207); zu alledem Abschnitt C.I.1. Arbeitnehmervertretung im Verwaltungsorgan.

Das Recht zum Stichentscheid dieses Vorsitzenden ergibt sich aus Art. 50 II S. 1 SE-VO[113]. Die Rechte der Arbeitnehmervertreter würden in der monistisch verfassten SE zwar in erheblichem Maße ansteigen, das „proportionale Verhältnis" der Arbeitnehmervertreter- und der Anteilseignervertreterrechte, mithin das „Übergewicht" zu Gunsten der Anteilseignerseite, bliebe durch eine Anwendung der Art. 45 S. 2 analog, 50 II S. 1 SE-VO aber erhalten.

Einen weiteren Grund für die Verfassungsmäßigkeit der paritätischen Mitbestimmung sah das BVerfG aber darin, dass sich die Mitbestimmung nicht auch unmittelbar auf das zur Unternehmensleitung berufene Organ, namentlich den Vorstand erstreckt[114]. Eine solche unmittelbare Einflussnahme auf die Geschäftsführung wäre den Arbeitnehmervertretern in der monistisch verfassten SE aber gerade möglich, weil diese die Leitungs- und Weisungsbefugnisse eines nichtgeschäftsführenden Direktors wahrnehmen würden[115].

Zurückhaltend ausgedrückt berührt damit die Mitbestimmung in der monistisch verfassten SE die Rechte der Anteilseigner aus Art. 14 I GG in einer Weise, die es nahe legt, dass die seinerzeit für die Verfassungsmäßigkeit der paritätischen Mitbestimmung gezogene Grenze überschritten sein dürfte[116]. Es lässt sich bereits an dieser Stelle festhalten, dass diejenigen Unternehmen, die die Gründung einer monistisch verfassten SE planen, aufgrund der hier geschilderten Bedenken im Hinblick auf Art. 14 I GG mit einigen Problemen konfrontiert werden, die in den folgenden Abschnitten aufgeworfen werden sollen.

c) Zustimmung der Anteilseigner – Werbung neuer Investoren – Haftung der Arbeitnehmervertreter

Zunächst ist zu bezweifeln, ob es den SE-Gründungsunternehmen gelingen kann, ihre Aktionäre von der Wahl des monistischen SE-Modells zu überzeugen – diese würden in ihren Rechten aus Art. 14 I GG noch weiter eingeschränkt, als es bereits durch die paritätische Besetzung des Aufsichtsrats der Fall ist[117]. Ein qualifizierter Mehrheitsbeschluss der Hauptversammlung ist

---

[113] Zum „doppelten" Stimmrecht des Vorsitzenden gem. Art. 50 II SE-VO *Bungert/Beier*, EWS 2002, 1, 4.

[114] BVerfG 50 , 290, 322; dazu Abschnitt B.II. Verfassungsmäßigkeit der paritätischen Mitbestimmung.

[115] Ebenso *Kallmeyer*, ZIP 2003, 1531, 1534.

[116] Die Formulierung stammt von *Gruber/Weller*, NZG 2003, 297, 299; ebenfalls zurückhaltend *Reichert/Brandes*, ZGR 2003, 767, 790. Nach *Kallmeyer*, ZIP 2003, 1531, 1534 wäre die Beteiligung der Arbeitnehmer an der Unternehmensleitung vom BVerfG seinerzeit als mit Art. 14 I GG unvereinbar beurteilt worden; so auch *Henssler*, in: FS Ulmer 2003, S. 193, 202.

[117] Zu den nicht unerheblichen Einflussnahmemöglichkeiten des – paritätisch besetzten – Aufsichtsrats B.I. Anwendungsbereich des MitbestG 1976 und Kompetenzen der Arbeitnehmervertreter.

jedoch Voraussetzung dafür, dass eine Aktiengesellschaft in eine (monistisch verfasste) SE umgewandelt bzw. durch Verschmelzung mit einem anderen EU-Unternehmen gegründet werden kann, Art. 9 I lit. c, ii SE-VO i.V.m. § 293 I bzw. § 319 II AktG[118].

Des Weiteren liegt die Vermutung nahe, dass es einer monistisch verfassten SE mit einer entsprechend stark ausgeprägten unternehmerischen Mitbestimmung kaum gelingen kann, neue Investoren zu werben. Da die Arbeitnehmervertreter als nichtgeschäftsführende Direktoren maßgeblich an den zentralen Planungs- und Steuerungsentscheidungen beteiligt sind, müssten Investoren ihr Kapital den „Managementkompetenzen" der Arbeitnehmervertreter anvertrauen[119].

Überdies sind die Arbeitnehmervertreter als nichtgeschäftsführende Direktoren einem wesentlich größeren Haftungsrisiko ausgesetzt als durch ihre Mitgliedschaft in dem Aufsichtsrat einer AG[120]. Ob es im Interesse eines Unternehmens liegen kann, die Vertreter seiner Arbeitnehmer einem derart großen Haftungsrisiko auszusetzen, ist ebenfalls stark zu bezweifeln[121].

d) Deutschland – das hässliche Entlein der EU?[122]

Schließlich ist zu befürchten, dass es bei einem derartigen Machtzuwachs zu Gunsten der Arbeitnehmervertreter zu einer Benachteiligung deutscher Unter-

---

[118] Zu dem Erfordernis eines qualifizierten Mehrheitsbeschlusses der Hauptversammlung für den Abschluss von Unternehmens- und Eingliederungsverträgen *Grunewald*, Gesellschaftsrecht, 2.C., Rn. 121; zu dem Schutz widersprechender Minderheitsaktionäre bei Verschmelzung (Art. 24 II SE-VO), Gründung einer Tochter- oder Holding-SE (Art. 34 SE-VO) und bei Umwandlung in eine SE (Art. 37 VIII SE-VO) *Teichmann*, ZIP 2002, 1109, 1112 f.

[119] In diesem Sinne auch *Lutter*, BB 2002, 1, 4.

[120] Zu dem Haftungsrisiko der nichtgeschäftsführenden Direktoren siehe Kapitel Drei, E.III.2. Haftungsrisiko der nichtgeschäftsführenden Direktoren sowie *Krause*, BB 2005, 1221, 1228; *Gruber/Weller*, NZG 2003, 297, 299; *Reichert/Brandes*, ZGR 2003, 767, 774; *Kallmeyer*, ZIP 2003, 1531, 1534; *Teichmann*, BB 2004, 53, 57 f. Zu dem nunmehr erhöhten Haftungsrisiko der Aufsichtsratsmitglieder gem. § 116 I, 93 II S. 1, 111 IV S. 2 n.F. AktG siehe Kapitel Drei, B.III.2.b)cc) Konsequenzen der mangelnden Bestimmbarkeit und der Häufung von Zustimmungsvorbehalten sowie *Dietrich*, DStR 2003, 1577, 1578; *Lange*, DStR 2003, 376, 377; *Götz*, NZG 2002, 599, 603.

[121] In diesem Sinne auch *Krause*, BB 2005, 1221, 1228 sowie *Gruber/Weller*, NZG 2003, 297, 299: „Das Haftungsrisiko der Arbeitnehmervertreter – als Kehrseite des Machtzuwachses – darf nicht unterschätzt werden."

[122] Diese Frage stellen auch *Thoma/Leuering*, NJW 2002, 1449, 1450.

nehmen kommt, wenn es darum geht, Partner für die Gründung einer monistisch verfassten SE zu finden[123].

Bereits im Hinblick auf die Mitbestimmung im dualistischen Gesellschaftssystem klingt in Literatur und Praxis immer wieder das Argument an, es handele sich bei deutschen Unternehmen um das hässliche Entlein der EU, weil sich niemand die deutsche Mitbestimmung ins Haus holen wolle[124]. Diese eher destruktive und etwas übertriebene Kritik lässt sich vor dem Hintergrund der unternehmenspraktischen Realität entkräften. Die Mitbestimmung nach deutschem Recht – also die Mitbestimmung in einem dualistischen Gesellschaftssystem – ist ganz offensichtlich nicht geeignet, Zusammenschlüsse mit solchen Unternehmen zu verhindern, die traditionell überhaupt kein Interesse an einer unternehmerischen Mitbestimmung haben[125]. Es sei in diesem Zusammenhang exemplarisch auf die Übernahme der „D2 Mannesmann Mobilfunk GmbH" durch „Vodafone"[126] oder auf den Zusammenschluss der „Chrysler Corp." mit der „Daimler-Benz AG"[127] hingewiesen[128]. Diese Erfahrungen zeigen, dass etwaige Vorbehalte gegen die deutsche Mitbestimmung oftmals auf

---

[123] „Die Benachteiligung deutscher Unternehmen wäre für die Gründung einer monistisch verfassten SE zementiert", so *Reichert/Brandes*, ZGR 2003, 767, 790; ebenfalls *Horn*, DB 2005, 147, 152; *Bezzenberger*, JURA 2003, 229, 230.

[124] *Ulmer*, FAZ v. 28.4.2001, S. 23: „Mitbestimmung kann zum Hindernis werden"; *Hirte*, NZG 2001, 1, 6; *Hopt*, EuZW 2002, 1; ebenso *Wiesner*, ZIP 2001, 397: „Es wird ausländischen Partnern schwer zu vermitteln sein, dass zwar ihr Kapital willkommen sei, sie aber auf die Hälfte ihrer Aufsichtsratsmandate verzichten müssen." Vgl. außerdem zur Kritik an der deutschen Mitbestimmung *Kraushaar*, BB 2005, 14; aus der Praxis siehe die gemeinsame Stellungnahme von *BDA, BDI, DIHK, GDV, Bundesverband deutscher Banken, Deutsches Aktieninstitut*, Stellungnahme zum Referentenentwurf des BMJ und des BMWA eines Gesetzes zur Einführung der Europäischen Gesellschaft, im Internet abrufbar unter www.aus-portal.de/aktuell/gesetze/media/BDA030504.pdf sowie *Kraushaar/Berg*, BB 2005, 16 (Symposiumsbericht).

[125] *Rademaker*, Financial Times Deutschland v. 22.10.2002, S. 23: „Deutsche Mitbestimmung schreckt US-Firmen nicht ab".

[126] Bei der Vodafone Company handelt es sich um ein britisches Unternehmen; in Großbritannien existiert aber überhaupt keine unternehmerische Mitbestimmung, die mit der deutschen Mitbestimmung in irgendeiner Weise vergleichbar wäre, dazu eingehend *Donovan (Hrsg.)* Royal Commission on Trade Unions and Employers Association, 1965-1968, Final Report, London 1968; *Bullock (Hrsg.)*, Report of the Committee of Inquiry on industrial Democracy, London 1977; *Brannen/Batstone/Fatchett/White*, The Worker Directors: A Sociology of Participation, S. 39 ff; *Charkham*, Keeping Good Company – A study of Corporate Governance in five Countries, S. 271 ff; *Prodhan*, Corporate Governance and long term Performance, S. 172 ff.

[127] Dazu ausführlich *Hoffmann*, NZG 1999, 1077, 1082.

[128] In den USA ist die unternehmerische Mitbestimmung ebenso wenig wie in Großbritannien ein Thema, *Gordon*, Business Leadership in the large Corporation, S. 42 f; *McCarthy/Ellis*, Management by Agreement, S. 103; *Roe*, 14th International Review of Law and Economics (1994), 187; *ders.*, 102nd Yale L.J. 1993, 1927; *Summers*, 4th J.Comp.Corp.L. & Sec.Reg. 1982, 155; *ders.*, 28th Am.J.Comp.Law 1980, 367, 380.

fehlender Kenntnis beruhen[129]. Mit etwas Zuversicht ist davon auszugehen, dass es deutschen Unternehmen gelingen kann, diese Vorbehalte zu entkräften[130]. Dies gilt jedenfalls dann, wenn es um die Überzeugung von der Mitbestimmung in dem dualistischen System geht, wenn also eine deutsche Gesellschaft mit einem ausländischen Unternehmen zu einer dualistisch verfassten SE verschmelzen will[131].

Eine solche Überzeugungsarbeit dürfte aber umso schwieriger werden, je mehr Einfluss die Arbeitnehmervertreter auf die Belange der Geschäftsführung haben. Wie oben festgestellt wurde, ist der erhebliche Machtzuwachs zu Gunsten der Arbeitnehmervertreter in der monistisch verfassten SE bereits aus Sicht des deutschen Rechts (Art. 14 I GG) äußerst bedenklich[132]. Dann kann aber erst recht bezweifelt werden, dass es deutschen Unternehmen gelingt, ihre potenziellen Fusionspartner von den erheblichen Einflussnahmemöglichkeiten der Arbeitnehmervertreter in der monistisch verfassten SE zu überzeugen[133]. Gelingt dies nicht, könnten deutsche Unternehmen ihren potenziellen Partnern allenfalls die Gründung einer dualistisch verfassten SE „anbieten". Daraus kann sich aber eine erhebliche Benachteiligung deutscher Unternehmen ergeben, je nachdem wie groß das Interesse des Fusionspartners an der Wahl des monistischen Modells ist[134].

e) Zwischenergebnis und Bewertung

Es kann somit festgehalten werden, dass sich die paritätische Mitbestimmung in der monistisch verfassten SE lediglich auf die Besetzung der Posten der nichtgeschäftsführenden Direktoren bezieht[135]. Dies entspricht den Anforde-

---

[129] Ebenso *Thoma/Leuering*, NJW 2002, 1449, 1454; *Lange*, EuZW 2003, 301, 306.

[130] *Thoma/Leuering*, NJW 2002, 1449, 1454; *Lange*, EuZW 2003, 301, 306; ebenso *Heinze*, ZGR 2002, 66, 70, der davon ausgeht, dass nicht die Mitbestimmung, sondern die viel zu hohen Lohnnebenkosten einen Standortnachteil Deutschland darstellen.

[131] Zuversichtlich *Calle Lambach*, RiW 2005, 161.

[132] Dazu C.II.2. b) Verletzung der Anteilseignerrechte aus Art. 14 I GG; entsprechende Bedenken äußern auch *Gruber/Weller*, NZG 2003, 297, 299 sowie *Kallmeyer*, ZIP 2003, 1531, 1534; *Reichert/Brandes*, ZGR 2003, 767, 790.

[133] *Reichert/Brandes*, ZGR 2003, 767, 790.

[134] „Die Benachteiligung deutscher Unternehmen wäre im Hinblick auf die Option zur Gründung einer monistisch verfassten SE zementiert", so *Reichert/Brandes*, ZGR 2003, 767, 790.

[135] *Henssler*, in: FS Ulmer 2003, 193, 207; *Reichert/Brandes*, ZGR 2003, 767, 788; *Gruber/Weller*, NZG 2003, 297, 299; *Eder*, NZG 2004, 544, 545; *Teichmann*, BB 2004, 53, 56; a.A.: *Kallmeyer*, ZIP 2003, 1531, 1534; *Köstler*, ZGR 2003, 800, 802 f.

rungen der Auffanglösung. Eine darüber hinausgehende „schematische" Übertragung der paritätischen Mitbestimmung ist freilich möglich. Jedoch obliegt es den Unternehmen und ihren Arbeitnehmern, dies auszuhandeln[136].

Problematisch ist jedoch, dass es auch bei der Beschränkung der Parität auf die Posten der nichtgeschäftsführenden Direktoren zu einer erheblichen Erweiterung des Status Quo der bisherigen Mitbestimmungsrechte kommt[137]. Die Arbeitnehmervertreter üben die Leitungs- und Weisungsbefugnisse eines nichtgeschäftsführenden Direktors aus und nehmen damit einen ganz erheblichen Einfluss auf das Schicksal des von den Aktionären angelegten Kapitals[138].

Aus diesem Grunde bestehen vor dem Hintergrund der Anteilseignerrechte aus Art. 14 I GG berechtigte Zweifel an der Rechtmäßigkeit der Mitbestimmung in der monistisch verfassten SE[139]. Deshalb werden die Aktionäre der SE-interessierten Gesellschaften kaum davon überzeugt werden können, einer Umwandlung bzw. Verschmelzung zu einer SE zuzustimmen[140]. Des Weiteren wird es kaum möglich sein, für eine derart mitbestimmte monistische SE finanzkräftige Investoren zu finden[141]. Überdies wäre die Benachteiligung deutscher Unternehmen im Hinblick auf die Gründung einer monistisch verfassten SE zementiert, denn es ist davon auszugehen, dass ausländische Unternehmen um so schwieriger von der deutschen Mitbestimmung überzeugt werden können, je größer der Einfluss der Arbeitnehmervertreter auf die

---

136 *Lange*, EuZW 2003, 301, 304; zur Verhandlungslösung im Detail Kapitel Zwei, E.I. Die sog. „Verhandlungslösung".

137 C.II.2.a) Erweiterung des Status Quo der Mitbestimmungsrechte; so auch im Ergebnis *Kämmerer/Veil*, ZIP 2005, 369, 373; *Müller-Bonanni/Melot de Beauregard*, GmbHR 2005, 195, 200; *Gruber/Weller*, NZG 2003, 297, 299; *Reichert/Brandes*, ZGR 2003, 767, 796.

138 Zu dieser Formulierung BVerfG 50, 290, 323.

139 Dazu C.II.2. b) Verletzung der Anteilseignerrechte aus Art. 14 I GG; ebenso *Kämmerer/Veil*, ZIP 2005, 369, 374; *Gruber/Weller*, NZG 2003, 297, 299 sowie *Kallmeyer*, ZIP 2003, 1531, 1534; *Reichert/Brandes*, ZGR 2003, 767, 790.

140 Vgl. Art. 9 I lit. c, ii i.V.m. § 293 I bzw. § 319 II AktG; zu dem Erfordernis eines qualifizierten Mehrheitsbeschlusses der Hauptversammlung für den Abschluss von Unternehmens- und Eingliederungsverträgen *Grunewald*, Gesellschaftsrecht, 2.C., Rn. 121; zu dem Schutz widersprechender Minderheitsaktionäre bei Verschmelzung (Art. 24 II SE-VO), Gründung einer Tochter- oder Holding-SE (Art. 34 SE-VO) und bei Umwandlung in eine SE (Art. 37 VIII SE-VO) *Teichmann*, ZIP 2002, 1109, 1112 f.

141 In diesem Sinne *Lutter*, BB 2002, 1, 4.

Geschäftsführung der Gesellschaft wird[142]. Schließlich würden die Arbeitnehmervertreter durch die Wahrnehmung der Kompetenzen der nichtgeschäftsführenden Direktoren einem außerordentlich großen Haftungsrisiko ausgesetzt[143]. Das Haftungsrisiko, dass mit der Unternehmensleitung einhergeht, darf nicht unterschätzt werden[144].

Vor dem Hintergrund der vorangestellten Thesen ist nun zu überprüfen, ob und wie ein derartiger Machtzuwachs seitens der Arbeitnehmervertreter durch eine entsprechende satzungsmäßige Ausgestaltung der Binnenstruktur des Verwaltungsorgans vermieden werden kann[145].

Nochmals zusammenfassend sind dabei folgende Punkte zu beachten:

Erstens müssten die Arbeitnehmervertreter als nichtgeschäftsführende Direktoren auf die Überwachung der Geschäftsführung beschränkt und von dem Weisungsrecht gegenüber den geschäftsführenden Direktoren ausgeschlossen werden.

Zweitens müssten die Arbeitnehmervertreter von den grundlegenden Leitungsentscheidungen der nichtgeschäftsführenden Direktoren ausgeschlossen werden.

Drittens dürften die bisherigen Mitbestimmungsrechte der Arbeitnehmervertreter aber auch nicht unterschritten werden, denn dadurch würde gegen die Voraussetzungen der Auffanglösung gem. Art. 7 II SE-RiLi i.V.m. § 35 SEBG verstoßen[146]. Schließlich ist bei einer derartigen Ausgestaltung der Satzung einer monistisch verfassten SE zu beachten, dass dabei die typischen Eigenschaften des monistischen Modells erhalten bleiben und es nicht zu einer

---

142 *Reichert/Brandes*, ZGR 2003, 767, 790; bereits an einer Überzeugung von der Mitbestimmung in der dualistisch verfassten SE zweifelnd *Ulmer*, FAZ v. 28.4.2001, S. 23; *Hirte*, NZG 2001, 1, 6; *Hopt*, EuZW 2002, 1; *Wiesner*, ZIP 2001, 397. Aus der Praxis *BDA, BDI, DIHK, GDV, Bundesverband deutscher Banken, Deutsches Aktieninstitut*, Stellungnahme zum Referentenentwurf des BMJ und des BMWA eines Gesetzes zur Einführung der Europäischen Gesellschaft, im Internet abrufbar unter www.aus-portal.de/aktuell/gesetze/media/BDA030504.pdf.

143 *Gruber/Weller*, NZG 2003, 297, 299; *Reichert/Brandes*, ZGR 2003, 767, 774; *Kallmeyer*, ZIP 2003, 1531, 1534.

144 So *Gruber/Weller*, NZG 2003, 297, 299.

145 Vgl. dazu die Ausführungen in Abschnitt C.II.3. Möglichkeiten zur Vermeidung einer Erweiterung der Mitbestimmungsrechte ; nach Auffassung von *Hommelhoff*, AG 2001, 279, 282 hätte diese Aufgabe dringend von dem deutschen SEEG-Gesetzgeber erfüllt werden müssen; gleicher Auffassung ist auch der Bundesrat, vgl. *Beschluss des Bundesrates vom 26.11.2004* über die Anrufung des Vermittlungsausschusses, Drucksache 850/04, Begründung b), im Internet abrufbar unter www.aus-portal.de/aktuell/gesetze/01/index_1748.htm.

146 Dazu im Detail Kapitel Zwei, E.II. Die sog. „Auffanglösung".

„Einführung des dualistischen Systems durch die Hintertüre kommt"[147]. Denn dann könnten sich die SE-interessierten Unternehmen auch gleich für das dualistische Modell i.S.d. Art. 38 lit. b SE-VO entscheiden. Von den Merkmalen, die die Gründungsunternehmen als Vorteil der monistischen Struktur betrachten und für die Entscheidung zu Gunsten dieses Modells als ausschlaggebend erachten mögen, bliebe dann nichts mehr übrig.

3. Möglichkeiten zur Vermeidung einer Erweiterung der Mitbestimmungsrechte

In den folgenden Abschnitten soll deshalb untersucht werden, ob es möglich ist, die Binnenstruktur eines Verwaltungsorgans so auszugestalten, dass ein Machtzuwachs der Arbeitnehmervertreter verhindert wird, dabei aber gleichzeitig die Anforderungen der Auffanglösung eingehalten werden und schließlich die wesentlichen Merkmale und die damit verbundenen Vorteile einer monistisch verfassten Gesellschaft erhalten bleiben[148].

a) Einsetzung eines „Exekutivausschusses"

Um die o.g. genannten Anforderungen miteinander in Einklang zu bringen, bietet es sich an, innerhalb des Verwaltungsorgans einen „Exekutivausschuss" einzurichten, der mit der Führung der laufenden Geschäfte der Gesellschaft betraut wird, § 40 II S. 1 SEAG[149]. Ein solcher Exekutivausschuss sollte ausschließlich mit geschäftsführenden Direktoren besetzt werden. Von den Aufgaben dieses Ausschusses sollen die strategische Unternehmensplanung sowie die Überwachung des Exekutivausschusses abgetrennt werden, was in den folgenden Abschnitten dargestellt wird.

---

[147] Ebenso *Reichert/Brandes*, ZGR 2003, 767. Diese Gefahr hält *Hirte*, NZG 2002, 1, 8 bereits dann für gegeben, wenn innerhalb des Verwaltungsorgans zwischen geschäftsführenden und nichtgeschäftsführenden Direktoren unterschieden wird; ähnlich *Lange*, EuZW 2003, 301, 306 sowie *von Werder*, RIW 1997, 304, 308, die eine Unterscheidung von geschäftsführenden und nichtgeschäftsführenden Direktoren ebenfalls für nicht erforderlich halten.

[148] Zu den „Vor- und Nachteilen" der beiden SE-Modelle Kapitel Drei, E. Konsequenzen für die Ausübung des Wahlrechts i.S.d. Art. 38 lit. b SE-VO.

[149] Vgl. § 34 SEAG; zu der Möglichkeit der Gründung eines Ausschusses, der die Führung der laufenden Geschäfte der SE zum Gegenstand hat, *Eder*, NZG 2004, 544, 546; *Gruber/Weller*, NZG 2003, 297, 300; *Reichert/Brandes*, ZGR 2003, 767, 793 sowie Kapitel Zwei, D.II.2.c) „Geeignete Maßnahmen zur Überwachung", § 22 III S. 2 SEAG.

b) Einsetzung eines „unternehmerischen Planungsausschusses"

Neben der Einsetzung eines Exekutivausschusses empfiehlt sich die Implementierung eines unternehmerischen Planungsausschusses[150], dem die Konzeption der Unternehmensstrategie obliegt und der die wesentlichen Geschäftsentscheidungen i.S.d. Art. 48 I SE-VO initiiert und vorbereitet[151]. Daneben könnte dieser Ausschuss die Überwachung des Exekutivausschusses übernehmen[152]. Dazu könnte den nichtgeschäftsführenden Mitgliedern dieses unternehmerischen Planungsausschusses, bei denen es sich ausschließlich um Vertreter der Anteilseigner handelt[153], die Weisungsbefugnis gegenüber den geschäftsführenden Direktoren des Exekutivausschusses nach Maßgabe des § 44 II SEAG eingeräumt werden[154].

c) Aufgaben der übrigen nichtgeschäftsführenden Direktoren – Überwachung der Ausschüsse

Die übrigen nichtgeschäftsführenden Direktoren – dabei handelt es sich um die Arbeitnehmervertreter sowie um Anteilseignervertreter, die gleichzeitig dem unternehmerischen Planungsausschuss angehören können – haben die Aufgabe, die von dem unternehmerischen Planungsausschuss erarbeiteten Maßnahmen zu beschließen, soweit die Satzung der monistisch verfassten SE dies nach Maßgabe des Art. 48 I SE-VO vorsieht.

Zudem könnten diese „übrigen" nichtgeschäftsführenden Direktoren beide Ausschüsse, den Exekutiv- und den unternehmerischen Planungsausschuss, überwachen[155]. Um dies zu ermöglichen, müssten die Mitglieder dieser beiden

---

[150] *Gruber/Weller*, NZG 2003, 297, 300; einen solchen Ausschuss schlägt auch *Kallmeyer*, ZIP 2003, 1531, 1535, vor.

[151] In Kapitel Zwei wurde festgestellt, dass zu den laufenden Geschäften i.S.d. § 40 II S. 1 SEAG auch die Maßnahmen i.S.d. Art. 48 I SE-VO gehören, Kapitel Zwei, D.I.2.a) Abgrenzung der „laufenden Geschäfte" von der „Bestimmung der Grundlinien" der Gesellschaft. Aufgrund der Weisungsbefugnis der nichtgeschäftsführenden Direktoren (§ 44 II SEAG) könnte der unternehmerische Planungsausschuss diese Geschäfte aber an sich ziehen (*Merkt*, ZGR 2003, 650, 663; *Eder*, NZG 2004, 544, 545; *Kallmeyer*, ZIP 2003, 1531, 1533; *Teichmann*, BB 2004, 53) und lediglich deren Ausführung nach einem entsprechenden Beschluss i.S.d. Art. 48 I SE-VO an den Exekutivausschuss delegieren, *Gruber/Weller*, NZG 2003, 297, 300.

[152] Zu der Möglichkeit der Übertragung von Überwachungsaufgaben auf Ausschüsse des Verwaltungsorgans (§ 34 IV SEAG) vgl. Kapitel Zwei, D.II.2.c) „Geeignete Maßnahmen zur Überwachung", § 22 III S. 2 SEAG.

[153] *Gruber/Weller*, NZG 2003, 297, 300.

[154] Die Weisungsbefugnis gegenüber den geschäftsführenden Direktoren kann gem. §§ 34 IV S. 2, 44 II SEAG auf einzelne Ausschüsse übertragen werden. Darauf weist *Eder*, NZG 2004, 544, 546 hin.

[155] So auch *Gruber/Weller*, NZG 2003, 297, 301.

Ausschüsse eng miteinander zusammenarbeiten und den übrigen nichtgeschäftsführenden Direktoren nach dem Grundgedanken des § 90 AktG über die Themen der jeweiligen Ausschüsse Bericht erstatten.

Die nichtgeschäftsführenden Direktoren müssten überdies einen Vorsitzenden wählen, Art. 45 S. 1 SE-VO. Dieser würde in analoger Anwendung[156] des Art. 45 S. 2 SE-VO allein von den Anteilseignervertretern bestimmt und hätte in einer Pattsituation ein doppeltes Stimmrecht, Art. 50 II S. 1 SE-VO[157].

d) Vorteile der Ausschussgründung – „Einführung des dualistischen Systems durch die Hintertüre?"[158]

Die Einsetzung dieser beiden Ausschüsse bietet zahlreiche Vorteile.

Nach den o.g. Vorschlägen haben die Arbeitnehmervertreter keine Möglichkeit, den geschäftsführenden Direktoren Weisungen zu erteilen. Auch von den strategischen Leitungsentscheidungen, die in den Kompetenzbereich des unternehmerischen Planungsausschusses fallen, sind die Arbeitnehmervertreter ausgeschlossen[159].

Ein Verstoß gegen die Anforderungen der Auffanglösung ist durch die o.g. Vorschläge nicht zu befürchten, weil der Status Quo der Mitbestimmungsrechte nicht unterschritten würde, vgl. Art. 7 II SE-RiLi i.V.m. § 35 SEBG[160]. Auch in der Aktiengesellschaft haben die Arbeitnehmervertreter „lediglich" die Mög-

---

[156] Eine Analogie zu Art. 45 S. 2 SE-VO ist deshalb erforderlich, weil nach der hier vertretenen Auffassung die Auffanglösung i.S.d. Art. 7 II SE-RiLi i.V.m. § 35 SEBG gerade keine schematische Übertragung der Parität erfordert (ebenso *Henssler*, in: FS Ulmer 2003, 193, 207; *Reichert/Brandes*, ZGR 2003, 767, 788; *Gruber/Weller*, NZG 2003, 297, 299; *Eder*, NZG 2004, 544, 545; *Teichmann*, BB 2004, 53, 56); Art. 45 S. 2 SE-VO würde in seiner direkten Anwendung aber die paritätische Besetzung des *gesamten* Verwaltungsorgans voraussetzen (so auch *Henssler*, in: FS Ulmer 2003, 193, 207); zu alledem Abschnitt C.I.1. Arbeitnehmervertretung im Verwaltungsorgan.

[157] Zum „doppelten" Stimmrecht des Vorsitzenden gem. Art. 50 II SE-VO *Bungert/Beier*, EWS 2002, 1, 4.

[158] Diese Formulierung stammt von *Hirte*, NZG 2002, 1, 8.

[159] Ebenso *Kallmeyer*, ZIP 2003, 1531, 1535, der zwischen Leitungs- und Überwachungsbeschlüssen des Verwaltungsorgans differenziert und die Arbeitnehmervertreter lediglich an den Überwachungsbeschlüssen teilhaben lassen will.

[160] Wie bereits festgestellt wurde, verlangt die Auffanglösung lediglich eine funktionale bzw. materielle Übertragung der paritätischen Mitbestimmung, dazu Abschnitt C.II.1.b) „Funktionale" Übertragung der paritätischen Mitbestimmung sowie *Henssler*, in: FS Ulmer 2003, 193, 207; *Reichert/Brandes*, ZGR 2003, 767, 788; *Gruber/Weller*, NZG 2003, 297, 299; *Eder*, NZG 2004, 544, 545; *Teichmann*, BB 2004, 53, 56; *ders.* ZIP 2002, 1109, 1114. Zum Sinn und Zweck der Auffanglösung, nämlich dem Schutz *erworbener* Rechte, vgl. Erwägungsgrund Nr. 18 zur SE-RiLi; *Herfs-Röttgen*, NZA 2001, 424, 427; *Grobys*, NZA 2004, 779, 781; *Thoma/Leuering*, NJW 2002, 1449, 1454; *Bezzenberger*, JURA 2003, 229, 230.

lichkeit, auf die grundlegenden Maßnahmen der Geschäftsführung nach Maßgabe des § 111 IV S. 2 n.F. AktG „Einfluss" zu nehmen[161].

Diese Möglichkeit besteht nach den o.g. Vorschlägen, wonach die Arbeitnehmervertreter an der Beschlussfassung i.S.d. Art. 48 I SE-VO zu beteiligen sind, fort. Zudem werden auch die übrigen Rechte der Arbeitnehmervertreter, mithin die Wahrnehmung der Informationsrechte des Aufsichtsrats[162] nicht beschnitten, wenn der Exekutivausschuss und der unternehmerische Planungsausschuss den übrigen nichtgeschäftsführenden Direktoren nach Maßgabe des § 90 AktG berichten.

Eine „Einführung des dualistischen Systems durch die Hintertüre" ist nach den oben genannten Vorschlägen ebenfalls nicht zu befürchten[163]. Freilich sind nach den vorangestellten Erwägungen gewisse Parallelen zu der dualistischen Struktur einer SE oder AG erkennbar. Dies gilt insbesondere für den Beschlussvorbehalt i.S.d. Art. 48 I SE-VO sowie für die Informationsrechte derjenigen nichtgeschäftsführenden Direktoren, die weder dem Exekutivausschuss noch dem unternehmerischen Planungsausschuss angehören. Dennoch ist gewährleistet, dass ein wesentliches Merkmal des monistischen SE-Modells erhalten bleibt: Zwischen den nichtgeschäftsführenden Direktoren des unternehmerischen Planungsausschusses und den Mitgliedern des Exekutivausschusses, der von dem unternehmerischen Planungsausschuss überwacht wird, besteht nach den o.g. Vorschlägen ein konstanter und zuverlässiger Informationsfluss[164].

Schließlich kann durch die oben angeführten Empfehlungen sogar ein Nachteil der monistischen Struktur ausgeglichen werden. Wie in Kapitel Drei ausgeführt wurde, ist zu bezweifeln, dass alle Belange der Geschäftsführung (das operative Geschäft und die strategische Planung) gleichermaßen sorgfältig erörtert werden können, wenn eine Beratung im Rahmen des mit einer Vielzahl von Mitgliedern besetzten und deshalb trägen Verwaltungsorgans stattfindet[165].

---

[161] *Gruber/Weller*, NZG 2003, 297, 300.

[162] Vgl. Kapitel Drei, B.II. Der Aufsichtsrat als Überwachungsorgan der Aktiengesellschaft.

[163] Zum Teil wird in der Literatur vertreten, dass die typischen Merkmale des monistischen Modells bereits dann verschwimmen würden, wenn innerhalb des Verwaltungsorgans zwischen geschäftsführenden und nichtgeschäftsführenden Dirktoren differenziert würde (*Hirte*, NZG 2002, 1, 8; ähnlich *Lange*, EuZW 2003, 301, 306 sowie *von Werder*, RIW 1997, 304, 308); insoweit müsste nach dieser Auffassung also bereits die Differenzierung, die das SEAG selbst vornimmt (§ 40 I S. 1 SEAG), bemängelt werden.

[164] Zu diesem „Vorteil" einer monistisch verfassten SE *Henssler*, in: FS Ulmer 2003, 193, 207; *Gruber/Weller*, NZG 2003, 297, 300; *Reichert/Brandes*, ZGR 2003, 767, 793; dazu ausführlich Kapitel Drei , E.II. Informationsfluss zwischen Geschäftsführung und Überwachung.

[165] *Gruber/Weller*, NZG 2003, 297, 300.

Dieser Nachteil könnte allenfalls durch eine höhere Sitzungsfrequenz ausgeglichen werden, wie es in der angelsächsischen Unternehmenspraxis üblich ist[166]. Die oben genannten Vorschläge bieten den Vorteil, dass spezielle Fragen der Unternehmensleitung in kleinen effektiven Ausschüssen weitestgehend vorbereitet und zur Entscheidungsreife gebracht werden können[167].

e) Fazit

Die Einsetzung der beiden dargestellten Ausschüsse ist ein geeignetes Instrument, das Mitbestimmungsniveau in einer monistisch verfassten SE gegenüber der Mitbestimmung in der AG vergleichbar zu halten[168]. Dadurch kann einerseits ein Machtzuwachs zu Gunsten der Arbeitnehmerseite verhindert werden, andererseits wird aber auch der Status Quo der Mitbestimmungsrechte in einer AG nicht unterschritten, womit die Anforderungen der „Auffanglösung" (Art. 7 II SE-RiLi i.V.m. § 35 SEBG)[169] erfüllt sind[170]. Die o.g. Vorschläge führen auch nicht zu einer Einführung des dualistischen Modells durch die Hintertüre, weil die wesentlichen Merkmale der monistischen Struktur erhalten bleiben.

D. Zusammenfassung und Schlussfolgerung

Es kann zunächst festgehalten werden, dass die Implementierung der paritätischen Mitbestimmung in das dualistische SE-Modell keine Schwierigkeiten bereitet[171]. Das nach dem BVerfG erforderliche „Übergewicht zu Gunsten der Anteilseigner" bei der Willensbildung des Aufsichtsorgans wird durch die Vorschriften Art. 42, 50 II SE-VO sichergestellt[172]. Gem. Art. 42 S. 2 SE-VO wird im Falle der paritätischen Besetzung des Aufsichtsorgans der Aufsichtsorganvorsitzende allein von den Anteilseignervertretern gewählt, der in einer Pattsituation ein doppeltes Stimmrecht hat, Art. 50 II SE-VO[173].

---

[166] Ausführlich Kapitel Drei, Die SE-Modelle im Vergleich [...].

[167] *Gruber/Weller*, NZG 2003, 297, 300.

[168] *Gruber/Weller*, NZG 2003, 297, 300.

[169] Zur Auffanglösung Kapitel Zwei, E.II. Die sog. „Auffanglösung".

[170] *Gruber/Weller*, NZG 2003, 297, 300; ebenso *Reichert/Brandes*, ZGR 2003, 767, 793.

[171] *Hirte*, NZG 2001, 1, 6; *Kallmeyer*, ZIP 2003, 1531; ebenso *Reichert/Brandes*, ZGR 2003, 767, 788.

[172] BVerfG 50, 290, 323 f; B.II. Verfassungsmäßigkeit der paritätischen Mitbestimmung.

[173] Dazu C.I. Paritätische Mitbestimmung in der dualistisch verfassten SE.

Für die Übertragung der paritätischen Mitbestimmung auf das monistische SE-Modell kann Folgendes festgehalten werden:

Das Gebot der Parität bezieht sich nach den Anforderungen der Auffanglösung gem. Art. 7 II SE-RiLi i.V.m. § 35 SEBG lediglich auf die Posten der nichtgeschäftsführenden Direktoren[174]. Eine darüber hinausgehende „schematische" Übertragung der paritätischen Mitbestimmung ist freilich möglich. Die SE-Gründungsunternehmen und ihre Arbeitnehmer können sich im Rahmen des Verhandlungsverfahrens darauf einigen[175].

Jedoch kommt es auch bei einer Beschränkung der Parität auf die Posten der nichtgeschäftsführenden Direktoren zu einer erheblichen Erweiterung des Status Quo der Mitbestimmungsrechte, da die Arbeitnehmervertreter die Leitungs- und Weisungsbefugnisse der nichtgeschäftsführenden Direktoren ausüben können[176].

Dadurch drohen die Rechte der Anteilseigner aus Art. 14 I GG in einer Weise berührt zu werden, die es nahe legt, dass die seinerzeit für die Verfassungsmäßigkeit der paritätischen Mitbestimmung gezogene Grenze überschritten wird[177]. Aus diesem Grunde wird es den SE-gründenden Unternehmen kaum gelingen, die Aktionäre ihrer Gesellschaft von einer Verschmelzung bzw. Umwandlung in eine monistisch verfasste SE zu überzeugen[178]. Überdies werden deutsche Unternehmen nur schwer Partner für die Gründung einer monistisch verfassten SE finden[179]. Den Unternehmen der Bundesrepublik mag es gelingen, ausländische Gesellschaften, die der deutschen Mitbestim-

---

174 *Henssler*, in: FS Ulmer 2003, 193, 207; *Reichert/Brandes*, ZGR 2003, 767, 788; *Gruber/Weller*, NZG 2003, 297, 299; *Eder*, NZG 2004, 544, 545; *Teichmann*, BB 2004, 53, 56; a.A.: *Kallmeyer*, ZIP 2003, 1531, 1534; *Köstler*, ZGR 2003, 800, 802 f.

175 *Lange*, EuZW 2003, 301, 304; zur Verhandlungslösung ausführlich Kapitel Zwei, E.I. Die sog. „Verhandlungslösung".

176 *Gruber/Weller*, NZG 2003, 297, 299; *Reichert/Brandes*, ZGR 2003, 767, 796.

177 *Gruber/Weller*, NZG 2003, 297, 299; *Reichert/Brandes*, ZGR 2003, 767, 790. Nach *Kallmeyer*, ZIP 2003, 1531, 1534 wäre die Beteiligung der Arbeitnehmer an der Unternehmensleitung vom BVerfG seinerzeit als mit Art. 14 I GG unvereinbar beurteilt worden; dazu C.II.2. b) Verletzung der Anteilseignerrechte aus Art. 14 I GG.

178 Die Hauptversammlung der AG müsste jedoch gem. Art. 9 I lit. c, ii i.V.m. § 293 I bzw. § 319 II AktG der Gründung einer (monistisch verfassten) SE zustimmen.

179 *Reichert/Brandes*, ZGR 2003, 767, 790; *Bezzenberger*, JURA 2003, 229, 230.

mung skeptisch begegnen, von einer paritätischen Besetzung des Aufsichtsorgans einer dualistisch verfassten SE zu überzeugen[180].

Eine solche Überzeugungsarbeit wird aber umso schwieriger, je mehr Einfluss die Arbeitnehmervertreter auf die Belange der Geschäftsführung haben[181]. Des Weiteren wird es kaum möglich sein, für eine derart mitbestimmte monistische SE neue Investoren zu finden; diese müssten ihr Kapital den „Managementkompetenzen" der Arbeitnehmervertreter anvertrauen[182].

Schließlich würden die Arbeitnehmervertreter durch die Wahrnehmung der Kompetenzen der nichtgeschäftsführenden Direktoren einem nicht zu unterschätzenden Haftungsrisiko ausgesetzt[183].

Diese drohenden Nachteile können durch eine entsprechende Ausgestaltung der Binnenstruktur des Verwaltungsorgans vermieden werden, wozu es jedoch einiger Kreativität der Gründungsgesellschaften und ihrer Rechtsberater bedarf. Die in diesem Kapitel vorgeschlagene Gründung eines Exekutivausschusses und eines unternehmerischen Planungsausschusses kann den Unternehmen und ihren Rechtsberatern als praktikable Lösung dienen. Die Einsetzung der beiden dargestellten Ausschüsse ist ein geeignetes Instrument, das Mitbestimmungsniveau in einer monistisch verfassten SE gegenüber der Mitbestimmung in der AG vergleichbar zu halten[184]. Dadurch kann einerseits ein Machtzuwachs zu Gunsten der Arbeitnehmerseite verhindert werden. Andererseits wird aber auch der Status Quo der Mitbestimmungsrechte in einer AG nicht unterschritten, womit den Anforderungen der „Auffanglösung" (Art. 7 II SE-RiLi i.V.m. § 35 SEBG) Rechnung getragen ist[185]. Die o.g. Vorschläge führen auch nicht zu einer Einführung des dualistischen Modells

---

[180] *Thoma/Leuering*, NJW 2002, 1449, 1454; *Lange*, EuZW 2003, 301, 306; ebenso *Heinze*, ZGR 2002, 66, 70, der davon ausgeht, dass nicht die Mitbestimmung, sondern die viel zu hohen Lohnnebenkosten einen Standortnachteil für Deutschland darstellen. Des Weiteren *Rademaker*, Financial Times Deutschland v. 22.10.2002, S. 23: „Deutsche Mitbestimmung schreckt US-Firmen nicht ab"; a.A.: *Ulmer*, FAZ v. 28.4.2001, S. 23; *Hirte*, NZG 2001, 1, 6; *Hopt*, EuZW 2002, 1; *Wiesner*, ZIP 2001, 397; *BDA, BDI, DIHK, GDV, Bundesverband deutscher Banken, Deutsches Aktieninstitut*, Stellungnahme zum Referentenentwurf des BMJ und des BMWA eines Gesetzes zur Einführung der Europäischen Gesellschaft, im Internet abrufbar unter www.aus-portal.de/aktuell/gesetze/media/BDA030504. pdf.

[181] *Reichert/Brandes*, ZGR 2003, 767, 790.

[182] In diesem Sinne *Lutter*, BB 2002, 1, 4.

[183] *Gruber/Weller*, NZG 2003, 297, 299; *Reichert/Brandes*, ZGR 2003, 767, 774; *Kallmeyer*, ZIP 2003, 1531, 1534; *Teichmann*, BB 2004, 53, 57 f.

[184] *Gruber/Weller*, NZG 2003, 297, 300.

[185] *Gruber/Weller*, NZG 2003, 297, 300; *Reichert/Brandes*, ZGR 2003, 767, 793.

durch die Hintertüre, weil die wesentlichen Merkmale der monistischen Struktur erhalten bleiben[186].

Folglich sind deutsche Unternehmen, die in den Anwendungsbereich der paritätischen Mitbestimmung fallen, nicht auf die Wahl des dualistischen SE-Modells beschränkt. Die Entscheidung für die monistische SE-Struktur ist ebenso möglich, wenn es dazu auch einigen kreativen Aufwandes bedarf.

---

[186] *Hirte*, NZG 2002, 1, 8; *Lange*, EuZW 2003, 301, 306 sowie *von Werder*, RIW 1997, 304, 308 halten eine solche Einführung des dualistischen Modells durch die Hintertüre aber bereits dann für gegeben, wenn innerhalb des Verwaltungsorgans zwischen geschäftsführenden und nichtgeschäftsführenden Direktoren unterschieden wird.

Kapitel Fünf
Zusammenfassung und Schlussfolgerung

Als Fazit sollen im Folgenden die Ergebnisse der Untersuchungen zusammengefasst werden.

1. Auf die Europäische Gesellschaft finden gem. Art. 9 SE-VO vorrangig die ***Vorschriften*** der SE-VO und die aufgrund einer Ermächtigung in der SE-VO erlassenen Satzungsbestimmungen ***Anwendung***. Für eine SE mit Sitz in Deutschland gelten subsidiär die Vorschriften des SEAG und des AktG. Die SE-RiLi entfaltet in den Mitgliedstaaten keine unmittelbare Wirkung, sondern ist durch die Mitgliedstaaten in nationales Recht umzusetzen. Ihre Bestimmungen schlagen sich für Europäische Gesellschaften mit Sitz in Deutschland in den Vorschriften des SEBG nieder.

2. Folgende Unterschiede zwischen der ***Geschäftsführung und ihrer Überwachung in der dualistisch und der monistisch verfassten SE*** können festgestellt werden:

a) In der ***dualistisch verfassten SE*** führt das Leitungsorgan die Geschäfte der SE in *eigener* Verantwortung, Art. 39 I S. 1 SE-VO. Zu der Geschäftsführung i.S.d. Art. 39 I S. 1 SE-VO zählen das operative Geschäft der Gesellschaft sowie die strategischen Leitungsentscheidungen.

Die Aufgabe des Aufsichtsorgans besteht darin, die Geschäftsführung des Leitungsorgans zu überwachen, Art. 40 I S. 1 SE-VO. Dazu sieht die SE-VO detaillierte Berichterstattungspflichten des Leitungsorgans[1] sowie entsprechende Informationsbezugsrechte des Aufsichtsorgans[2] vor. Das Aufsichtsorgan selbst ist aber nicht berechtigt, Maßnahmen der Geschäftsführung vorzunehmen[3]. Bei Vorliegen der Voraussetzungen des Art. 48 I SE-VO hat das Aufsichtsorgan zwar die Möglichkeit, auf die Belange der Geschäftsführung Einfluss zu nehmen, indem es zu den Geschäften von grundlegender Bedeu-

---

[1] Art. 41 I, II SE-VO.

[2] Art. 41 III SE-VO.

[3] Vgl. Art. 40 I S. 2 SE-VO.

tung seine Zustimmung erteilt oder verweigert; ein Initiativrecht bezüglich bestimmter Geschäftsführungsmaßnahmen entsteht dadurch aber nicht[4].

b) Für das operative Geschäft der ***monistisch verfassten SE*** sind die geschäftsführenden Direktoren zuständig[5].

Davon zu unterscheiden sind die strategischen Leitungsentscheidungen, welche dem Kompetenzbereich der nichtgeschäftsführenden Direktoren zuzuordnen sind[6]. Zudem obliegt es den nichtgeschäftsführenden Direktoren, die geschäftsführenden Direktoren zu überwachen[7].

Eine Überwachung der Geschäftsführung findet in erster Linie durch die Beratungen i.S.d. Art. 44 I SE-VO statt. Ob diese Beratungen auch das Forum der nichtgeschäftsführenden Direktoren bilden, innerhalb dessen die strategischen Leitungsentscheidungen erörtert werden, lässt sich nicht abschließend beantworten. Neben den Sitzungen des Verwaltungsorgans haben die nichtgeschäftsführenden Direktoren selbst für eine effektive Überwachung zu sorgen mit der Option, die in § 34 IV SEAG genannten Ausschüsse zu gründen. Eine Pflicht dazu, insbesondere zur Implementierung eines Überwachungsausschusses, besteht bislang nicht[8].

Die geschäftsführenden Direktoren unterliegen den Weisungen der nichtgeschäftsführenden Direktoren[9]. Aufgrund dieser Weisungsbefugnis können die nichtgeschäftsführenden Direktoren *konkrete* Maßnahmen der Geschäftsführung initiieren, modifizieren oder untersagen. Sie können aber auch bestimmte *Arten* von Geschäften an ihren vorherigen Beschluss binden – davon zu unterscheiden sind die beschlussbedürftigen Geschäfte i.S.d. Art. 48 I SE-VO, die in der Satzung der SE enthalten sind und allein von der Hauptversammlung definiert werden.

---

[4] Vgl. Art. 39 I S. 1 SE-VO.

[5] § 40 II S. 1 SEAG.

[6] § 22 I SEAG.

[7] Vgl. Art. 44 I SE-VO; § 22 I a.E., III S. 2 SEAG.

[8] Vgl. „...kann...", § 34 IV SEAG.

[9] § 44 II SEAG.

3. Der ***Zweck der SE-RiLi*** besteht darin, das Absinken des für eine Gesellschaft bislang gültigen Mitbestimmungsstandards zu verhindern bzw. zu erschweren[10]. Zwar obliegt es in erster Linie den Unternehmen und ihren Arbeitnehmern, die Modalitäten der Mitbestimmung festzulegen. Diese Gestaltungsfreiheit ist jedoch weitestgehend beschränkt, soweit es um den Schutz von bestehenden Mitbestimmungsrechten geht.

4. Für eine SE, an deren Gründung eine deutsche mitbestimmte AG beteiligt ist, ergeben sich folgende Konsequenzen:

a) Wird ***eine mitbestimmte AG in eine SE umgewandelt***, gelten per se die Vorschriften über die unternehmerische Mitbestimmung nach deutschem Recht fort. Die Vertreter der AG können mit den Vertretern ihrer Arbeitnehmer allenfalls aushandeln, die Rechte der Mitbestimmung noch zu erweitern; ein Unterschreiten ist aber unmöglich[11].

b) Beabsichtigt ***eine deutsche AG mit einem oder mehreren Unternehmen aus den übrigen Mitgliedstaaten zu einer SE zu verschmelzen***, haben die Verhandlungsparteien „theoretisch" die Möglichkeit, durch entsprechende Verhandlungen den bislang höchsten Mitbestimmungsstandard der an der Gründung beteiligten Gesellschaften zu unterschreiten[12]. Da das deutsche Mitbestimmungsrecht für europäische Verhältnisse aber vergleichsweise stark ausgeprägt ist, wird sich dieser Standard in den allermeisten Fällen nach deutschem Mitbestimmungsrecht richten. Eine Unterschreitung dieses Standards ist jedoch nur bei Vorliegen der oben erläuterten Zwei-Drittel-Mehrheit möglich. Aufgrund dieser strengen Voraussetzungen ist im Einklang mit der überwiegenden Literaturmeinung davon auszugehen, dass es den an der SE-Gründung beteiligten Unternehmen kaum gelingen wird, das Verhandlungsgremium von einem Verzicht auf die deutschen Mitbestimmungsrechte zu überzeugen.

---

[10] Art. 7 II lit. a) - c) SE-RiLi; vgl. auch Erwägungsgrund Nr. 18 zur SE-RiLi („Schutz erworbener Rechte").

[11] Vgl. Art. 3 IV Unterabs. 1 SE-RiLi i.V.m. § 15 V SEBG.

[12] Vgl. Art. 3 IV Unterabs. 1, S. 2, Alt. 1 SE-RiLi i.V.m. § 15 III Nr. 1 SEBG.

5. Untersucht man die Gemeinsamkeiten und Unterschiede der beiden SE-Modelle unter Berücksichtigung der deutschen dualistisch verfassten AG und den beiden monistisch verfassten angelsächsischen Gesellschaftsformen, so kommt man zu den folgenden Ergebnissen:

a) Das ***dualistische SE-Modell*** bietet den Vorzug, dass bereits qua Gesetz die Voraussetzungen für eine ***handlungsfähige*** und ***flexible Geschäftsführung*** gegeben sind: Das Leitungsorgan führt die Geschäfte der SE in *eigener* Verantwortung, Art. 39 I S. 1 SE-VO[13]. Diese Aufgabe nehmen die Mitglieder des Leitungsorgans grds. unter Ausschluss der Mitglieder des Aufsichtsorgans wahr. Zwar ist das Leitungsorgan auf die Zustimmung des Aufsichtsorgans angewiesen, wenn es ein Geschäft von grundlegender Bedeutung[14] vornehmen will, Art. 48 I SE-VO.

Im Vergleich zu der strengen Regelung des § 111 IV S. 2 n.F. AktG beschreiten die Bestimmungen in Art. 48 I Unterabs. 2 SE-VO i.V.m. § 19 SEAG aber erfreulicherweise einen Mittelweg:

Einerseits ist das Aufsichtsorgan selbst nicht verpflichtet, bestimmte Maßnahmen des Leitungsorgans an seine Zustimmung zu binden. Die Gefahr, dass das Aufsichtsorgan aus präventiven Gründen[15] den Maßnahmenkatalog i.S.d. Art. 48 I SE-VO überdehnen und damit das Leitungsorgan in seiner Handlungsfähigkeit einschränken wird, besteht in der dualistisch verfassten SE – anders als in der deutschen Aktiengesellschaft – also nicht.

Andererseits kann der Gefahr begegnet werden, dass sich das Aufsichtsorgan gänzlich seiner Überwachungsaufgabe entzieht. Denn die Satzung der SE *muss* bestimmte Arten von Geschäften aufführen, an deren Zustandekommen sich das Aufsichtsorgan zu „beteiligen“ hat.

b) Ob in der ***monistisch verfassten SE*** eine ebenso flexible ***Geschäftsführung*** möglich ist wie in der dualistisch verfassten SE, kann mangels gesetzlich geregelter Eigenverantwortlichkeit der geschäftsführenden Direktoren nicht per se bejaht werden.

---

[13] Wie auch der Vorstand einer deutschen AG, vgl. § 76 I AktG.

[14] Die Geschäfte i.S.d. Art. 48 I SE-VO sind mit den Geschäften i.S.d. § 111 IV S. 2 AktG identisch.

[15] Um einer Haftung aus Art. 51 SE-VO, §§ 116 I, 93 II S. 1 zu entgehen.

Die „Doppelfunktion“ der nichtgeschäftsführenden Direktoren – die gleichzeitige Bewältigung der Leitungs- *und* der Überwachungsaufgabe – kann zur Folge haben, dass diese aufgrund ihres Haftungsrisikos gem. § 39 SEAG i.V.m. § 93 II S. 1 AktG häufig in die laufenden Geschäfte ihrer „ausführenden Kollegen“ eingreifen. Damit hängt es vom Einzelfall, mithin vom Plazet der nichtgeschäftsführenden Direktoren ab, inwieweit sie von der Ausübung ihres Weisungsrechts gem. § 44 II SEAG Abstand nehmen und den geschäftsführenden Direktoren damit die Möglichkeit zu einer flexiblen und eigenständigen Führung der Geschäfte einräumen.

Ebenso zweifelhaft ist, ob die nichtgeschäftsführenden Direktoren zu einer ***effektiven Überwachung der geschäftsführenden Direktoren*** in der Lage sind. Schließlich führen die geschäftsführenden Direktoren das Tagesgeschäft auf Grundlage der von den nichtgeschäftsführenden Direktoren bestimmten Geschäftspolitik. Es bedarf also besonderer Fähigkeiten der nichtgeschäftsführenden Direktoren, sich im Rahmen der Überwachung der Geschäftsführung stets von ihren eigenen, dem operativen Geschäft zugrunde liegenden Leitungsentscheidungen zu distanzieren.

c) Eine weitere Schwäche des ***monistischen SE-Modells*** besteht darin, dass es ***im Falle der Haftung zu Abgrenzungsschwierigkeiten*** kommt. Steht eine Haftung der geschäftsführenden Direktoren in Rede, wird stets auch die Frage zu beantworten sein, ob die Maßnahme der Geschäftsführung durch eine entsprechende Weisung der nichtgeschäftsführenden Direktoren hätte verhindert werden können. Um eine Sorgfaltswidrigkeit der jeweiligen Direktoren festzustellen, müssen Fehlentscheidungen im Rahmen des operativen Geschäfts von strategischen Fehlentscheidungen unterschieden werden. Dies ist aber kaum möglich, weil die strategischen Leitungsentscheidungen die Grundlage des operativen Geschäfts bilden und die Übergänge fließend sind. Diese Abgrenzungsprobleme komplizieren sich durch die Weisungsbefugnis der nichtgeschäftsführenden Direktoren. Diese Befugnis wird sich aufgrund der umfassenden Leitungs- und Überwachungspflicht der nichtgeschäftsführenden Direktoren häufig zu einer Pflicht verdichten.

Daran schließt sich wiederum das Problem an, dass die nichtgeschäftsführenden Direktoren einem außerordentlich großen ***Haftungsrisiko*** ausgesetzt sind[16]. Zunächst haften sie für eine sorgfältige Überwachung der Geschäfts-

[16] Daraus ergeben sich auch Konsequenzen für die Mitbestimmung, vgl. Kapitel Vier, Unternehmerische Mitbestimmung einer „deutschen“ SE.

führung[17]. Überdies sind die nichtgeschäftsführenden Direktoren für die strategischen Leitungsentscheidungen verantwortlich[18]. Dieses Haftungsrisiko sollte von deutschen Unternehmen bei der Ausübung des Wahlrechts i.S.d. Art. 38 lit. b SE-VO unbedingt berücksichtigt werden[19].

d) Das ***monistische SE-Modell*** bietet aber auch gewisse ***Vorzüge***. Die nichtgeschäftsführenden Direktoren sind per se enger in die Belange der laufenden Geschäfte eingebunden als die Mitglieder des Aufsichtsorgans einer dualistisch verfassten SE. Grund dafür sind die gemeinsamen Beratungen der geschäftsführenden und nichtgeschäftsführenden Direktoren im Rahmen der Sitzungen des Verwaltungsorgans. Im Rahmen dieser Beratungen sollten nicht nur die Belange der Geschäftsführung, sondern auch die Fragen der Unternehmensplanung erörtert werden. Damit besteht zwischen den geschäftsführenden und den nichtgeschäftsführenden Direktoren stets ein ***konstanter und zuverlässiger Informationsfluss***[20].

e) Im Unterschied zu den nichtgeschäftsführenden Direktoren in der monistischen SE müssen die Mitglieder des Aufsichtsorgans einer ***dualistisch verfassten SE*** ggf. selbst aktiv werden, um ihre ***Informationsansprüche*** gegen das Leitungsorgan durchzusetzen[21]. Inwiefern die Mitglieder des Aufsichtsorgans dazu motiviert sind, hängt vom Einzelfall ab und kann nicht pauschal als Argument für oder gegen die dualistisch verfasste SE angeführt werden.

Bei Art. 41 SE-VO, der die ***Berichtspflichten des Leitungsorgans*** regelt, handelt es sich nicht um eine abschließende Regelung, so dass eine analoge Anwendung des § 90 I S. 1 Nr. 1 AktG möglich ist. Die Berichtspflichten des Leitungsorgans beziehen sich damit nicht nur auf vergangene und gegenwärtige Prozesse der Geschäftsführung, wie es streng nach dem Wortlaut des

---

[17] §§ 39 , 22 I a.E., III S. 2 SEAG i.V.m. § 93 II S. 1 AktG.

[18] §§ 39 , 22 I SEAG i.V.m. § 93 II S. 1 AktG.

[19] Falls eine deutsche AG an der Gründung einer monistisch verfassten SE beteiligt ist und die Posten der nichtgeschäftsführenden Direktoren mit den (bisherigen) Aufsichtsratsmitgliedern besetzt werden, sollten diese unbedingt auf ein noch größeres Haftungsrisiko hingewiesen werden, als es durch die Neufassung des § 111 IV S. 2 AktG ohnehin schon besteht.

[20] Aufgrund der Komplexität der zu erörternden Fragen ist den SE-interessierten Unternehmen dringend zu empfehlen, über das Mindestmaß an Sitzungen i.S.d. Art. 44 I SE-VO hinauszugehen und die Beratungen i.S.d. Art. 44 I SE-VO nach angelsächsischem Vorbild mindestens achtmal pro Jahr abzuhalten.

[21] Vgl. Art. 41 III SE-VO.

Art. 41 I SE-VO der Fall wäre, sondern in analoger Anwendung des § 90 I S. 1 Nr. 1 AktG SE-VO auch auf die grundlegenden Fragen der Unternehmensplanung und die beabsichtigte Geschäftspolitik. Auf Grundlage dieser Berichte können somit die Mitglieder des Aufsichtsorgans ihrer Überwachungsaufgabe durchaus effektiv nachkommen.

f) Schließlich ist zu konstatieren, dass sich deutsche Unternehmen aufgrund der ***Erfahrungen***, die ***in den angelsächsischen Ländern*** mit dem monistischen Gesellschaftsmodell gemacht wurden, nicht von der Gründung einer monistisch verfassten SE abschrecken lassen sollten. Für eine gewisse Skepsis sprechen zwar die Ziele, die die London Stock Exchange, der US-amerikanische Gesetzgeber und nun auch die Europäische Kommission mit ihren entsprechenden Bemühungen verfolgen: Die Pflicht zur Einrichtung von Audit Committees, die Vorgaben ihrer personellen Besetzung sowie die detaillierten Bestimmungen über die Kompetenzen dieser Prüfungsausschüsse sollen dazu beitragen, das Vertrauen der Kapitalanleger in die Funktionsfähigkeit der Unternehmensüberwachung zu stärken. Daraus kann aber nicht zwingend gefolgert werden, dass es einer monistisch verfassten SE, für die eine entsprechende Verpflichtung bislang nicht gilt, nicht ebenso gelingen kann, finanzkräftige Investoren zu werben. In erster Linie werden Anleger ihre Entscheidung, sich in einer Gesellschaft zu engagieren, von dem Ertrag des Unternehmens und nicht davon abhängig machen, wie streng die Geschäftsführung überwacht wird.

6. Die ***Implementierung der paritätischen Mitbestimmung in das dualistische SE-Modell*** bereitet keine Schwierigkeiten. Das nach dem BVerfG erforderliche „Übergewicht zu Gunsten der Anteilseigner“ bei der Willensbildung des Aufsichtsorgans wird durch die Vorschriften Art. 42, 50 II SE-VO sichergestellt. Gem. Art. 42 S. 2 SE-VO wird im Falle der paritätischen Besetzung des Aufsichtsorgans der Aufsichtsorganvorsitzende allein von den Anteilseignervertretern gewählt, der in einer Pattsituation ein doppeltes Stimmrecht hat, Art. 50 II SE-VO.

7. Für die ***Übertragung der paritätischen Mitbestimmung auf das monistische SE-Modell*** kann Folgendes festgehalten werden:

a) Das ***Gebot der Parität*** bezieht sich nach den Anforderungen der Auffanglösung gem. Art. 7 II SE-RiLi i.V.m. § 35 SEBG lediglich auf die Posten der

nichtgeschäftsführenden Direktoren. Eine darüber hinausgehende „schematische“ Übertragung der paritätischen Mitbestimmung ist möglich. Die SE-Gründungsunternehmen und ihre Arbeitnehmer haben die Möglichkeit, sich im Rahmen des Verhandlungsverfahrens darauf zu einigen.

b) Auch bei einer Beschränkung der Parität auf die Posten der nichtgeschäftsführenden Direktoren kommt es zu einer ***erheblichen Erweiterung des Status Quo der Mitbestimmungsrechte***, da die Arbeitnehmervertreter die Leitungs- und Weisungsbefugnisse der nichtgeschäftsführenden Direktoren wahrnehmen können.

Dadurch drohen die Rechte der Anteilseigner aus Art. 14 I GG in einer Weise berührt zu werden, die es nahe legt, dass die seinerzeit für die Verfassungsmäßigkeit der paritätischen Mitbestimmung gezogene Grenze überschritten wird.

Aus diesem Grunde bestehen berechtigte Zweifel, ob es den SE-gründenden Unternehmen gelingen kann, die Aktionäre ihrer Gesellschaft von einer Verschmelzung bzw. Umwandlung in eine monistisch verfasste SE zu überzeugen[22]. Überdies muss bezweifelt werden, ob es deutschen Unternehmen überhaupt gelingen kann, Partner für die Gründung einer monistisch verfassten SE zu finden. Den Unternehmen der Bundesrepublik mag es gelingen, ausländische Gesellschaften, die der deutschen Mitbestimmung skeptisch begegnen, von einer paritätischen Besetzung des Aufsichtsorgans einer dualistisch verfassten SE zu überzeugen. Eine solche Überzeugungsarbeit wird aber umso schwieriger, je mehr Einfluss die Arbeitnehmervertreter auf die Belange der Geschäftsführung haben. Des Weiteren wird es kaum möglich sein, für eine derart mitbestimmte monistische SE neue Investoren zu finden; diese müssten ihr Kapital den „Managementkompetenzen“ der Arbeitnehmervertreter anvertrauen.

Schließlich würden die Arbeitnehmervertreter durch die Wahrnehmung der Kompetenzen der nichtgeschäftsführenden Direktoren einem nicht zu unterschätzenden Haftungsrisiko ausgesetzt.

Diese drohenden Nachteile können durch eine entsprechende Ausgestaltung der Binnenstruktur des Verwaltungsorgans vermieden werden.

---

[22] Die Hauptversammlung der AG müsste gem. Art. 9 I lit. c, ii i.V.m. § 293 I bzw. § 319 II AktG der Gründung einer (monistisch verfassten) SE zustimmen.

c) Als praktikable Lösung kann den Unternehmen und ihren Rechtsberatern die ***Gründung eines Exekutivausschusses und eines unternehmerischen Planungsausschusses*** dienen. Die Einsetzung der beiden dargestellten Ausschüsse ist ein geeignetes Instrument, das Mitbestimmungsniveau in einer monistisch verfassten SE gegenüber der Mitbestimmung in der AG vergleichbar zu halten. Dadurch kann einerseits ein Machtzuwachs zu Gunsten der Arbeitnehmerseite verhindert werden. Andererseits wird aber auch der Status Quo der Mitbestimmungsrechte in einer AG nicht unterschritten, womit die Anforderungen der „Auffanglösung" (Art. 7 II SE-RiLi i.V.m. § 35 SEBG) erfüllt sind. Die o.g. Vorschläge führen auch nicht zu einer Einführung des dualistischen Modells durch die Hintertüre, weil die wesentlichen Merkmale der monistischen Struktur erhalten bleiben.

8. Nach alledem kann als Fazit festhalten werden, dass jedes der beiden SE-Modelle ***bestimmte Vorzüge*** bietet, aber auch ***gewisse Nachteile*** hat. Die Untersuchungen der vorangegangen Abschnitte haben gezeigt, dass es bei der Frage, ob eines der beiden Modelle vorzugswürdig ist, häufig auf „den Einzelfall", mithin auf persönliche Merkmale, Motivationen und Qualifikationen der Mitglieder der SE-Organe ankommt. Aus diesem Grunde wird bewusst darauf verzichtet, ein bestimmtes SE-Modell abstrakt zu favorisieren. Letztlich kann eine Entscheidung nur einzelfallabhängig und in Relation zu den individuellen Bedürfnissen der SE-interessierten Unternehmen erfolgen. Die hier herausgearbeiteten Merkmale der beiden SE-Modelle sollen für eine entsprechende Abwägung den Ausgangspunkt bilden.

Deutsche Unternehmen, die in den Anwendungsbereich der paritätischen Mitbestimmung fallen, sind nicht auf die Wahl des dualistischen SE-Modells beschränkt. Die Entscheidung für die monistische SE-Struktur ist ebenso möglich, wenn es dazu auch einigen kreativen Aufwandes bedarf.

Theresa Franz

Körperschaftsteuerliche Behandlung der grenzüberschreitenden Betätigung von Kapitalgesellschaften innerhalb der EG

Eine Betrachtung unter Berücksichtigung der Rechtsprechung des EuGH, der geplanten 14. gesellschaftsrechtlichen Richtlinie und der Societas Europaea

Frankfurt am Main, Berlin, Bern, Bruxelles, New York, Oxford, Wien, 2006.
XX, 252 S., zahlr. Tab.
Bochumer Schriften zum Steuerrecht. Herausgegeben von Roman Seer. Bd. 5
ISBN 3-631-54824-9 · br. € 45.50*

Bei der Frage, ob Kapitalgesellschaften ihre Rechtsfähigkeit beibehalten können, wenn sie ihren Sitz über die Grenze verlegen, stehen sich bekanntlich Sitz- und Gründungstheorie mit widerstreitenden Ansätzen gegenüber. Inzwischen hat der EuGH in seiner jüngeren Rechtsprechung eine weitgehende Anerkennung zuziehender Kapitalgesellschaften gefordert, wie sie nur mit der Gründungstheorie erreicht werden kann. Die Arbeit untersucht die körperschaftsteuerlichen Auswirkungen der grenzüberschreitenden Sitzverlegung von Kapitalgesellschaften innerhalb der EG vor dem Hintergrund der neueren Rechtsprechung des EuGH. Im Mittelpunkt stehen dabei die Wechselwirkungen zwischen den steuerrechtlichen Tatbeständen einerseits und den kollisionsrechtlichen Auswirkungen auf die Gesellschaftsformen andererseits. Dabei erörtert die Arbeit anhand von Fallgruppen u. a. wie sich Sitzverlegungsvorgänge auf die Einordnung als Körperschaftsteuersubjekt auswirken und welche Fälle der Grenzüberschreitung eine Wegzugsbesteuerung auslösen können und überprüft die so gefundenen Ergebnisse am Maßstab des europäischen Primär- und Sekundärrechts. Zusätzlich berücksichtigt die Arbeit bereits die europäische Gesellschaftsform der Societas Europaea.

FSC
www.fsc.org
MIX
Papier | Fördert gute Waldnutzung
FSC® C083411

Kolibri 360 GmbH
Ferdinand-Jühlke-Straße 7
99095 Erfurt, Deutschland
produktsicherheit@kolibri360.de

Druck:
CPI Druckdienstleistungen GmbH
im Auftrag der
Kolibri 360 GmbH
Ferdinand-Jühlke-Str. 7
99095 Erfurt